献给我的先生王炯和我的儿子王子夏

本书获浙江师范大学出版基金资助

（Publishing Foundation of Zhejiang Normal University）

国家社科基金“十三五”规划2017年度教育学一般课题

“近代启蒙教科书中儿童生活世界的建构（1897—1927）”（BHA170121）成果

近代启蒙教科书中的儿童生活世界

夏燕勤◎著

ZHEJIANG UNIVERSITY PRESS
浙江大学出版社
·杭州·

图书在版编目（CIP）数据

近代启蒙教科书中的儿童生活世界 / 夏燕勤著. 杭州 : 浙江大学出版社, 2024.12. -- ISBN 978-7-308-26086-2

Ⅰ. G629.299

中国国家版本馆 CIP 数据核字第 2025XQ2940 号

近代启蒙教科书中的儿童生活世界

夏燕勤　著

策划编辑　吴伟伟
责任编辑　陈　翩
责任校对　丁沛岚
封面设计　雷建军
出版发行　浙江大学出版社
（杭州天目山路 148 号　邮政编码 310007）
（网址：http://www.zjupress.com）
排　　版　杭州林智广告有限公司
印　　刷　浙江新华数码印务有限公司
开　　本　710mm×1000mm　1/16
印　　张　18.75
字　　数　316千
版 印 次　2024年12月第1版　2024年12月第1次印刷
书　　号　ISBN 978-7-308-26086-2
定　　价　88.00元

序

夏燕勤副教授的《近代启蒙教科书中的儿童生活世界》即将付梓，她嘱我作序。利用一个短暂的假期，我又拜读了一遍书稿，当年夏燕勤撰写博士学位论文时与大家分享喜悦的各种画面犹在眼前，一晃十年过去了。读完全书，我很高兴。这是夏燕勤在博士学位论文基础上又经过近十年的沉淀、充实，不断修改打磨而成的作品。

夏燕勤在后记中提到，她的博士学位论文选题是在我的建议与鼓励下确定的。确实如此。不过，我当初之所以推荐这一选题，主要是基于她的学术背景、专业兴趣和她进校以后的志趣考虑。夏燕勤本科毕业于华东师范大学学前教育专业，对学前儿童心理发展颇有兴趣，后长期在浙江师范大学的幼儿师范学院工作，逐步聚焦到学前儿童语言教育，在儿童语文学习方面有一定的研究基础。当时，我们专业及团队正在开展"民国时期中小学教科书整理与研究"重大项目的研究，她选择近代启蒙教科书（国文、修身）方向，可以为我们团队的研究探路与别开蹊径，我自然积极鼓动。夏燕勤在学术研究上有一种居敬穷理的工作态度和刻苦的钻研精神，能够沉下心来检读文本，耐心细致地描摹教科书里儿童的生活图景。正因为如此，在选题确定后的短短两年内，她出色地完成了博士学位论文的写作。

儿童与教科书研究自 20 世纪 60 年代在国际学术界蔚然兴起，近 70 年来，这一领域始终是教育学、史学及社会学界追逐的热点，不仅产生了像乔恩·萨里（John Saari）、安德鲁·琼斯（Andrew Jones）、熊秉真、白莉民等代表性人物，而且优秀成果迭出。但正如法国著名诗人、文艺评论家夏尔·波德莱尔（Charles Baudelaire）在评论法国现代画家时所说的那样，法国历史上那些著名的画作不都在拉斐尔那儿，也不都在拉辛那儿，小诗人也有优秀的、坚实的、美妙的东西，“总之，无论人们如何喜爱由古典诗人和艺术家表达的普遍的美，都没有更多的理由忽视特殊的美、应时的美和风俗特色”。可以说，夏燕勤的《近代启蒙教科书中的儿童生活世界》就是一部以细腻笔触勾勒儿童生活世界、以独特的视角与方法探赜近代中国儿童教育问题，具有“特殊的美”的精致作品。

（一）选择近代转型的关键时期进行研究

张灏曾将1895年至1920年初前后大约25年的时间称为中国思想文化由传统过渡到现代，承先启后的关键时期，认为这一时期无论是思想知识的传播媒介还是思想内容，均有突破性的巨变。夏燕勤根据教育的本质属性将研究聚焦中国近代社会转型的关键时期，即1897—1927年，这一时段划分具有典型意义。这30年，正是中国教育从传统封建专制转向民主共和的一个关键时期。夏燕勤又将其进一步划分为清末、民国初期、新学制三个时期进行考察与探讨。和以往教育学界研究聚焦知识及课程内容本体不同，夏燕勤从启蒙教科书入手，探讨近代教育理念的引入、生成及嬗变，以及由之建构的儿童生活世界。具体而言，从清末强调忠孝伦理，到民初倡导共和民主，再到新学制时期的科学民主精神，这些核心价值的变化，不仅表征着清末至民国时期封建王朝及国家培养造就时代所需要的儿童的目标、规格及身份的变迁，而且始终伴随着对儿童生活世界的重新定义与拓展。

（二）以教科书为史料，创新研究方法

“小学立基”“国文植本”。历史的伟大乐趣之一，在于它吸纳新方法的能力。夏燕勤选择近代社会转型时期30年30套经典教科书所蕴含的儿童生活世界进行考古式发掘。30套教科书主要由当时最有影响力的两大出版机构——商务印书馆和中华书局出版，既有男女合校使用的，又有女子学校专门使用的，且发行量巨大，在各个时期产生过广泛的影响，不仅具有典型性和代表性，更真实反映了时代风貌，具有重要价值和意义。

以往儿童史的研究，大多探讨某一历史时期所谓儿童的“拙劣的模仿或不

完善的成人早期的形式”，是一种“实然”的研究，夏燕勤在她的研究中将30年最具代表性的30套启蒙教科书作为史料和研究对象，通过对文本内容的解读和阐述，充分挖掘、揭示教科书编者所创造的蕴含在教科书中的“应然”生活世界。换句话说，是发掘和还原教科书所建构的充满意义的儿童生活世界本身的“实在”。

儿童理应过属于他们自己的生活。众所周知，赫伯特·斯宾塞（Herbert Spencer）作为一个教育家，提出了教育是为了让儿童在未来过上幸福完满生活的教育理想。约翰·杜威（John Dewey）提出了“教育即生活”“教育即生长”的儿童本位的民主主义教育主张。夏燕勤在斯宾塞“什么知识最有价值”这一经典命题基础上，进一步叩问“什么样的生活最有价值”。以这一追问为中心，夏燕勤在对三个时期启蒙教科书的系统考察与辨析中，真实而全景式地展现了“臣民—国民—公民”这一近代国家赋予儿童的身份与资格演进的轨迹，揭示了不同历史语境下儿童生活世界建构的逻辑与空间。

夏燕勤从“故事”和“话语”双重维度切入，深入剖析教科书中的儿童形象、儿童主体意识，以及儿童与成人的关系。民国初期启蒙教科书努力构建连贯性，塑造拥有良好德性、尚实、尚武、有美感以及具有强烈主体意识的“共和国民”形象。这是民国初期小学启蒙教科书对受教育者的启蒙意义所在，也是对受教育者进行的“共和国民”身份的建构。同时，教科书又努力传承中华教育传统中的优良文化，如注重儿童德性养成、重视亲情等。不过，其中也出现了矛盾与对立，这些矛盾与对立又建立起另一种连贯性：传统的“父尊子卑”观念仍在延续；儿童在与成人的关系中仍处于从属地位；儿童与成人总体仍是两个对立的世界。这一保守倾向在“新学制”颁布后的初小国语教科书中有了质的转变。

（三）建构儿童空间生产的框架与模型，探寻近代儿童理想的生活世界

如果说以往教科书研究关注的是儿童的日常生活世界，那么，夏燕勤在研究时则有意识地跳出以往的框架，从关注课程的知识内容转向关注作为课程内容的政治信念、道德劝诫、社会和文化实践及教科书中儿童空间的生产以及它

们共同创造或建构的一个非日常生活世界。的确，现代国家所制造的儿童的生活世界本身就是一个充满意义的真实存在，它指向的是“儿童应如何生活”，而非“儿童是如何生活的”。

“生活世界”作为埃德蒙德·胡塞尔（Edmund Husserl）现象学的核心概念，具有双重内涵：既是经验性的客观实在，又是先验性的主观现象，二者通过“先验还原”的哲学方法相区隔。在胡塞尔看来，前者虽为近代科学奠基，却也是引发科学异化与人的生存危机的根源；后者则蕴含着克服危机的可能。匈牙利哲学家阿格妮丝·赫勒（Agnes Heller）进一步区分了“生活世界”与“日常生活”的概念：前者涉及行动和思维中的一种态度（自然态度），它同制度化（合理化）的行为和科学思想形成对照；后者则包含（或至少可以包含）各种态度，它是一种社会行动，是制度和人的一般社会生活的客观基础。赫勒又将人类生活划分为“日常”与“非日常”两个维度。在日常生活领域，相对固定、狭窄和封闭的空间特性，以及似乎凝固、恒常和均匀流逝的时间特性，是人类产生惰性、缺乏创造力的重要原因，只有非日常生活，尤其是非日常的精神生产领域，才具有精确、硕大、开放的空间特性以及日新月异、节奏多变的时间特性。故而要引导民众的日常生活向非日常生活发展，以丰富和提升日常生活的意义。近代国家在不同时期正是通过教科书这一制度性媒介塑造其理想公民——教科书编写者在特定教育宗旨指导下，精心构建具有引领性的非日常生活范式，从而完成对时代所需要的儿童的生活空间生产及精神形塑。

夏燕勤在书中发掘与构建了一个复杂多维的儿童生活世界模型，包含由家庭生活、学校生活和社会生活构成的空间维度，由伦理生活、科学生活、健康生活、审美生活构成的发展维度，由自我交往、父母亲戚交往、兄弟姐妹交往、客人交往、教师与同学交往构成的社会交往维度，以及男子、女子的性别维度。这个生活世界模型以空间维度所划分的儿童生活为基本框架，将其他维度融入其中。值得注意的是，在建构这一框架时，她特别将儿童游戏单列。因为从清末到新学制时期，小学启蒙教科书中游戏的出现频率非常高；实质上，教科书编写者将游戏作为实施体育、智育，甚至德育、美育的重要手段，正是现代教育的基本价值、实践方式及评估的重要标准。另一个值得注意的是，在民初和新学制两个时期增加了儿童个人生活部分的内容。注重儿童的独立、自治意识和行动表现构成了现代教育民主之核心意涵，从儿童的发式、体态等外部特征到个人自由的内在追求均是如此。而清末的小学国文教科书则将儿童作为附属于家庭的成员来对待。

（四）图文证史，二重阐释儿童生活空间及其意义

夏燕勤的《近代启蒙教科书中的儿童生活世界》颇具特色的一点是以教科书的文本和图像证史，从而构成了一个二重的阐释儿童生活意义的空间。图像在教育，尤其是儿童教育中占有举足轻重的作用。像文字一样，图像本身蕴含着某种有意识的选择、设计与意义表达。图像作为独立的重要符号媒介，赋予了启蒙教科书更为丰富的意义理解和更大的社会空间。以往的教育历史研究使用摄影档案、图像相当少，即便使用图像，也仅仅将其视为插图复制于书中；在行文中使用图像时，也往往用来说明作者通过其他方式已经做出的结论，而不是为了得出新的答案或提出新的问题。夏燕勤在书中则将教科书中的插图及图像或作为对文字内容的补充或与文字相并列的重要符号系统进行深入解读和诠释，解读隐藏于图像中的教育空间，诠释图像所构建的教育观念与生活世界。

以上是我在阅读夏燕勤《近代启蒙教科书中的儿童生活世界》书稿后的一些感想和印象。

夏燕勤在完成博士学位论文以后，一直没有停止在这一领域的探索与研究。据我所知，她多次在国内外重要的教科书学术论坛上作大会报告和交流，并在国内外重要的学术期刊上发表了多项具有较高质量的成果。她已经找到了属于她自己的、有其特色的研究领域。

当然，这一成果问世以后，我也希望她继续坚持在这一领域深耕，同时开拓新的研究领域与课题。

刘正伟

2024 年岁末

目 录

CONTENTS

第一章

绪论

近代启蒙教科书中的儿童生活世界

早在民国建立之初，陆费逵就断言："立国根本在乎教育，教育根本实在教科书。"[①]教科书是课程的载体。"它们阐述那些被认为是成为一个受过教育的人所必需的知识和技能。它们将一整套价值观和预设加以符号化的表现。这些价值观和预设关系到某个民族及世界，也关系到个人在其中的角色和地位。"[②]正因其与民族、国家以及世界的密切关联，教科书又常常是国与国之间争议的汇聚地带。对教科书研究越深入，就越能见微知著。

启蒙教科书，尤其是小学国文（即语文）教科书居于特殊而重要的地位。"小学立基""国文植本"[③]，这是清末教科书编写者已有的认识。语言不仅是工具，也是"社会文化，尤其是社会价值观念的主要载体"，"语文教育不仅作用于学生的价值观念，更重要的在于它作用于学生的思维方式，作用于学生对于意义的理解与表达，它能内化到生命世界的最深处"。[④]如果说教科书"是一个社会的理想寄托。不论是国家权力机制还是精英知识阶层，都力图通过这种形式塑造理想的未来民众"[⑤]，那么，启蒙教科书将这种寄托与塑造表达得更为全面和深刻。启蒙教科书中有大量聚焦儿童、以儿童生活的周遭为叙述空间的叙事课文以及着意塑造儿童生活规范的论说文，这些课文涉及儿童生活的方方面面，包含着价值观念和特有的表达方式，它们或直接或微妙地想象着儿童并建构着儿童的生活世界。

清末至新学制时期是中国社会近代化转型的关键时期。受西方强势文化冲击，中国社会变迁迅速，教育领域的变革也异常剧烈而频繁。从传统的私塾教育到近代学堂教育，从专制王朝的学堂教育到民主共和国家的学校教育，这中

① 陆费逵．中华书局宣言书 [M]// 吕达．陆费逵教育论著选．北京：人民教育出版社，2000：93.

② 莱维．教育大百科全书·课程 [M]. 丛立新，等译．重庆：西南师范大学出版社，2011：11.

③ 编辑初等高等小学堂国文教科书缘起 [M]// 庄俞，蒋维乔，杨瑜统．最新国文教科书（初等小学）（第 1 册）．上海：商务印书馆，1904：1.

④ 吴康宁．课程社会学研究 [M]. 南京：江苏教育出版社，2003：157-158.

⑤ 毕苑．建造常识：教科书与近代中国文化转型 [M]. 福州：福建教育出版社，2010：1.

间凝结着知识界对东西方文化的选择以及对民族国家、对儿童新生活的想象。一个与“什么知识最有价值”类似的问题——“什么样的生活最有价值”摆在教科书编写者面前。是让儿童仍然生活于传统的以家为中心的农耕时代生活中，还是让儿童生活于以“科学”“民主”两大启蒙精神为基础的西式工业文明社会中？是让儿童继续做俯首帖耳的“臣民”，还是让儿童成长为拥有独立自主精神和责任感的现代“公民”？从清末到新学制时期（1897—1927）的短短30年间，其设计方案因国家性质与现实、设计者思想观念与立场而呈现出较大差异甚至充满矛盾。这一时段中出版的各种启蒙教科书，为回答上述问题和构想设计方案提供了文本空间。本书试图通过细致梳理各阶段启蒙教科书中儿童生活世界的整体面貌及其演变，呈现一部清末至新学制时期儿童生活世界的建构史。

一、概念界定

（一）启蒙教科书

本书中的“启蒙教科书”主要指小学国文教科书、小学修身教科书，且以小学国文教科书为主。

所谓“启蒙”，即开发蒙昧，指教育童蒙，使初学的人得到基本的、入门的知识。亦指通过宣传教育，使后进的人们接受新事物而得到进步。[①]

所谓“教科书”，《教育大百科全书》界定为：教科书“是初等及中等教育的一个重要的和确定的特征。教科书的目的在于按照年龄和发展水平，以适当的方式呈现内容”[②]。《中国教育大百科全书（第1卷）》的界定如下：“教科书（textbook）亦称‘课本’。根据课程标准或教学大纲编写的教学用书。是一种重要的教材形式。通常按年级和学年分册，划分单元和章节，主要由课文、注释、插图、习题等构成，其中课文是最基本的组成部分。”[③]综合两个界定，教

① 辞海编辑委员会．辞海（缩印本）[M]. 上海：上海辞书出版社，1980：1574.
② 莱维．教育大百科全书·课程 [M]. 丛立新，等译．重庆：西南师范大学出版社，2011：11.
③ 顾明远．中国教育大百科全书（第1卷）[M]. 上海：上海教育出版社，2012：570.

科书指的是近代自然科学兴起、班级授课制及分科课程出现后学校中使用的教学用书。但《中国教育大百科全书（第1卷）》同时指出："中国古代的教科书主要是儒家经典，也有专门编制的蒙养教材，如《千字文》《三字经》等。"[①] 由此观之，教科书尚有广义上的界定：凡是用于教学的书籍均可称为教科书。不过，"教科书"一词的出现则是近代的事。学者一般认为"教科书"一词是基督教传教士带入中国的，依据是《第一次中国教育年鉴（戊编）》中的记载："清同治光绪年间，基督教会多附设学堂传教，光绪二年（1876）举行传教士大会时，教士之主持教育者，以西学各科教材无适用书籍，议决组织'学堂教科书委员会'。……教科书之名自是始于我国矣。"[②]汪家熔认为，"教科书"一词在中国出现是当时国人翻译textbook的选择。我国传统女学有"教科"一词，book是"书"，因而称为"教科书"。[③]直到19世纪末20世纪初，以"教科书"命名的书才大量出现[④]，成为中国近代新式学堂教学用书的统称。

由此，"启蒙教科书"主要指中国近代新式学堂中用以教导童蒙初步知识以及为人处世道理的所有教学用书。按此论，近代新式小学堂中使用的所有教科书均属启蒙教科书范围。但在所有教科书中，小学国文教科书集启蒙知识与为人处世道理的功能于一体，是担负启蒙责任的主要教科书。在语文独立设科、"教科书"之名出现之前，新式学堂中使用的一些自编"课本"或"读本"（如南洋公学的《蒙学课本》、无锡三等公学堂的《蒙学读本全书》）更为明显。无锡三等公学堂的《蒙学读本全书》，编写者俞复说得很明确："前三编……为今初等小学国文教科之具体"，"第四编，专重德育。……为今修身教科之具体"，"后三编，为今高等小学国文教科之具体也"。[⑤]《蒙学读本全书》共七编，除第四编作为修身教科书外，其余六编均是国文教科书。而即便第四编专重德育，其课文均为编写的故事或摘引的历史故事，也是国文教学可资利用的材料。王有朋主编、上海辞书出版社2010年出版的《中国近代中小学教

① 顾明远．中国教育大百科全书（第1卷）[M]. 上海：上海教育出版社，2012：570.

② 教科书之发刊概况 [M]// 中华民国教育部．第一次中国教育年鉴（戊编）．上海：开明书店，1934：115.

③ 汪家熔．民族魂——教科书变迁 [M]. 北京：商务印书馆，2008：10.

④ 石鸥，吴小鸥．中国近现代教科书（上）[M]. 长沙：湖南教育出版社，2012：16.

⑤ 舒新城．近代中国教育史料 [M]. 北京：中国人民大学出版社，2012：332.

科书总目》将这两套教科书列入小学教材中的“综合课本”类，夏晓红称南洋公学先后编写的两套《蒙学课本》为“小学教材”，也从一个侧面反映了当时的国文教科书兼具培养儿童识字、阅读、写作和德性修养的双重目的。清末由商务印书馆出版的庄俞等编写的《最新国文教科书》(以下简称《最新国文》)发行量最大，在其编辑大意中尤其显明地指出了小学国文教科书在儿童启蒙中的重要价值。“凡关于立身、居家、处世，以至于事物浅近之理由，与治生之所不可或缺者，皆萃于此书。……使人人皆有普通之道德、知识，然后进求古圣贤之要道，世界万国之学术、艺能，庶几拾级而登，无或陨越。……潜移默化蒙养之始基，以此立国民之资格。”①故本书以1897—1927年的“小学国文教科书”为中心展开研究。行文过程中，在抽象层面使用“启蒙教科书”一词，在具体层面使用“小学国文教科书”一词。

所谓“国文教科书”，指的是语文教科书。《大辞海·语词卷》对“国文”一词作如下界定：“本国的文字。旧时指汉语汉文。也指语文课。”②在这一界定中，“国文”与“语文”相等同。《中国教育大百科全书（第3卷）》指出：“‘语文教材’的概念有泛指、特指、专指三个层次的理解。……专指的语文教材是师生共同使用的语文教科书，又称语文课本、语文教本。”③历史上，“语文”一词经历“国文”“国语”“语文”三种称呼的演变过程。1904年，《奏定学堂章程》颁布，语文独立设科，时称“中国文字”“中国文学”，之后统称“国文”，与之相对应的是文言文体。此时的语文教科书称为“国文教科书”。国语运动、白话文运动后的1920年，民国教育部“令行各省改国文为语体文”，“国语”一词方才出现，并与“国文”一词并行。此后的语文教科书有“国文教科书”“国语教科书”“国语文教科书”三种不同称呼，区分的依据在于语体文和文言文的比例多少：语体文占全部或多数的，称“国语”；文言文占全部或多数的，称“国文”；两者比例相当的，称“国语文”。直到1949年，“国文”“国语”才统一称为“语文”。由于清末至新学制时期的语文

① 编辑初等高等小学堂国文教科书缘起[M]// 庄俞，蒋维乔，杨瑜统．最新国文教科书（初等小学）（第1册）上海：商务印书馆，1903：1-2.

② 鲍克怡，等．大辞海·语词卷（2）[M]. 上海：上海辞书出版社，2011：1229.

③ 顾明远．中国教育大百科全书（第3卷）[M]. 上海：上海教育出版社，2012：2241-2242.

教科书在多数时段内、多数课文中采用文言文，本书即以“国文教科书”统称研究时段内以“国文”“国语”“国语文”命名的各种教科书。

（二）儿童生活世界

“生活”一词在《辞海》中的定义为：“人的各种活动。如：政治生活、文化生活。”[①]因而，“生活”关涉人的活动的方方面面。“生活世界”概念最早由德国现象学家埃德蒙德·胡塞尔（Edmund Husserl）提出。有学者指出：“胡塞尔所说的‘生活世界’有两种含义，一是作为经验实在的客观生活世界，一是作为纯粹先验现象的主观生活世界，二者之间隔着一道先验还原的界限。不同意义上的‘生活世界’与科学及人的生存的关系也不同：在胡塞尔看来，前者是近代科学产生的基础，也是造成科学‘危机’与人的‘危机’的根源；后者则有可能为我们提供一条克服这种危机的途径。”[②]但事实上，胡塞尔所称的“生活世界”仅指纯粹先验现象的主观生活世界。匈牙利哲学家阿格妮丝·赫勒（Agnes Heller）提出“日常生活”概念，她认为“‘日常生活’不等同于‘生活世界’。‘生活世界’的概念涉及行动和思维中的一种态度（自然态度），它同制度化（合理化）的行为和科学思想形成对照。日常生活则不是一种态度，它包含（或至少可以包含）各种态度。它是一种社会行动，制度和人的一般社会生活的客观基础”[③]。她将“生活”分为“日常生活”和“非日常生活”两部分，将“日常生活”定义为“那些同时使社会再生产成为可能的个体再生产要素的集合”，强调日常生活的重复性、异质性、情境性等特征。有学者在此定义基础上进一步给出“非日常活动”的定义——旨在维持社会再生产或类的再生产的各种活动的总称[④]，并将日常生活分为三类：日常消费活动、日常交往活动和日常观念活动。

本书讨论的“儿童生活世界”借鉴赫勒等关于日常生活和非日常生活的概

① 辞海编辑委员会．辞海（下）[M]. 上海：上海辞书出版社，1989：4520.

② 朱刚．胡塞尔生活世界的两种含义：兼谈欧洲科学与人的危机及其克服 [J]. 江苏社会科学，2003（3）：40-45.

③ 转引自：刘凤林．美术教育发展理论与方法研究 [M]. 北京：中国书籍出版社，2020：87.

④ 转引自：洪治钢．中国新世纪文学的日常生活诗学 [M]. 合肥：安徽教育出版社，2020：28.

念和分类方法，重点围绕近代小学国文教科书课文内容中涉及的儿童活动的方方面面，具体包括物质和精神两个层面，涉及儿童个人生活、家庭生活、学校生活、社会生活等部分。

二、文献综述

（一）相关研究现状

1. 有关教科书的研究

自20世纪后半叶起，教科书研究成为世界范围内教育学、历史学、社会学、文学等多领域共同关注的焦点。

历史学视角的研究集中于教科书历史发展的整体面貌。王建军著《中国近代教科书发展研究》首次以教育现代化视角审视教科书变革，在中国近代教育史研究中具有开创意义。其研究内容主要包括清末西方教科书的传入、清末自编教科书、民国初期的自编教科书三部分，从教科书近代化这一侧面展现了中国整个教育的近代化历程。作者指出："中国教科书的近代化，既来自西学东渐的作用力，也来自中华民族文化继承发展的作用力"，"中国教科书近代化的历程，就是近代中国人不断认识和满足教科书变革的内在需求的过程"①。汪家熔著《民族魂——教科书变迁》从出版史视角研究晚清到民国时期的教科书。以"民族魂"作为作品的名称，汪家熔自陈其"体现了一个世纪里不同时代几代身份、意识多元的教科书编纂者撰写教科书的同一精神"②。该研究掌握的教科书、出版社、出版人资料翔实，在教科书编纂出版方面有新的发现和阐述。夏晓红撰写的《〈蒙学课本〉中的旧学新知》是教科书历史研究中深入考据和文本细读的代表。该文以清末南洋公学先后出版的两套《蒙学课本》为研究对象，对其版本、编写背景、课文中西学与传统的处理、课文内容的前后变

---

① 王建军 . 中国近代教科书发展研究 [M]. 广州：广东教育出版社，1996：4，301.
② 汪家熔 . 民族魂——教科书变迁 [M]. 北京：商务印书馆，2008：226.

化详加考证和对比。[①]此后的近代教科书发展研究在广博和纵深两个方向上取得进展。往广博方向发展的研究以石鸥、吴小鸥合著的《中国近现代教科书史（上册）》为代表，其研究时间跨度达170年之久（1840—2010），近代部分历史时段划分为六个时期，研究对象主要涵盖中小学各科教科书以及少数民族文字教科书。[②]往纵深方向发展的研究较多，如毕苑著《建造常识：教科书与近代中国文化转型》，其将教科书置于近代文化视野下，阐述欧美、日本教科书传入，中国近代教科书的诞生与发展，揭示近代教科书发展与近代中国文化转型的关联，发掘教科书所展现的中国文化近代化的内涵。该书还以近代修身与公民教科书中的国民塑形、各类教科书中的"斯巴达"叙述、博物教科书与近代自然教育的发端作为专题进行探讨。[③]石鸥、吴小鸥于2010年发表《从有限渗入到广泛传播——清末民初中小学教科书的民主政治启蒙意义》一文，将近代教科书发展聚焦于其中的启蒙意义。[④]该研究是吴小鸥著《中国近代教科书的启蒙价值》的组成部分。《中国近代教科书的启蒙价值》从近代教科书的科学理性启蒙、民主政治启蒙、现代伦理精神启蒙、现代商品经济启蒙、现代文明生活方式启蒙五个方面进行专题研究。[⑤]吴小鸥、李想撰写的《赋权女性：晚清民国女子教科书的启蒙诉求》可以说是近代教科书启蒙价值研究的组成与延续。[⑥]修身与公民教科书是近代教科书研究者经常选取的研究对象，沙培德撰写的《伦理教科书——民初学校教育里的修身与公民道德》即是其中之一。该文通过对20世纪前期修身与公民教科书的考察，发现"中国学校里的道德教育企图以修正后的儒家伦理为基础，来建构共和公民"，"公民身份乃是立基于一种相对于国家而来的角色认同"[⑦]。李佳芯撰写的《近现代国家权力下的

① 夏晓红.《蒙学课本》中的旧学新知[J].清华大学学报（哲学社会科学版），2009（4）：39-56.

② 石鸥，吴小鸥.中国近现代教科书史（上册）[M].长沙：湖南教育出版社，2012.

③ 毕苑.建造常识：教科书与近代中国文化转型[M].福州：福建教育出版社，2010.

④ 石鸥，吴小鸥.从有限渗入到广泛传播：清末民初中小学教科书的民主政治启蒙意义[J].教育学报，2010（1）：62-70.

⑤ 吴小鸥.中国近代教科书的启蒙价值[M].福州：福建教育出版社，2011.

⑥ 吴小鸥，李想.赋权女性：晚清民国女子教科书的启蒙诉求[J].华东师范大学学报（教育科学版），2014（1）：103-110.

⑦ 沙培德.伦理教科书——民初学校教育里的修身与公民道德[M]//许纪霖，刘擎.多维视野中的个人、国家与天下认同.上海：华东师范大学出版社，2013：214-242.

修身教育——基于家训与修身教科书的文本分析》则聚焦于近代教科书中的权力话语，该文以中国传统家训类读本和修身教科书为对象，揭示隐含于文本之中的权力关系。[①]

语文教科书历史研究常作为语文教育历史研究的一部分而呈现。如李杏保、顾黄初著《中国现代语文教育史》对自晚清至20世纪90年代的语文教科书进行了概述[②]；郑国民著《从文言文教学到白话文教学——我国近代语文教育的变革历程》专列一章，对清末至20世纪30年代间中小学语文教科书中的文体演变进行研究[③]；张心科著《清末民国儿童文学教育发展史论》则在对1897—1949年小学儿童文学教育课程演变的梳理中涉及语文教科书研究。[④]范远波撰写的博士学位论文《民国小学语文教材研究》是专以民国时期小学语文教材为对象的研究，除对民国时期小学语文教材发展阶段进行梳理外，还就教材编制、编写者的价值取向、编写经验与问题等展开讨论。[⑤]一些学术论文则更为聚焦。如刘正伟的《从文类到文本：现代语文教科书变迁考察》一文研究了1901—1949年中学国文教科书的文类变迁过程，并以吴曾祺编写的《国文教科书》、孙俍工和沈仲九编写的《初级国文读本》等为典型案例分析其形态、内容和结构。[⑥]刘正伟的论文《现代性：语文教育的百年价值诉求》选取百年间语文教科书人物塑造、文体、叙述形式、审美视角等方面的变化探寻其中蕴含的现代性价值，使语文教科书历史研究朝纵深方向发展。[⑦]陆胤的论文《清末"蒙学读本"的文体意识与"国文"学科之建构》则聚焦于文体和学科，研究清末国文独立设科前的几种"蒙学读本"的文体意识以及新学制下"国

---

① 李佳芯．近现代国家权力下的修身教育——基于家训与修身教科书的文本分析 [J]. 教育学术月刊，2015（3）：89-101，111.

② 李杏保，顾黄初．中国现代语文教育史 [M]. 成都：四川教育出版社，2004.

③ 郑国民．从文言文教学到白话文教学——我国近现代语文教育的变革历程 [M]. 北京：北京师范大学出版社，2000.

④ 张心科．清末民国儿童文学教育发展史论 [M]. 北京：北京师范大学出版社，2011.

⑤ 范远波．民国小学语文教材研究 [D]. 上海：华东师范大学，2007.

⑥ 刘正伟．从文类到文本：现代语文教科书变迁考察 [M]// 刘正伟．语文教育现代性探索．北京：商务印书馆，2015：95-114.

⑦ 刘正伟．现代性：语文教育的百年价值诉求 [J]. 教育研究，2008（1）：64-69.

文”学科的建构。[①]

社会学、叙事学视角的教科书研究拓展了教科书研究的方法。吴康宁主编的《课程社会学研究》中有不少针对语文教科书的研究，研究方法包括课文内容的细读与分析、统计分析、话语分析、比较等。[②]史静寰主编的《走进教材与教学的性别世界》将教材与教学中的性别研究方法分为定量研究、质性研究、文本分析研究、历史比较研究、专题研究五种。[③]该书收录有王毅的《从贤母良妻到平等劳动者——中国近代初小语文教材中女性形象和角色分析》。文章以1906—1946年不同地区使用的六套初小语文教材为研究对象，采用文本分析法，描述分析各时期教材中的女性形象和角色变换，反映中国近代女性形象和角色的变迁。[④]刘黔敏撰写的博士学位论文《德育学科课程：从理念到运行》中专列“从教科书看德育理念的变迁”一章，运用逻辑分析法、内容分析法、以叙事学理论为基础的文本分析法对中小学德育学科教科书的编写逻辑、教科书中的榜样、教科书中的叙事进行分析。[⑤]

专就教科书分析方法进行探讨的研究极为少见，王雅玄撰写的《社会领域教科书的批判论述分析：方法论的重建》是目前查阅到的仅有之作。该文认为，以往的教科书分析主要倾向于内容方面的、量化的、表层的分析，而为数不多的质性研究往往未针对文本进行批判，这使得隐藏于教科书文本的意义（主要是文本与权力的关系、意识形态的操弄）被掩盖，运用批判论述分析是解决这一问题的有效方法。文章尝试阐述批判论述分析的内涵、典范与应用途径，建构社会领域教科书批判论述分析的框架：将分析过程分为知识论的选择、方法论的处置、论述的引出三个阶段，并将每个阶段的分析要点具体化。[⑥]陈姵琁撰写的《“教科书研究分析方法”工作坊》一文就三次“教科

① 陆胤．清末“蒙学读本”的文体意识与“国文”学科之建构 [J]．文学遗产，2013（3）：122-136.

② 吴康宁．课程社会学研究 [M]．南京：江苏教育出版社，2004.

③ 史静寰．走进教材与教学的性别世界 [M]．北京：教育科学出版社，2004.

④ 王毅．从贤母良妻到平等劳动者：中国近代初小语文教材中女性形象和角色分析 [M]// 史静寰．走进教材与教学的性别世界．北京：教育科学出版社，2004：189-198.

⑤ 刘黔敏．德育学科课程：从理念到运行 [D]．南京：南京师范大学，2005.

⑥ 王雅玄．社会科学领域教科书的批判论述分析：方法论的重建 [J]．教育研究集刊，2005（2）：67-97.

书研究分析方法”工作坊进行介绍和总结，详细介绍了批判论述分析（critical discourse analysis，CDA）、比较教育研究法、福柯式论述分析（foucauldian discourse analysis，FDA）三种方法的理论与实践操作。文中介绍的CDA即为王雅玄倡导的分析方法；比较教育研究法即是教科书文本的跨文化研究法，目的在于透过相互了解而减少冲突，促进世界和平；FDA与CDA都以论述（discourse）为分析对象，但相对于CDA只在固定的位置和论述环境里解读文本，FDA强调主体是不断位移、去中心化的，把时间轴的概念带入论述分析中。①

2. 有关生活史的研究

生活史研究的开端可以追溯到法国年鉴学派著名代表费尔南·布罗代尔（Fernand Braudel）的代表作《15 至 18 世纪的物质文明、经济和资本主义》和《菲利普二世时代的地中海和地中海世界》。他运用多种翔实的史料，“勾勒出一幅生动鲜活、细致形象的物质生活史图画”②。法国著名历史学家菲力浦·阿利埃斯（Philippe Ariès）著《儿童的世纪：旧制度下的儿童和家庭生活》是儿童生活史研究的典范。该书以绘画作品（特别是肖像画）、雕塑（比如雕像、墓碑雕刻）、日记等史料为对象，生动再现了中世纪儿童游戏、服装、礼仪、学校生活和家庭生活的演变，并揭示了其中蕴含的儿童观念的变迁。③自 20 世纪 90 年代以来，中国学者开展的生活史研究也非常丰富，如李长莉著《晚清上海社会的变迁——生活与伦理的近代化》（天津人民出版社，2002 年），王尔敏著《明清时代庶民文化生活》（岳麓书社，2002 年），王笛著《茶馆：成都的公共生活和微观世界（1900—1950）》（社会科学文献出版社，2010 年）等。

近年来，借鉴微观历史学研究范式开展的教育生活史研究成果丰富，研究对象宽泛。涉及小说中的教育生活的，如陈桃兰著《观念世界的教育变革——现代小说中的教育叙事研究》（中国社会科学出版社，2012 年）；涉及现实世

---

① 陈姵琁．“教科书研究分析方法”工作坊 [J]. 教科书研究，2011（2）：121-127.

② 申国昌，刘京京．教育生活史：教育历史的生动展现——从法国年鉴学派得到的启示 [J]. 湖北大学学报（哲学社会科学版），2014（2）：82-86.

③ 菲力浦·阿利埃斯．儿童的世纪：旧制度下的儿童和家庭生活 [M]. 沈坚，朱晓罕，译．北京：北京大学出版社，2013.

界中的学校日常生活、教师生活、学生生活的，如刘训华著《困厄的美丽——大转局中的近代学生生活（1901—1949）》（华中科技大学出版社，2014年）；涉及风俗画中的教育意蕴的，如丁钢撰写的论文《村童与塾师：一种风俗画的教育诠释》。丁钢以村童闹学图为研究对象，结合现代图像证史的方法和文献佐证方法，进行图文互证的分析研究，透视村童闹学图及其背后的教育生活事件和历史真相。①一些著作与论文专就教育生活史研究进行阐述。申国昌、刘京京撰写的《教育生活史：教育历史的生动展现——从法国年鉴学派得到的启示》一文阐述了法国年鉴学派对教育生活史研究的启示，对已有的教育生活史研究进行了梳理，并尝试建构教育生活史研究的框架。②周洪宇、刘训华合著的《多样的世界：教育生活史研究引论》指明教育生活史研究的“跨界”特性，认为教育生活史研究不仅来源于教育史、教育学，更是历史学、人类学、社会学、心理学等诸多学科的活的资料来源。他们从教育生活史的基本内涵、史料、方法、研究的价值、学术承继、教育生活叙事的产生方式等维度进行理论建构，同时提供教育生活史研究范例。③刘训华撰写的《生活叙事、文学形式与重回现场——学生生活史研究的三个维度》则专就学生生活史研究与表述方法进行探讨。④

3. 有关儿童的研究

作为受教育者、课程要素的重要组成，儿童及其发展是绕不开的话题。自西方文艺复兴以来，对儿童的研究从未间断。医学家、心理学家、教育学家、历史学家、人类学家、社会学家、哲学家等共同关注儿童问题，但对儿童的认识似乎永无止境。文艺复兴时期的自然主义哲学家、教育家认为儿童正如植物的幼苗，有其自然的规律和天性，成人应当加以保护和诱导。19世纪末科学心理学诞生，针对儿童的研究倾向于认为儿童是受环境支配的被动发展者。与此同时，不同国家的学者分别从不同视角开展儿童研究，如美国

① 丁钢．村童与塾师：一种风俗画的教育诠释[J]．社会科学战线，2015（2）：242-248.

② 申国昌，刘京京．教育生活史：教育历史的生动展现——从法国年鉴学派得到的启示[J]．湖北大学学报（哲学社会科学版），2014（2）：82-86.

③ 周洪宇，刘训华．多样的世界：教育生活史研究引论[M]．福州：福建教育出版社，2014.

④ 刘训华．生活叙事、文学形式与重回现场——学生生活史研究的三个维度[J]．教育研究，2015（11）：129-134，144.

哲学家约翰·杜威（John Dewey）、意大利心理学家玛利亚·蒙台梭利（Maria Montessori）、美国心理学家斯坦利·霍尔（Granville Stanley Hall）、奥地利心理学家乔治·弗洛伊德（George Floyd）等，他们的观点将学界关注的重心从成人引向儿童。上述理论从清末开始输入中国，在思想、政治、文学、教育等领域产生了一定影响。20 世纪 20 年代，瑞士心理学家让·皮亚杰（Jean Piaget）开始了他的儿童认知发展研究，学界逐步认识到儿童在其自身发展中的主动性。苏联心理学家维果茨基进一步认为，儿童是在社会文化作用下的主动建构者。这些观点至今仍有很大影响。不过，他们认为儿童发展是一个从不完善到完善的过程的观点已受到质疑。有研究表明，运用哲学是人类与生俱来的能力。儿童对宇宙、人生、周围一切事物所萌发的困惑和疑问，所产生的匪夷所思的想法中含有探索真理的意味，符合深奥的哲学原理。他在《哲学与幼童》中运用大量事例阐明了上述观点，使儿童研究向前推进。[①]

然而，人类学、历史学、社会学并不满足于儿童本身的研究，他们将儿童置于历史、社会、文化语境下，探讨“儿童”“童年”概念的历史和社会建构特性。美国传教士泰勒·何德兰（Taylor Headland）和英国传教士坎贝尔·布朗士（Campbell Blanche）合著的《孩提时代：两个传教士眼中的中国儿童生活》从人类学视角对晚清中国儿童生活进行细致研究，他们大量收集当时流行的儿歌、游戏、玩具、绘画等，对儿童的衣食住行进行细致观察，描绘当时中国儿童的日常生活，从中发现中国儿童与其他国家儿童的共通之处、中国父母与孩子的关系特征。[②]阿利埃斯通过对大量中世纪时期史料的分析，认为儿童并不是可以从历史中抽离出来的研究对象，儿童与成年人分离、成人对儿童产生特殊情感都是历史性地产生的，这正是社会上儿童观、家庭观、学校教育观逐步演变的结果。[③]美国媒体学家尼尔·波兹曼（Neil Postman）从媒介发展历史的角度，通过考察大量关于“儿童”“童年”的研究资料，认为童年是随着印刷

① 加雷斯·皮·马修斯．哲学与幼童 [M]. 陈国容，译．北京：生活·读书·新知三联书店，1989.

② 泰勒·何德兰，坎贝尔·布朗士．孩提时代：两个传教士眼中的中国儿童生活 [M]. 魏长保，黄一九，宣方，译．北京：群言出版社，2000.

③ 菲力浦·阿利埃斯．儿童的世纪：旧制度下的儿童和家庭生活 [M]. 沈坚，朱晓罕，译．北京：北京大学出版社，2013.

技术的出现而出现的概念，是一种社会发明。[①]英国社会学家艾莉森·詹姆斯（Allison James）等著《童年论》将社会学与人类学相结合，在分析童年的社会结构特性及其日常生活背景的基础上揭示童年的社会建构特征。书中提出，新童年社会学对儿童和童年的探究主要通过四种研究模式进行：社会建构的儿童、部落儿童、少数群体儿童、社会结构化儿童。不同研究模式对童年有其特殊的判定。其中，部落儿童的研究方法具有颠覆性，其认为“童年的社会世界本身就是一个充满意义的真实存在，而非什么想象、游戏、拙劣的模仿或不完善的成人早期形式”[②]。这一观点正是儿童文化研究的立足点。郑素华在《儿童文化引论》中指出：“从‘儿童’到‘儿童文化’的转变……需要我们去确认儿童在社会结构中有独立的主体地位，与成人一样，是完整的而不是有缺陷的人，因而，作为儿童的文化自有其独立存在的意义。”[③]

一些学者指明“儿童”概念的复杂性。徐兰君在《儿童的发现——现代中国文学及文化中的儿童问题》序言中介绍了熊秉真的英文专著《慈航：帝国晚期的儿童和童年》，他提出在帝国晚期的中国，存在三种想象儿童的方式：一是生理学意义上的定义；二是从社会地位来定义；三是从哲学和美学意义上来定义，指向与“童心”说相关的“纯真”的象征意义。[④]而柄谷行人则统合各种观点，认为“所谓孩子不是实体性的存在，而是一个方法论上的概念”[⑤]。

（二）已有研究的贡献与不足

已有相关研究成果的贡献主要有以下几个方面。

第一，教科书研究总体数量较多，研究视角、内容与方法较为多样。进入21世纪，历史视角的教科书研究在广博和纵深两个方向上均取得进展。语文

① 尼尔·波兹曼．童年的消逝 [M]. 吴燕莛，译．桂林：广西师范大学出版社，2011：4-5.

② 艾莉森·詹姆斯，克里斯·简克斯，艾伦·普劳特．童年论 [M]. 何芳，译．上海：上海社会科学院出版社，2014：24-25.

③ 郑素华．儿童文化引论 [M]. 北京：社会科学文献出版社，2015：25.

④ 徐兰君，安德鲁·琼斯．儿童的发现——现代中国文学及文化中的儿童问题 [M]. 北京：北京大学出版社，2011：2.

⑤ 徐兰君，安德鲁·琼斯．儿童的发现——现代中国文学及文化中的儿童问题 [M]. 北京：北京大学出版社，2011：2.

教科书历史研究在文体、现代性价值方面较为深入。社会学视角的教科书研究在方法上多有突破。专就教科书分析方法论开展的研究和探讨为教科书研究的发展开辟了新的道路。

第二，微观生活史研究范式的引入拓展了教育史研究领域，并使其研究更为生动、鲜活。近年来的教育生活史研究无论是选题、史料利用还是方法均有可喜的进展。生活史研究中对于图像的利用与分析值得借鉴。

第三，儿童一直是学界的关注点，有关儿童的研究成果丰富。由于研究视角与方法的多样性，特别是进入21世纪以来历史学、社会学、人类学等视角的加入，使得学界对于儿童在社会中的独立性、主体性、权利及与成人间的平等关系等问题的关注度提高。这是各种面向儿童的研究可采择的视角和立场。

然而，已有研究也存在较为明显的不足与空白。

第一，语文教科书历史研究在数量、对象、内容等方面均有欠缺。专以近代小学国文教科书为对象的研究很少，已有的研究集中在历史发展的概貌描述、编制、编写者观念等外部技术层面的探讨。其他针对近代国文教科书的研究或是作为语文教育研究的一个组成部分，或是就文体、现代性等问题进行较为宏观的探讨。目前尚未发现集中于近代小学国文教科书文本的专门研究，缺乏直接针对近代小学国文教科书建构起来的儿童生活、儿童形象以及由此折射出的教科书编写者思想、价值取向等问题的研究。

第二，生活史研究、儿童研究尚未将近代小学国文教科书中的儿童生活作为研究对象。生活史、教育生活史研究对象均为“实然”生活，而非“应然”生活。而且，在儿童生活史研究中，研究者将教科书作为儿童生活的组成部分来研究，而不是研究教科书中呈现的儿童生活；在教育生活史研究中，研究者主要关注的是学校空间中的教育、生活叙事，不涉及儿童整个生活的叙事。另外，就目前掌握的资料看，教育生活史研究尚未将历史上的教科书列入史料范围，因而缺乏对近代教科书从文字到图像所建构起来的儿童整个生活史的研究。儿童研究也有类似情况。近年来的儿童研究更关注当代现实中的儿童，对于近代小学国文教科书中的儿童形象、儿童生活关注不够，因而对蕴含其中的儿童观念及其演变探讨不足。

第三，教科书历史研究存在研究视角和方法上的不足。虽然教科书研究总体数量多，视角多样，但教科书历史研究、语文教科书历史研究多采用有限的历史学、教育学两种视角，很少运用社会学、人类学、叙事学等视角。研究中，多以梳理历史发展线索、概括教科书发展与社会大背景的关系、揭示教科书发展的核心线索为主，总体倾向于“宏大叙事”、表层分析，很少开展深入文本的分析，尤其是话语分析。这与王雅玄总结的教科书研究中存在的不足是一致的。一些研究涉及各科教科书，论述中呈现的课文内容数量有限，且选取的多为历史叙事文、论说文，导致错失很多细节以及难以揭示隐藏于文本中的矛盾与意义。

缺少图像分析也是教科书历史研究中存在的一大问题。直接以小学语文教科书插图为对象进行分析的研究目前只看到王毅撰写的《从贤母良妻到平等劳动者——中国近代初小语文教材中女性形象和角色分析》一篇。该文通过对女性发式、服装、鞋子等外在形象演变的分析，认为“随着社会和妇女解放运动的发展，女性正向着正视自己的身体和肯定自我价值方向发展”①。遗憾的是，论文中没有呈现图片。一些研究利用了图像，但主要涉及教科书封面、课文内容、教科书编写者照片等，未专门关注课文插图以及插图中的人物、环境以及人物间关系的叙述。英国历史学家彼得·伯克（Peter Burke）曾指出：“使用摄影档案的历史学家人数相当少，相反，绝大多数历史学家依然依赖于档案库里的手抄本和打字文件。……即使有些历史学家使用了图像，在一般情况下也仅仅是将它们视为插图，不加说明地复制于书中。历史学家如果在行文中讨论了图像，这类证据往往也是用来说明作者通过其他方式已经做出的结论，而不是为了做出新的答案或提出新的问题。”②以此来评价之前的教科书历史研究也甚为恰当。

综上所述，近代启蒙教科书研究急需在研究对象、研究内容、研究方法方面有所推进。本书正是在已有研究留有的空白和不足中找寻到研究课题，在近代启蒙教科书研究和儿童生活史研究两个领域的交叉地带开展研究，利用近代启蒙教科书中丰富的聚焦儿童、展现儿童生活的叙事文、论说文以及插图资

---

① 王毅．从贤母良妻到平等劳动者——中国近代初小语文教材中女性形象和角色分析 [M]// 史静寰．走进教材与教学的性别世界．北京：教育科学出版社，2004：190-191.

② 彼得·伯克．图像证史 [M]．杨豫，译．北京：北京大学出版社，2008：11.

源，主要以1897—1927年小学国文教科书为对象，深入文本，从多学科视角呈现一部完整而生动的近代儿童生活世界建构与演变史。

三、研究思路与方法

（一）研究思路

本研究借鉴微观历史学、社会学研究范式，以历史发展为线索，从教育学、历史学、人类学、社会学、心理学、叙事学等多维视角，对1897—1927年小学国文教科书中呈现的儿童生活进行深入观察、对比、描述与分析，尝试展现小学国文教科书中建构的完整而生动的儿童生活图景，探究其复杂的演变轨迹，发现其中直接表达或隐含的生活观、儿童观、教育观及其演变。同时结合各时期社会大背景、社会思潮以及教育观念与变革，揭示小学国文教科书建构的儿童生活与社会思潮、儿童观念、教育观念和政策之间的互动关系，揭示各阶段内部、各教科书之间、各种观念之间的共性与显在的、隐含的张力，以及在传统与现代之间所做的选择与协商。

（二）研究时段

本书的研究时段为1897—1927年，即自清末新式小学堂设立到南京国民政府成立前。以1897年为研究起点是因为这一年中国第一所公立小学——南洋公学外院成立[①]，并且南洋公学师范院学生陈懋治、杜嗣程、沈庆鸿等从这一年开始编写第一套具有现代意义的教科书——《蒙学课本》，供外院学生学习，“是为我国人自编教科书之始”[②]。1897年至1927年是中国近代教育史上变化急促而激烈的时期，中国的中小学教育开始步入现代化历程。这30年不

---

① 庄俞，贺圣鼐．最近三十五年之中国教育[M]. 上海：商务印书馆，1931：1.

② 蒋维乔．编辑小学教科书之回忆[M]// 李桂林，戚名琇，钱曼倩．中国近代教育史资料汇编·普通教育．上海：上海教育出版社，2007：189.

仅是近代小学课程发展的重要时期[①]，也是教科书发展史上的“黄金30年”[②]。

在历史分期上，本书将1897—1927年这30年划分为三段：清末（1897—1911），即中国第一所公立小学开办、第一套公立小学用自编教科书开始编写至中华民国成立前；民初（1912—1918），即中华民国成立至第一套语体文教科书编写出版之前；新学制时期（1919—1927），即第一套语体文教科书编写出版至南京国民政府成立之前。民初与新学制时期的分界点确定为1919年，原因在于小学国文教科书中语体文的采用。1920年1月，教育部令行各省改国文为语体文，要求“自本年秋季起，凡国民学校一、二年级先改国文为语体文，以期收言文一致之效”[③]。不过，商务印书馆在通令颁布前即着手编写国民学校用《新体国语教科书》，第一至六册于1919年8月初版，课文全部采用语体文。这套国语教科书虽然与新学制颁布后的小学国文教科书仍有差异，但从形式上与民国初年的小学国文教科书有了质的区别。因而，以1919年为新学制时期的开端是合理的。1927年南京国民政府成立后，教科书编辑出版受中央控制增多，不列入本书的研究范围。

（三）研究框架

本书对“儿童生活”按以下标准进行分类：第一，按空间维度将儿童生活划分为家庭生活、学校生活、社会生活三大类；第二，按儿童发展维度将儿童生活划分为伦理生活、科学生活、健康生活、审美生活四大类；第三，按儿童交往对象将儿童伦理生活划分自我交往、与父母亲戚交往、与兄弟姊妹交往、与客人交往、与教师交往、与同学交往；第四，按性别维度将儿童生活划分为男子（男孩）的生活、女子（女孩）的生活两类。本书以空间维度划分的儿童生活为基本框架，将按其他维度划分的儿童生活融入这一框架中。此外，将儿童游戏单列，在民初和新学制时期增加儿童个人生活部分。将儿童游戏单列的

---

① 陈侠在其专著《中国近代小学课程演变史》（福建教育出版社，2007年）中将中国近代小学课程演变历史划分为草创时期（1902—1911）、因袭时期（1912—1921）、改造时期（1922—1928）。

② 石鸥，吴小鸥．中国近现代教科书史[M]. 长沙：湖南教育出版社，2012：（序言）2-3.

③ 教育部令行各省改国文为语体文[M]// 李桂林，戚名琇，钱曼倩．中国近代教育史资料汇编·普通教育．上海：上海教育出版社，2007：515.

原因在于：从清末到新学制时期，小学（尤其是初小）国文教科书中游戏出现频率非常高，而且教科书编写者将游戏作为实施体育、智育、德育、美育的重要手段，因而须将其作为儿童生活的重要方面进行考察。在民初和新学制两个时期增加儿童个人生活的理由是：这两个时期的小学国文教科书非常注重儿童独立、自治意识和行动表现的建构，从儿童发式、体态等外部特征到个人自由的内在追求均如此，而清末的小学国文教科书更倾向于将儿童作为附属于家庭的成员来对待。

（四）研究方法

借鉴以往研究采用的方法并弥补所用方法中的不足，本书综合运用文献法、历史研究法、文本分析法（包括内容分析和话语分析）和比较法这四种方法。

1. 文献法

文献法是任何研究都需要采用的基本研究方法，通过文献梳理，可以掌握所涉及领域的研究历史与现状，发现研究的空白与生长点。本书属于语言文学教育领域的历史研究，除现当代学者的相关著述外，史料是最基本的文献。本书收集的基本史料包括清末至民国前期有代表性的小学国文教科书和蒙学读物，生活于这一时期的人的自传、传记、年谱、回忆性散文、文集等，清末至民国前期的期刊，近代教育史资料汇编等。上述资料通过大学数字图书馆国际合作计划（CADAL）、浙江图书馆、浙江大学图书馆、浙江大学教科书研究中心资源库、读秀学术搜索平台、大成老旧刊全文数据库、百度搜索等渠道获取。小学国文教科书种类选取有两个标准：其一，多个教科书历史研究认为重要、有特色或有代表性；其二，一套教科书相对完整，避免研究中的以偏概全。

2. 历史研究法

本书采用的历史研究法，综合微观历史学和宏观历史学两种取向的历史研究方法，其中微观历史学研究方法是基本方法。要呈现小学国文教科书中的儿童生活，就需要挖掘字里行间以及插图中的各种细节，还原鲜活的历史感。但是过于关注细节容易迷失方向，因此还需要将各种细节放到历史、社会与文化语境下，通过综合、归纳才能揭示教科书构建的儿童生活与当时的社会现实、社会思潮、教育现状和变革之间的互动关系及演变原因。

3. 文本分析法

教科书作为一种现有文本，其分析方法总体包括量化分析和质性分析两种取向，具体包括内容分析法和话语分析法两类。

内容分析法既有量化分析，又有质性分析；既有针对课文的内容分析，又有针对插图的内容分析。针对课文的内容分析兼含量化和质性两种取向，主要包括对其文体类型、叙事课文中聚焦的人物类型、儿童游戏类型等进行数量统计与分析，对相关课文的内容、主题、包含的思想观念等进行解读与分析。针对插图的内容分析为质性分析，主要包括对所呈现的儿童性别、服饰、生活环境、人际关系等方面进行观察与分析。本书对插图所呈现的人物形象进行形象化分析，对人物之间的身体距离进行社会学分析。一方面，将插图中出现的人物身体姿态区分为静止/活动、紧张/放松等维度，表情区分为严肃/漠然/温和/喜悦、紧张/放松等维度，进行描述和概括。另一方面，对儿童与成人之间、儿童与儿童之间的身体联系和身体距离进行描述和概括，分析亲子关系及同伴关系的亲密度。

话语分析法是文本分析中的质性方法。本书运用结构主义叙事学理论对小学国文教科书中的文本话语（主要是叙述视角和叙述结构）进行分析。一方面，将叙事类文体课文中出现的人物分为儿童和成人两大类，对课文展现的儿童及成人的性格特点、儿童与成人的关系等方面进行质性分析；将叙事类课文的叙述视角分为第一人称叙事、第三人称叙事两大类，分析其中儿童主体意识的体现。另一方面，归纳叙事课文在起因、经过、结果几个环节所呈现的结构类型，分析隐含其中的儿童观念、儿童与成人之间的关系。

4. 比较法

比较法包括纵向比较和横向比较两种方法。横向比较用于各阶段内小学国文教科书文本之间的比较，包括不同出版社出版的教科书之间、同一出版社出版的教科书之间（主要是女子教科书与普通教科书之间）的比较，包括课文题目、课文内容、课文叙述方式、插图等方面的异同比较，以发现其中的规律。纵向比较用于各历史阶段之间以及各历史阶段内部前后时期之间小学国文教科书文本的比较，包括课文题目、课文内容、课文叙述方式等方面的异同比较，以发现变化趋势。

第二章

清末启蒙教科书中的儿童生活世界（1897—1911）

近代启蒙教科书中的儿童生活世界

从1894年中日甲午战争到1911年辛亥革命，这短短十几年的变化是急促而剧烈的。在内忧外患、西学东渐的共同影响下，变革已成为清政府的唯一选择。甲午海战的失败宣告以建造“坚船利炮”为目标的洋务运动破产。这迎头痛击震动朝野，人们难以接受泱泱大国被“蕞尔小国”日本打败的事实。是“恶其人，遂以并废其学”，还是效法日本之败于欧美后对于西学“痛心疾首、卧薪尝胆求之”的态度？有识之士痛定思痛，认为救亡自强之道唯有取法日本明治维新，其中以变革教育为最要。“自强于今日，以开民智为第一义”，“智恶乎开，开于学；学恶乎立，立于教”。[①]他们领悟到，为求人才不仅要改革传统人才选拔制度，还要兴学堂、确立新的教育制度、编辑出版新式教科书等。在康有为、梁启超等维新派的推动下，光绪于1898年6月宣布变法，颁布了多个上谕，要求变通科举、改八股为策论、改书院为学校、设立学堂等。虽然戊戌变法最终失败，但是中国最早的新式中小学堂在此前后逐步设立，其中有上海的南洋公学（1898年创办）、经正女学（1898年创办）、澄衷学堂（1899年创办），无锡的三等公学堂（1898年创办），浙江的绍郡中西学堂（1897年创办）等。这些学堂所设课程已兼采中西学，一些学堂开始着手编写新式“课本”或“读本”，南洋公学的《蒙学课本》《新订蒙学课本》、澄衷学堂的《字课图说》、无锡三等公学堂的《蒙学读本全书》即是其中颇具影响的几种。迫于形势压力以及朝廷对人才的需要，在张之洞、刘坤一等大臣的推动下，光绪二十六年十二月（1901年2月），清政府再次下诏变法，实施“新政”。光绪二十七年（1901）八月，清政府发布上谕，谓“人才为政事之本。作育人才，端在修明学术”，因而“着各省所有书院，于省城均改设大学堂，各府及直隶州均改设中学堂，各州、县均改设小学堂，并多设蒙养学堂。其教法当以‘四书’‘五经’纲常大义为主，以历代史鉴及中外政治、艺学为辅，务使心术纯

① 梁启超．学校通议[M]// 汤志钧，陈祖恩，汤仁泽．中国近代教育史资料汇编·戊戌时期教育．上海：上海教育出版社，2007：18.

正，文行交修，博通时务，讲求实学，庶几植基立本，成德达材，用副朕图治作人之至意"[①]。这个"兴学"上谕表明了清政府举办新式教育的决心以及对于学堂教育内容的设想和人才规格的想象，它不仅催生了壬寅学制、癸卯学制，而且影响了各学堂正在编写的"课本""读本"。

学堂日趋增多，亟须加强管理。梁启超等有识之士纷纷建议清政府确立教育制度，明确教育宗旨。光绪二十八年（1902）七月，清政府出台《钦定学堂章程》，以期加强对学堂的管理。这个章程虽最终未能实施，但教育制度的框架基本确立。光绪二十九年（1903）十一月，张百熙、荣庆、张之洞上奏要求重订学堂章程，对《钦定学堂章程》中不适宜之处加以调整，明确立学宗旨："无论何等学堂，均以忠孝为本，以中国经史之学为基，俾学生心术一归于纯正，而后以西学瀹其智识，练其艺能，务期他日成材，各适其用，以仰副国家造就通才、慎防流弊之意。"[②]此后颁布的《奏定初等小学堂章程》规定："以启其人生应有之知识，立其明伦理、爱国家之根基，并调护儿童身体，令其发育为宗旨。"[③]《奏定高等小学堂章程》规定："以培养国民之善性，扩充国民之知识，强壮国民之气体为宗旨。"[④]《奏定女子小学堂章程》规定："以养成女子之德操与必须之知识技能，并留意使身体发育为宗旨"，以教女子"为女、为妇、为母之道"为本。[⑤]三个章程均以造就德智体三方面共同发展的"国民"为目的。当时出版的小学国文教科书多遵循这几个章程，如此前已出版的《蒙学课本》《蒙学读本全书》与上述宗旨暗合，商务印书馆出版的《最新国文（初小）》《最新国文（高小）》遵循上述宗旨，上海会文学社出版的《（初等小学）女子国文教科书》（以下简称《初等女子国文》）基本遵照《奏定女子小学

① 光绪二十七年八月初二日谕于各省、府、直隶州及各州、县分别将书院改设大、中、小学堂[M]// 璩鑫圭，唐良炎.中国近代教育史资料汇编·学制演变.上海：上海教育出版社，2007：7.

② 张百熙，荣庆，张之洞.重订学堂章程折[M]// 璩鑫圭，唐良炎.中国近代教育史资料汇编·学制演变.上海：上海教育出版社，2007：298.

③ 奏定初等小学堂章程[M]// 璩鑫圭，唐良炎.中国近代教育史资料汇编·学制演变.上海：上海教育出版社，2007：300.

④ 奏定高等小学堂章程[M]// 璩鑫圭，唐良炎.中国近代教育史资料汇编·学制演变.上海：上海教育出版社，2007：315.

⑤ 学部.奏定女学堂章程折[M]// 璩鑫圭，唐良炎.中国近代教育史资料汇编·学制演变.上海：上海教育出版社，2007：591.

堂章程》的宗旨。但这并非当时所有小学国文教科书编写的唯一依据。由于清末的知识界思想活跃，保守派、维新派、革命派各有主张，不同出版社、不同编写者在教育宗旨的选择上较为多元。

光绪三十二年（1906）三月，清政府宣布预备立宪，并加强了对教育的控制。同年，刚成立不久的学部明确提出“忠君、尊孔、尚公、尚武、尚实”五大宗旨，谓前两者为“中国政教之所固有，而亟宜发明以距异说者”，后三者为“中国民质之所最缺，而亟宜针砭以图振起者”。①之后便开始对各小学教科书进行审定。商务印书馆很快做出回应，称其出版的小学国文教科书“谨遵教育宗旨，以忠君、尊孔、尚公、尚武、尚实为主而尤详于宪政。”②而上海会文学社出版的《初等女子国文》因其“书中取材有平等字样，学部认为不合，下令查禁”③。后经修改于光绪三十四年（1908）再度出版，名称改为《最新初等小学女子国文教科书》，其中大部分课文与前一套教科书相同，主要对涉及“平等”“平权”“自由”“自立”等敏感词语的课文名称及课文内容进行了修改。④

清末小学国文教科书在新式学堂逐步兴起、知识人不断探索以及清政府教育制度逐步建立并强化的过程中发展起来，它已脱离传统私塾教育培养“经世之才”的轨道，向受教育者展现了一个新的世界。

一、清末启蒙教科书的过渡与变革

新式学堂教育从培养目标到课程设置、教学方式都已脱离传统私塾教育，具备现代学校教育的基本特征。传统私塾教育所用蒙学教科书包括“三百千”

① 学部．奏陈教育宗旨折 [M]// 璩鑫圭，唐良炎．中国近代教育史资料汇编·学制演变．上海：上海教育出版社，2007：542.

② 商务印书馆根据“忠君、尊孔、尚公、尚武、尚实”教育宗旨编辑出版初等小学教科书 [M]// 李桂林，戚名琇，钱曼倩．中国近代教育史资料汇编·普通教育．上海：上海教育出版社，2007：187.

③ 教科书之发刊概况（节录）[M]// 李桂林，戚名琇，钱曼倩．中国近代教育史资料汇编·普通教育．上海：上海教育出版社，2007：185.

④ 顾炜．清末初等小学堂女子国文教科书价值取向研究：以《最新初等小学女子国文教科书》为例 [D]. 上海：上海师范大学，2014：52-53.

和"四书"。"三百千"主要为了让儿童识字，"四书"则过于深奥，一般儿童难以理解，只能死记硬背。有学者认为，《三字经》和《千字文》"就所收的字和所涉及的内容来看，确如吕新吾所说，既比较地合于'日用'，也多少能使儿童增长些'见闻'，还相当地能教给儿童一些'义理'。识字的目的很突出……又没有完全忽视儿童求知的要求和进行知识教育、思想教育的需要"①。虽是如此，但这些蒙学教科书不分科、不分年龄、不考虑儿童学习能力，其所授知识脱离实际生活，陈旧、有限，且不能满足废科举后新型人才培养的需要，也是不争的事实。于是，出版不同于传统蒙学读本的教科书势在必行。1897 年至 1911 年，小学国文教科书经历两个发展阶段，以 1904 年《奏定学堂章程》颁布为界。《奏定学堂章程》颁布之前为过渡时期，此时为小学国文教科书探索阶段。《奏定学堂章程》颁布之后为小学国文教科书趋于完善阶段。

（一）过渡时期的小学国文教科书

1897—1903 年，由于西方心理学、教育学知识的译介输入，国人"始觉前此童蒙用书之不善，起而研究新学者渐多"②。但当时学堂刚刚兴起，其中一个弊端就是"课本不编也"③。一般学堂仍然沿用旧时的私塾课本，如《三字经》、《千字文》、"四书"之类的传统蒙学读物，河北涿州里仁仓小学便是如此。④在这一状况下，不少新式学堂尝试自编"课本"或"读本"，澄衷蒙学堂的《字课图说》、南洋公学的《新订蒙学课本》和无锡三等公学堂的《蒙学读本全书》是其中的代表。这些教科书虽已属于国文教科书之列，但其未以"国文教科书"命名，内容上未完全分科等，与《奏定学堂章程》颁布后的小学国文教科书有一定差距。由于《字课图说》以识字、学知识为主要目的，没有课文，这一时期的教科书选取《新订蒙学课本》和《蒙学读本全书》进行重点介绍。

---

① 张志公．传统语文教育初探（附蒙学书目稿）[M]. 上海：上海教育出版社，1962：22-26.

② 教科书之发刊概况（节录）[M]// 李桂林，戚名琇，钱曼倩．中国近代教育史资料汇编·普通教育．上海：上海教育出版社，2007：171.

③ 高平叔．蔡元培年谱长编（上）[M]. 北京：人民教育出版社，1996：163.

④ 顺天府属查学高步沄、刘桂芬调查涿州学堂利弊禀（节录）[M]// 李桂林，戚名琇，钱曼倩．中国近代教育史资料汇编·普通教育．上海：上海教育出版社，2007：109.

1. 南洋公学的《新订蒙学课本》

光绪二十二年（1896），盛宣怀奏请设立南洋公学，并于光绪二十四年（1898）再次奏请筹集商捐开办南洋公学，并附章程。光绪二十三年（1897），南洋公学外院成立，设国文、算学、舆地、历史学、体育五科，学生年龄在10—18岁。南洋公学师范院学生陈懋治、杜嗣程、沈庆鸿等编纂《蒙学课本》（共三编）供外院学生学习，"是为我国人自编教科书之始"[1]。由于该书对于八九岁童子来说过难[2]，为此，南洋公学师范院另一个学生——朱树人在其基础上加以修订，仿英美读本体例，编成《新订蒙学课本》，共三编，于光绪二十七年（1901）起陆续由上海商务印书馆代印出版。该套课本注意遵从儿童心理，比如采用"以两名相联，开卷由联字而缀句而成文"的办法进行编写（见图2.1），避免传统蒙学教儿童"苦认方块字，孤寂无情"的问题，由此"七八岁童子稍有知识者，谅无不能贯串之理"，而且"较之蛮记十三经不二字者，似稍有益"。此外，还按照学生年龄和学习能力循序渐进地编排课文："取易解之字，以类相从，先名字，次静字。名字先有形而后无形，静字先有象而后无象。其联字缀句之法，则先联平立之两名字（天地　日月），次联不并立之两名字（人身　牛毛）；先两字，次三字，四字

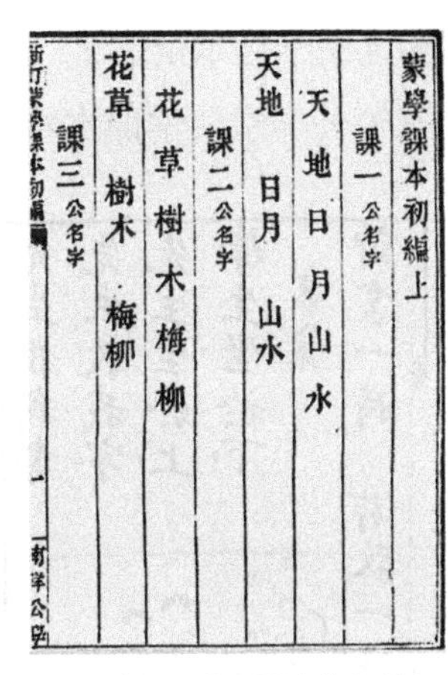
蒙學課本初編上
課一 公名字
天 地 日 月 山 水
天地 日月 山水
課二 公名字
花 草 樹 木 梅 柳
花草 樹木 梅柳
課三 公名字

图 2.1 《新订蒙学课本》初编版式

① 蒋维乔.编辑小学教科书之回忆[M]// 李桂林，戚名琇，钱曼倩.中国近代教育史资料汇编·普通教育.上海：上海教育出版社，2007：189.不过据夏晓红考证，杜嗣程是否参编此套《蒙学课本》存疑，这套《蒙学课本》出版时间很可能在光绪二十四年（1898），而且这套课本应该只有两编。参见夏晓红.《蒙学课本》中的旧学新知[J].清华大学学报（哲学社会科学版），2009（4）：39-56.

② 蒋维乔在《编辑小学教科书回忆》中写道："其第一编第一课，'燕、雀、鸡、鹅之属曰禽。牛、羊、犬、豕之属曰兽。禽善飞，兽善走。禽有二翼，故善飞。兽有四足，故善走。'决非初入学儿童，所能了解。"不过，夏晓红认为对比两套《蒙学课本》，这第一篇课文的难度显然是大的，但是就外院招收的第一批学生——年龄在十岁内外至十七八岁、已经在私塾中学习过四书五经的学生而言，却并不嫌深。但后来当外院裁撤，设立蒙学堂，招收的学生程度降低，这套教科书就显得难度太大了。参见夏晓红.《蒙学课本》中的旧学新知[J].清华大学学报（哲学社会科学版），2009（4）：39-56.

则几乎成句矣，至九字十字则接句而成文矣。”[1]依据儿童心理发展规律编写课本使我国教科书编写迈出了现代意义的一步。不过，这套课本没有插图，稍有不足。

2. 无锡三等公学堂的《蒙学读本全书》

光绪二十四年（1898）八月，俞复、吴眺（即吴敬恒）、丁宝书、杜嗣程等发起在无锡创办三等公学堂。称之为“三等”学堂，“盖因无锡为大县，仿泰东设学之级，例设中学校、高等小学校、寻常小学校三级”；“堂中课程，略仿日本寻常小学校，分修身、读书、作文、习字、算术等科”，其中的“读书一科，随编随教”，主要编写者是学堂的主事——俞复。[2]后来“欲录副者颇多”，于是该套读本于光绪二十八年（1902）由上海文澜书局石印发行，书名为《蒙学读本全书》。同年夏季，俞复、廉泉等创文明书局于上海，又将无锡三等公学堂蒙学课本重付印刷发行。[3]全书共七编，“前三编多就儿童游戏细事，及眼前浅理指示之，附入启示短笺数首。四编则专重德育，补修身书之缺。五编则专重智育，为论理学之引。……六编仍就儿童心裁所有，前半为修词，后半为达理，较前三编为加深矣。七编于史汉通鉴，择其最有兴会者；于国策诸子，则取其理趣名隽者，复附以唐宋迄国朝名家古文”[4]。这套读本“楷书石印，附有图画，形式内容，均比较美观，故盛行一时”[5]（见图 2.2）。陆费逵后来评论说：“这本书写画都好，文字简洁而有

先生教我書。先生教我字。先生坐於上。學生坐於下。

第八課

讀書一時。游散一時。讀書

图 2.2 《蒙学读本全书》一编版式

① 《新订蒙学课本》初编编辑大意。

② 《蒙学读本全书》序。

③ 教科书之发刊概况（节录）[M]// 李桂林，戚名琇，钱曼倩．中国近代教育史资料汇编·普通教育．上海：上海教育出版社，2007：175.

④ 见《蒙学读本全书》一编约旨。

⑤ 蒋维乔．编辑小学教科书之回忆 [M]// 李桂林，戚名琇，钱曼倩．中国近代教育史资料汇编·普通教育．上海：上海教育出版社，2007：189.

趣，在那时能有此种出品，实在是难得。”[①]更有人认为其“实为我国自有教科书以来之最完备者”[②]。该读本字画结合的编写体例遂被保留了下来。“自此书出，一时不胫而走，至光绪三十年，已印十余版，而各地翻印冒售者，多至不可胜纪。”[③]“该书至光绪三十三至三十四年（1907—1908），已印二十余版……成为清末新学制颁布之初最为盛行的小学教科书。”[④]这套读本编写时也重视从易到难、循序渐进，但不从识字而直接从句子开始，更具情境性。不过，这七编读本并不按年级区分，特别是四编专重德育，五编专重智育，七编则专于史汉通鉴、国策诸子，更倾向于读本性质，与《奏定学堂章程》颁布后的国文教科书有所不同。

（二）《奏定学堂章程》颁布后的小学国文教科书

《奏定学堂章程》颁布，国文自此独立设科。这一时期的小学国文教科书编写考虑国文科特点，按年级分别编写，在形式和内容上注重遵循儿童心理发展规律，符合新式学堂教育的需要。以下重点介绍这一时期的代表性教科书《最新国文》和《初等女子国文》。

1. 商务印书馆的《最新国文》

光绪二十九年（1903），在日本前文部省图书审查官小谷重、前高等师范学校教授长尾槙太郎的帮助下，蒋维乔、庄俞、杨瑜统着手编写《最新国文教科书（初等小学）》（以下简称《最新国文（初小）》）（共十册），于光绪三十年（1904）开始陆续出版。它是清末第一个正式颁布的学制——癸卯学制颁布后出版的小学国文教科书。编写者认识到，“教科书中以国文为最难，无成法

① 陆费逵．论中国教科书史 [M]// 李桂林，戚名琇，钱曼倩．中国近代教育史资料汇编・普通教育．上海：上海教育出版社，2007：194. 另注：不过因为年代久远，陆费逵记忆不是那么精确了，他“曾用此书教过学生”，记得“第一课是‘天在上，地在下，人在地之上’”。事实是陆费逵提到的这篇课文是一编的第六课，课文内容是“上有天，下有地，人居地之上”。

② 教科书之发刊概况（节录）[M]// 李桂林，戚名琇，钱曼倩．中国近代教育史资料汇编・普通教育．上海：上海教育出版社，2007：174.

③ 俞复．无锡三等学堂《蒙学读本》[M]// 舒新城．近代中国教育史料．北京：中国人民大学出版社，2012：332.

④ 石鸥，吴小鸥．最具现代意义的学校自编语文教科书：无锡三等公学堂的《蒙学读本全书》（1901 年）[J]. 湖南教育（语文教师），2008（3）：4-7.

可依附也。国文中，以第一册为最难，须求合初学程度也。夫聚七八岁未经受教之儿童，脑力薄弱，思想简单，忽授以与言语毫不相涉之文字，其困苦万状，殆不可以笔墨尽”①。为使所编教科书符合儿童心理，编写者花费了大量精力。蒋维乔回忆他在光绪二十九年（1903）和张元济、高凤谦、庄俞一起讨论编写《最新国文（初小）》第一册的原则时颇费周折，常常为确定一个原则要讨论半天到一天。这套教科书借鉴日本小学教科书体例，吸收已出版的《蒙学课本》《蒙学读本全书》的优点（如按儿童接受能力限定生字数和字类，采用儿童喜爱的插图、游戏事、杂用歌辞体例等），改进其不足（如一则编辑大意中提到格式方面的改进：每半课中，其文字图画，必在一开之内，俾省翻阅之劳，以便儿童诵读；以空格断句，每句必在一行之内，诵读时，可免错误句读；用初号大字印刷，俾儿童不费目力等），使“教科书之形式内容，渐臻完善”②，成为“光复以前，最占势力者”③之一。

《最新国文（初小）》不仅注重形式上的规范（见图2.3）以及儿童的接受能力，而且立意高。商务印书馆在《编辑初等高等小学堂国文教科书缘起》一文中总结了洋务运动的经验教训，并说：“我国仿西法设学堂，迄今几四十年而无明效大验者，弊在不知普及教育原理，无小学以立之基，无国文以植其本，贸贸然遽授以高尚学术、外国文字。虽亦适救时之用，而凌乱无章，事倍功半。所以行之数十年而不得大收其效也。”④汪家熔认为，这说明商务印书馆对“普及教育、小学立基、国

第十四課

春 夏 吹 降

春風 夏雨 春風吹 夏雨降

图2.3 《最新国文（初小）》第一册版式

① 《最新国文（初小）》第一册，编辑大意。

② 蒋维乔.编辑小学教科书之回忆[M]//李桂林，戚名琇，钱曼倩.中国近代教育史资料汇编·普通教育.上海：上海教育出版社，2007：189-190.

③ 陆费逵.论中国教科书史[M]//李桂林，戚名琇，钱曼倩.中国近代教育史资料汇编·普通教育.上海：上海教育出版社，2007：195.

④ 庄俞，蒋维乔，等.中国近代教育资料汇编（1900～1911）[M].北京：海豚出版社，2015：3.

文植本”三者有了清醒的认识。[①]在价值和内容建构方面，《最新国文（初小）》依据《奏定学堂章程》和《教育宗旨令》，注重德育、智育和体育。第一册编辑大意说：“本编德育之事，注重家庭伦理，使儿童易于实行”；“本编智育之事，只言眼前事物，不涉机巧变诈，以发儿童之天性”；“本编颇重体育之事，以振尚武精神”。

2. 上海会文学社的《初等女子国文》

《初等女子国文》由何琪编写，上海会文学社于光绪三十二年（1906）出版，比学部颁布《女子小学堂章程》早一年。就目前掌握的资料来看，该套教科书是清末女学堂教科书中最早的一套。《初等女子国文》图文结合的编排体例（见图 2.4）与《最新国文（初小）》比较相似，但每课不注生词。《初等女子国文》总体围绕《奏定女子小学堂章程》中的规定，“以养成女子德操与必须之知识技能，并留意使身体发育为宗旨”，造就德性、智识、身体俱佳的“女国民”。

第三課 早起
日初出 曉鳥鳴 鳥知早起 人宜警心 房中梳洗畢 出外掃門庭

图 2.4 《初等女子国文》第二册版式

二、以“孝”“悌”为核心的家庭生活

清末小学国文教科书主要围绕传统家庭人伦关系来构建儿童的家庭生活。清政府在治理国家方面沿用儒家“忠君”“尊孔”之道，清末时，儒学被奉为宗教，其他学派一律被贬为异端。[②]儒家文化倡导道德先行，对儿童来说“修身”乃第一要务，学问则是其后的事情，即《三字经》中所谓“首孝弟，次见闻”。这层意思出自《论语·学而》第六条：“弟子，入则孝，出则悌，谨而

① 汪家熔. 民族魂——教科书变迁 [M]. 北京：商务印书馆，2008：57.

② 《蒙学读本全书》三编 54 课《辟异端》：“杨朱之学无君，墨翟之学无父，是异端也。孔子之道，忠于君，孝于亲。孟子愿学孔子，故辞而辟杨墨。我等奉孔子为师者，当学孔子之学，不可误入异端也。”（页 37—38）

信，泛爱众，而亲仁。行有余力，则以学文。"[①]这段话不仅指出为弟子者"先德行，后学问"的顺序，而且指出弟子修身首先要构建以"孝""悌"为核心的家庭伦理，然后向外推展的顺序。《三字经》《弟子规》等童蒙读物正是以这段话为依据而阐发的。《三字经》中有三段话具体道明了"孝""悌"表现及由家庭关系而至君臣关系的修养顺序："为人子，方少时。亲师友，习礼仪"；"香九龄，能温席。孝于亲，所当执。融四岁，能让梨。弟于长，宜先知"；"父子恩，夫妇从。兄则友，弟则恭。长幼序，友与朋。君则敬，臣则忠。此十义，人所同"。[②]《三字经》是自宋以来流传广泛的童蒙读物。虽然一般塾师在教《三字经》时只让学生背诵，并不讲解意思，但是反复的吟诵还是使得这些表述深深印刻到他们的脑海里。蒋梦麟回忆童年私塾学习时光时感慨道："事隔六十多年，我现在还能背出一大半，头几句是：'人之初，性本善。性相近，习相远。苟不教，性乃迁。'"[③]这样的吟诵不仅给学生留下深刻的印象，当学生年龄增长，逐步理解其中的道理时，这些内容便开始影响他们的思想和行动。光绪十九年（1893），八岁的朱峙三入私塾读书，开始学习《三字经》，此时的他逐步懂得亲人的关爱以及为人子应尽的孝道。他在这一年二月十七日的日记里写道："祖父每日或间一午后，必送面饼至塾，呼予名出取之，习以为常。老人爱其孙多如此，为人是以应知孝道，孝父母及祖也。祖父在家时，予必问以需酒钱否，取四五文送祖父。"[④]

清末小学国文教科书虽然在体例、内容上与传统学堂课本有了很大区别，但儒家传统的"孝""悌"观已深入人心，在课文中仍居重要地位。

（一）以"孝"为核心的父母子女关系

父母的教养是前提，子女的"孝"是回报。清末的小学国文教科书遵从儒家传统来建构父母子女关系，其规范为"父慈子孝"，并以子女之"孝"为

---

① 杨伯峻，译注．论语译注 [M]. 北京：中华书局，2018：6.

② 李逸安，张立敏，译注．三字经　百家姓　千字文　弟子规　千家诗 [M]. 北京：中华书局：2011：9，10，16.

③ 蒋梦麟．西潮与新潮 [M]. 北京：人民出版社，2012：29-30.

④ 胡香生，辑录．严昌洪，编．朱峙三日记（1893—1919）[M]. 武汉：华中师范大学出版社，2011：5.

核心。

1.父母的“养”与“教”

（1）父母之“养”

《新订蒙学课本》三编《述父母之恩》和《最新国文（初小）》第二册的《父母之恩》分别有一篇课文叙述父母抚育孩子的种种表现，以展现父母之“慈”。

述父母之恩[①]

尔辈不见婴儿乎，儿初生时，饥不能自食，寒不能自衣，衣之食之者，父母也。儿欲睡，拥之而吟，儿欲起，抱之而出者，父母也。儿或啼哭，柔声笑容以悦之者，父母也。儿渐长，教之言语行走者，父母也。不幸而儿病，食不甘味，寝不安席者，父母也。尔辈为婴儿时，尔之父母，何独不如是乎？呜呼！父母之恩大矣。

父母之恩[②]

人初生时，饥不能自食，寒不能自衣，父母乳哺之，怀抱之。子有疾，则父母忧之，加意调护，居不安，食不饱。诸生思之，父母育子，劳苦如此，岂可忘其恩乎？

两篇课文非常相似，均以动情的笔触重点叙述父母尽心养育子女的点点滴滴，甚是感人。不过两篇课文的主要目的并不在于强调父母的慈爱，而是以此提示为子女者应感念父母的养育之恩，懂得知恩图报。《蒙学读本全书》《最新国文（初小）》《初等女子国文》中还有一些课文通过描写鸟类（如母鸡、燕子、老乌等）护雏的不辞劳苦来比喻父母的爱子之心，目的也在于引导儿童回报父母的养育之恩。《蒙学读本全书》三编《教孝歌》是其中典型的一篇：

梁上燕，生小儿。儿索食，捕青虫。捕虫花下毛羽疲，往来犹恐巢中饥。

① 《新订蒙学课本》三编 5 课，页 111。

② 《最新国文（初小）》第二册 48 课，页 43—44。

凡为父母常若斯，尔等饱食不自知。[①]

这篇课文采用歌谣体，以梁上燕作比，道出父母养子之辛苦以引发儿童孝父母之心。

除上述这些课文之外，清末小学国文教科书中几乎没有其他涉及父母慈爱方面的课文，“教”是父母对待子女的主要方式。

（2）父母之“教”

父母最常见的“教”是通过言语向儿童说明“是什么”“为什么”“如何做”，以阐明科学道理，反对迷信，引导儿童道德认知及良好行为，倡导健康理性的生活。“教”的内容涉及体育[②]、智育和德育各个方面，尤以智育、体育两者居多。以下是几篇典型的课文。

体育方面：

某儿自塾归，行急大汗，至家欲脱衣，且索凉水。父曰：“儿且坐，汗即自干，勿解衣，亦勿饮凉水，恐受寒也。”[③]

一日晚餐，王儿默坐不食。母问何故。曰：“儿头晕欲呕，不适已两日矣。”母曰：“何不早言？”是夕，身大热。明晨，延医诊视。医谓病已发，食物不慎，非半月不得疗也。及愈，母戒之曰：“病初发，治之易愈，延则难治。故疾不可讳也。”[④]

智育方面：

中秋放假。儿问父曰：“何谓中秋？”父曰：“秋季共三月，七月为孟秋，八月为仲秋，九月为季秋。八月十五日，居秋季之中，故名中秋。”[⑤]

母为女裁衣，手持一尺。女问尺何用。母曰：“十分为寸，十寸为尺，可以量物之长短。今为汝裁衣，故以尺量之。”[⑥]

或以洋纸授张慧。曰：“美哉纸也！非贵物，不能造此纸矣。”母曰：“洋

---

① 《蒙学读本全书》三编 19 课，页 12—13。
② 《新订蒙学课本》中对保护、锻炼身体一类活动还有“养生”“保身”“卫身”“卫生”等称呼。
③ 《新订蒙学课本》二编 6 课《汗时宜慎》，页 2—3。
④ 《新订蒙学课本》二编 87 课《勿讳疾》，页 37。
⑤ 《最新国文（初小）》第二册 26 课《中秋》，页 23—24。
⑥ 《初等女子国文》第二册 48 课《尺》，页 24。

纸，以道旁废布为之。”儿有疑色。母曰：“布虽污秽，能用法使净，以机器轧纸成浆，其白如雪，即可造洁白之纸矣。”①

某君携子出游，见道旁有谈星命者。子向父索钱，欲就问后来事。父曰：“后来之事，谁能知者。彼特骗钱耳。毋妄费也。”子从之。②

德育方面：

案上有玻璃瓶，中贮橄榄。儿童以手入瓶内，满握之，拳不得出，手痛心急，大哭不已。母戒之曰：“汝勿贪多，则拳可出矣。”③

母畀一箸，令折之，女应手而断。又畀以十箸，使并折之，不得断。母谓女曰：“此即群学之理也。一人孤立，易遭人侮，如能众人成群，则外人自不敢侮矣。我辈虽女流，亦当知群之宜爱也。”④

上述8篇课文选自不同教科书，所涉及的教育内容非常广泛，尤以科学、实业方面知识为多，父亲和母亲均被塑造为学识广博、德行宽厚之人。8篇课文中，父亲作为教育者的有3篇，母亲作为教育者的有5篇。可见，在家庭教育者角色建构中，父亲和母亲居于同样重要的地位，甚至母亲的重要性超过父亲。母亲是家庭教育的主要承担者，这不仅是当时的社会现实，也是新式教育兴起后教育界的共识、国家的要求。当时社会“男主外，女主内”，男子须外出谋生，子女入学前的教育自然由母亲承担。为使儿童于入学前能受良好的教育，《奏定蒙养院章程及家庭教育法章程》明文规定：“……蒙养所急者仍赖家庭教育……有子者，母自教其子，以为入初等小学之基；有女者，以知将来为人妇、为人母之道。”⑤这一规定显得过于理想化。因为当时“兴女学”之议开始不久，社会上能接受教育并拥有广博学识和优良德行的女子少之又少，尤其是拥有西学知识的女子。蒋梦麟这样描述道：

在我的童年时代，没有学校，只有家塾。男孩子在家塾里准备功课应付科

① 《新订蒙学课本》二编66课《洋纸》，页27。
② 《新订蒙学课本》二编10课《勿信星命》，页4。
③ 《最新国文（初小）》第二册23课《勿贪多》，页20—21。
④ 《初等女子国文》第四册16课《爱群》，页8。
⑤ 奏定蒙养院章程及家庭教育法章程[M]// 璩鑫圭，唐良炎．中国近代教育史资料汇编·学制演变．上海：上海教育出版社，2007：400.

举或者学点实用的知识以便经商，女孩子不能和男孩子一道上学，要读书就得另请先生，穷苦人家的子弟请不起先生，因此也就注定了文盲的命运。[①]

蒋梦麟所描述的是其家乡余姚蒋村的情形，也是当时中国社会情形的一个缩影。蒙养之需使女子受教育并承担家庭教育之责成为迫切要求。《初等女子国文》的《教育子女》表达了这层意思："子女幼时，未及学龄，全在家庭教育。家庭教育者，妇人之责任也。使女子不受教育，则已无学问，何以教子女乎？"[②]可以说，在西学引进及蒙养之需的共同推动下，父母（尤其是母亲）作为教育者的角色得以建构，父母子女之间新型的教育者与受教育者的关系得以在教科书中呈现。

前文所举各篇课文中，父母主要采用直接讲解、说理的方法来教育孩子。这也是清末小学国文教科书中最常见的家庭教育方法。相比较而言，《新订蒙学课本》所呈现的方法更为多样。其中一种可称为"间接故事法"，即父母转述一个故事，用转述的故事来教育孩子。

王君夜归，谓家人曰："今日至李姓家，闻兄弟二人争斗，其父母怒且忧，日暮未食。"王君二子相谓曰："尔爱我，我爱尔，毋令吾亲忧也。"[③]

课文讲述的是一个父亲夜归并告诉家人白天所遇之事，二子从中获得启发的故事。课文并未说明父亲讲述这个故事是无心还是有意，他只是讲述了当天遭遇到的"别人家"的事，故事讲完也没有任何提示和要求，但听者——两个儿子——却借以自我教育、互相勉励，收获了意外的教育效果。当然，从课文叙述者角度而言不会无端讲这么一个故事，"他"的用意是明显的，希望通过故事教育儿童兄弟间应友爱，不要让父母忧虑。不过，这一明显的用意通过含蓄的间接叙述方式表达出来，相比于直接说理的方式更易为教育对象所接受。

下面这篇课文是由母亲说出的一个故事。

王姓儿喜弄火，母为述一事，曰："昔有农夫入市售麦。两儿在家，以火

① 蒋梦麟 . 西潮与新潮 [M]. 北京：人民出版社，2012：29.

② 《初等女子国文》第四册 26 课，页 130。

③ 《新订蒙学课本》二编 25 课《兄弟争斗》，页 9—10。

柴为戏。遗火稻稿中，延烧屋椽。两儿不呼救，亦不敢出。邻人见烟焰，皆驰集，竭力扑之。火即熄，农夫亦归，急求两儿，不得。及翻瓦砾，则两尸已成灰烬矣。呜呼惨矣。”儿闻之悚然。[①]

同样，故事中的母亲没有直接告诉儿子不要弄火，而是给他讲了一个因弄火而导致恶果的故事。课文结尾处“儿闻之悚然”，可以想见，儿子强烈的情绪足以使他引以为戒。

这样的教育方式在当时实际家庭生活中亦存在。梁漱溟回忆自己小时候的一段经历或许是一个好例证。

还记得9岁时，有一次我自己积蓄的一小串钱（那时所用铜钱有小孔，例以麻线贯串之）忽然不见。各处寻问，并向人吵闹，终不可得。隔一天，父亲于庭前桃树枝上发现之，心知是我自家遗忘，并不责斥，亦不喊我来看。他却在纸条上写了一段文字，大略说：一小儿在桃树下玩耍，偶将一小串钱挂于树枝而忘之，到处向人寻问，吵闹不休。次日其父打扫庭院，见钱悬树上，乃指示之。小儿始自知其糊涂云云。写后交与我看，亦不做声，我看了，马上省悟，跑去一探即得，不禁自怀惭意。[②]

与前面所举两篇课文不同的是，梁漱溟的父亲讲的不是“别人家”的故事，而是把梁漱溟的行动编入故事中，以文字的、间接的方式引导孩子主动发现自己的问题。事实证明，相较于被动接受，这样的教育方式确实更能取得良好的效果。只是，梁漱溟父亲这样的教育方式需要极大的智慧和理解、关爱孩子的心，想来在当时恐怕很少有父亲能做到。

与母亲的教育方式相比，父亲的教育方式显得更为多样。《新订蒙学课本》中还有不少展现父亲多样化教育方法的课文。

其一为建议和点化，用于启发儿童德行。

张君以糖果归，赐其子慧。慧受而食之。父曰：“尔妹安在？曷不共食？”慧走求其妹，与共食之。二人且语且食，欢甚。父曰：“独食之乐，不如分食

① 《新订蒙学课本》二编107课《弄火》，页48。
② 郑大华．梁漱溟自述[M]．郑州：河南人民出版社，2004：4.

之乐也。”儿识之。[①]

课文中的父亲并不直接要求孩子和妹妹一起吃，而是采用建议的方式，孩子受到尊重并拥有选择权。当孩子体验到分食的乐趣时父亲及时加以点化："独食之乐，不如分食之乐也。"

其二为观察、实验、参观法，用于引导儿童发现科学知识。[②]

某儿以冰为戏，室中有炉，父投炭燃之，命儿取块冰置锅中煮之。未几，冰解成水。父取量杯，量水之杯，其上有号码。倾水其中量之，识水所在处，复倾水锅中煮之，沸一刻许，取出量之，则水较低矣。再煮再量如前法，则水更低矣。父曰："水何往耶？"儿不解，曰："水沸时不见有蓬勃之气上升乎？水沸成汽，散于空中耳。故冰热则成水，水热则成汽，一物而三变其质也。冰性坚凝，为定质；水性流动，为流质；汽性升散，为气质。"[③]

课文中的父亲在讲水的三态变化前先和儿子一起实验，在实验过程中获得感性经验的基础上加以总结，可谓得"西学格致"之精髓。[④]该册《地球》一课中的父亲采用的则是观察法。他带儿子到海滨，引导儿子用远视镜（即望远镜）观察海天处"先见帆顶次见帆"的情形，从而理解"地球是圆的"这一科学知识。[⑤]另还有父亲带儿子参观铁厂、炼钢厂等，边参观边向儿子介绍炼铁、炼钢过程的课文。

其三为表扬、奖励或惩罚，目的在于肯定、巩固儿童好的行为，纠正不良行为。

王母以橘二枚，授二子。幼子置不食。母问何故。曰："顷者儿有过，父

① 《新订蒙学课本》二编 21 课《分食为乐》，页 8。

② 这一方法不是父亲教育孩子所独有的，《新订蒙学课本》三编 76 课《烟与汽之别》中是母亲让儿子做实验以发现烟与汽的不同，不过仅此一篇。

③ 《新订蒙学课本》三编 45 课《物质三变》，页 135—136。

④ 严复认为，西学格致的优势在于"一理之明，一法之立，必验之物物事事而皆然，而后定之为不易。其所验也贵多，故博大；其收效也必恒，故悠久；其究极也，必道通为一，左右逢原，故高明。方其治之也，成见必不可居，饰词必不可用，不敢丝毫主张，不得稍行武断，必勤必耐，必公必虚，而后有以造其至精之域，践其至实之途"。见严复．救亡决论 [M]. 汤志钧，陈祖恩，汤仁泽．中国近代教育史资料汇编・戊戌时期教育．上海：上海教育出版社，2007：8.

⑤ 《新订蒙学课本》三编 61 课，页 144。

亲禁勿食也。”父适入，闻之，喜曰：“儿能不欺尔母，可以食橘矣。”①

相对于简单直接的语言表扬，父亲的惩罚方式也是多样的，如下文的禁食。

汪姓儿，富家子也，华服骄人，常喜独游，不屑与贫儿伍。一日游园中，适庖丁子市肉归。问曰：“愿与我共游乎？”儿曰：“不愿与穷人子共游也。”父闻其言，无所语。及食，父曰：“儿今日不得食肉，使汝知贫人之子不可轻也。”儿自是不敢骄人。②

课文中的父亲没有在儿子出现不恰当言行时当着庖丁子的面直接批评（这避免了难堪），而是到吃饭时禁止吃肉；没有说明为什么不能吃肉，而是说明不让儿子吃肉的目的。不过依据上下文判断，父亲禁止儿子吃肉并不是不着边际的，父亲的意思应该是：没有庖丁子的劳动——买肉回来，汪姓儿就吃不到肉，以此警示儿子尊重庖丁子的劳动，即便是对穷人也要以礼相待。这符合传统道德关于“泛爱众”的规范，也渗透着平等观念，但更重要的是父亲的这种教育方式让儿子实际感受到行为和后果之间的联系，这比当场的语言批评要好得多。

另一种惩罚方式如下文中的面壁。

王君生二子一女。重阳日，家人聚食。长子当食哗闹，禁之不听，乃捽之下，令面壁立。女恣意食饮，匕箸交下，犹不足，更举碗沃汤。父呵之曰：“贪食儿何太无礼！”女不应，已而哭。父怒又捽令面壁。③

父亲为了让孩子学会良好的进餐礼仪，在长子和女“不听”“不应”的情况下“捽之下”“令面壁”，可谓严厉。如果故事到此为止，那么父亲所表现出来的就只是严厉了，但故事并未结束，续篇中写道：

次子从容食饮。长者谓举箸，不敢先动。坐处独洁净。见兄妹立，心不安，为之乞情。父曰：“尔兄妹倘能悔改，我愿恕之。”两儿皆悔过，遂终席。席

① 《新订蒙学课本》二编 17 课《不欺受赏》，页 7。
② 《新订蒙学课本》二编 106 课《毋轻贫人》，页 47。
③ 《新订蒙学课本》二编 73 课《食礼》，页 30。

散，王君复率子女登高尽兴而归。[①]

在次子的“乞情”以及两儿的“悔过”之下，父亲在席散后“率子女登高尽兴而归”。上述两篇课文合在一起便是惩罚和奖励相结合的教育方法，展现的是一个“严慈并济”的父亲形象。

归纳清末小学国文教科书中塑造的父母形象可以发现，父母绝大多数是“百科全书”式的人物：孩子不懂的问题，父母大多能给予满意的答复。即便孩子能参与到观察、实验当中，和父母展开讨论，也是在父母的带领下完成。父母总是比孩子懂得更多。只有《初等女子国文》有所不同，女子能通过独立观察和思考发现科学知识，甚至还能劝告母亲或旁人，使他们有所悟。下面两篇课文便是典型例子。

扫晴娘[②]

天久雨，某女制一扫晴娘，悬之檐下。数日而雨如故。某女知其无灵，乃焚毁之，谓人曰：“俗传之不足信，可于扫晴娘推之。”（课文插图见图 2.5）

图 2.5　扫晴娘不足信

卜者受侮[③]

有某家女，欲于来岁入女校，其母欲求卜者，以定可否，遂携女往卜。见

① 《新订蒙学课本》二编 74 课《续》，页 30—31。

② 《初等女子国文》第二册 55 课，页 28。“扫晴娘”是汉族民间祈祷雨止天晴时挂在屋檐下的剪纸妇人像，主要用于祈求好天气。

③ 《初等女子国文》第四册 59 课，页 30。

卜者，坐十字街口，数人方攒问吉凶，一强有力者，以其所言不当，实饱以老拳，掷其卜具，卜者大哭。女谓母曰："彼既能卜吉凶，何以自受人侮。"母悟，遂不信卜。

上述两篇课文似乎还暗示女子通过学堂学习可以变得更聪明、更理性，以此突出学堂教育的优势。

一个值得探究的问题是：为什么《新订蒙学课本》在构建"父母之教"时会显得更为多样化而其他教科书没有？一个可能的原因是这套教科书仿的是英美读本体例，其中有很多课文是翻译而来的，这些教育方式是英美现代儿童教育中所重视和强调的方面。汪家熔对照南洋公学 1897 年版的《蒙学课本》和 19 世纪末英国麦克米伦的《新东方课本》（*New Orient First Reader*），发现其中关于四季和时间的课文非常相似[①]，但未提及与《新订蒙学课本》相似的外国读本课文。由于没有该套教科书所参考的英美读本资料，这只能是一种猜测。遗憾的是，《新订蒙学课本》中如此之多的家庭教育方法没有传承下去，《奏定学堂章程》颁布后以及民国初年出版的各套小学国文教科书中，父母教育孩子的方法局限于讲解、说理、评价等几种直接教育法。

2."百善孝为先"

父母含辛茹苦养育子女，子女自当有所回报。《蒙学读本全书》四编的《父母》一课阐述了父母与子女间的互"养"关系。

为人子者，必有父母。年少之时，父母养之，年长之后，子养父母。子无父母，不能成人，父母无子，无以养老。故父母之与子，如同一身，痛痒相关也。[②]

从课文阐述看，子女赡养父母要等到"年长之后"，那么，子女年少时当如何对待父母呢？《论语·学而》中孔子有言："弟子，入则孝。""孝"是儿童首先要修养的德行，也是所有德行中最为基础和核心的部分，正所谓"百善孝为先"。清末小学国文教科书中有很多关于"孝"的叙事和论说课文，它们从不同侧面描绘、构建儿童以"孝"为中心的家庭生活，诠释"孝"的内涵与

① 汪家熔．民族魂——教科书变迁 [M]. 北京：商务印书馆：2008：40-42.

② 《蒙学读本全书》四编 1 课，页 2。

内容。

对于何为“孝”、为人子者该如何表现“孝”，《蒙学读本全书》四编中做了这样的阐释：“善事父母为孝，服劳奉养，孝之末也，尽爱尽敬，孝之本也。”[①]这段话说明“孝”的两层含义：一是行动上的“服劳奉养”，二是内心情感上的“尽爱尽敬”。对“孝”而言，两者应该是不可分割的两个方面，但是执行起来却有难易差别，于是就有了“本”“末”之分。行动上的“服劳奉养”容易做到，但并不足够，而内心情感上的“尽爱尽敬”不容易做到，孔子“色难”一说就是这个道理，但这是更重要的。[②]清末小学国文教科书中有关“孝”的叙事课文往往先安排儿童侍奉父母、代父母劳的课文，而后逐步深入儿童的内心情感要求，在编排上考虑执行的难易程度和儿童执行的可能性。下列三篇课文以叙事方式描述儿童侍奉父母、代父母劳的具体做法。

黄儿，孝子也。其父年老，侍奉甚勤。朝起，为父取衣履；夜眠，为父铺被席；当食，为父设杯箸。父命入学，又能勤读。故人皆称之。[③]

孝女事亲，早夕辛勤。搔痒搿背，事事当心。地厚天高父母恩。[④]

某家有子女二人，子名顺，女名勤。顺九岁，勤七岁。年虽幼，已能代其父母之劳。其父日至山中采薪，顺即负薪而归。其母至溪滨浣衣，勤即携筐随之。此一子一女，能代父母之劳，父母当甚欢爱也。[⑤]

作为年幼的儿童，“奉养”父母还不是他们能力范围内的事，那么“服劳”，如“取衣履”“铺被席”“设杯箸”“搔痒搿背”“负薪”“携筐”等等，即是最好的表现。儿童最初采取这些行动时或许还不清楚“孝”的内涵到底是什么，但是在行动过程中和父母一起做事，感受父母因其给予的帮助而喜悦，儿童必然能从中获得快乐。于是，这些起初看来简单的行动就为日后的“尽爱尽敬”打好了基础。

---

① 《蒙学读本全书》四编 1 课，页 2。

② 《最新国文（初小）》第八册 11 课《劝孝》续篇（页 158）中说：“仅尽口体之养，而无以安其心，则仍不免于不孝。”阐述的也就是这层意思。

③ 《最新国文（初小）》第二册 5 课《孝子》，页 3。

④ 《初等女子国文》第二册 5 课《孝女》，页 2。

⑤ 《蒙学读本全书》四编 4 课《某家之子女》，页 3。

待父母以“礼”是“孝”的又一个方面。《新订蒙学课本》中的《人子之礼》一课叙述道：

张贤晨起，必问父母曰：“昨夜安否？”将至塾，必告父母而后出。反则先见父母。及睡，必先辞父母。或父母有命，应曰：“唯。”既应，即为之，不待再命也。其父母甚爱之。①

这篇课文具体描述了为人子者待父母以“礼”的表现。“礼”与“孝”之间的关系是通过“礼”与“仁”之间的关系而建立的。在儒家看来，“礼”是“仁”的具体行为表现，“仁”要通过“礼”表现出来，这就是《礼记·曲礼上》中所说的“道德仁义，非礼不成”②。“孝”所对应的“礼”包括“冬温而夏凊，昏定而晨省”“出必告，反必面；所游必有常，所习必有业”③等等。以此来看，《新订蒙学课本》这篇课文诠释的是地道的儒家传统。不过有意思的是，完全以儒家经典为依据构建父母子女关系的《蒙学读本全书》倒是未曾提及“为人子之礼”，《最新国文（初小）》和《初等女子国文》也没有类似课文。

“悦亲”，即做让父母开心的事，不让父母担忧，也是“孝”的重要内容。

孙姓儿，六岁，母卒。儿求其母不得，终日啼哭。张慧私语其兄曰：“若我母死，我与尔若之何？”兄曰：“弟勿言。我母无病，何遽死耶？且吾与尔能勤学听命，母心必悦，身益健康矣。”④

《新订蒙学课本》对于“悦亲”一事阐述得非常充分，其三编《爱亲说》中讲到“尔既爱尔亲，则凡可以悦亲之心者，无不当为也。或父母有怒，尤当柔声下气以悦之，如是而后可谓爱亲矣”⑤。这便是在“尽爱尽敬”方面对儿童提出更高的要求。不过，这里暗含的意思是：凡让父母不快的事情，均不当为。于是演绎出了“不顺父母为不孝”的一层内涵。同时，《新订蒙学课本》还将传统二十四孝中的“戏彩娱亲”故事选入课文中。

① 《新订蒙学课本》二编 37 课，页 14。

② 孙希旦 . 礼记集解（上）[M]. 北京：中华书局，1989：8.

③ 孙希旦 . 礼记集解（上）[M]. 北京：中华书局，1989：16，19.

④ 《新订蒙学课本》二编 41 课《悦亲》，页 16。

⑤ 《新订蒙学课本》三编 6 课，页 111。

老莱子，周时楚人也。孝奉二亲，年七十，作婴儿戏，身着五色斑斓之衣，尝取水上堂，诈跌仆卧地，为小儿啼，弄雏于亲侧，欲亲之喜。①

这是让人感到甚为困惑的事。《新订蒙学课本》二编编辑大意写道：“载籍所传或高远难行或简淡乏味，如二十四孝之类半涉迂诞，尤不足以为教，故概不登录。”然而，第三编却选了“戏彩娱亲”，这是为什么呢？或许是编写者朱树人认为“戏彩娱亲”不算是“半涉迂诞”之作，或许是因为朱树人感到前二编中有关儒家传统的课文太少而进行增补。无论出于何种原因，“戏彩娱亲”故事本身终究属于“迂诞”之列。鲁迅对这个故事的态度是“不解，甚至于发生反感的”。他觉得老莱这样一个年已七十的老头子，手里不拄拐杖，却拿着摇咕咚讨父母欢心，“简直是装佯，侮辱了孩子”。②与《新订蒙学课本》不同，遵照儒家经典建构父母子女关系的《蒙学读本全书》倒是遵循了其在约旨中所提到的选文原则。他们认为：“儿童内蕴，具有孝友。良知良能，本无甚奇异。世传卧冰哭竹，其事半涉荒唐。至于郭巨埋儿，尤为绝伦理之大者。是编所征故实，专取平易近人，无奇异难行之弊。”③因而，课文中主要展现的是子女“代父母劳”。《新订蒙学课本》在编辑原则和选文间存在的前后矛盾体现了清末一些知识人面对传统时的矛盾心态：他们既想突破传统，又束缚于传统。其抉择过程中所遭遇的困难可见一斑。

“孝”是为人子之初首先要修养的方面，因为“孝”是“百行之本”。不过“孝”的范围不仅局限于父母，还包括祖父母、外祖父母、伯叔父母、舅父母，因为他们是父母最亲的人。在此，“亲”的范围有所扩大，但仍然在大家庭范围中，而“孝”更为重要的意义突破了家庭范围。《蒙学读本全书》四编有一段阐述：“古人有言，求忠臣于孝子之门。但令端本于蒙养之始，则于家为令子，于国为名臣。故弟子一章，不及事君之事。凡以端本于孝，则百行断无亏陷之虞也。”④课文所阐述的即是儒家关于“孝”的观念。按照儒家思想，

① 《新订蒙学课本》三编 8 课《孝行》，页 112。

② 鲁迅.《二十四孝图》[M]// 鲁迅. 鲁迅全集（第 2 卷）. 北京：人民文学出版社，2005：261-262.

③ 《蒙学读本全书》四编约旨，页 1。

④ 《蒙学读本全书》四编 20 课，页 10—11。

“孝”是所有善行之“本”，凡在家孝父母之人必定德行宽厚，所以古代朝廷常有“求忠臣于孝子之门”的求贤方法。儿童虽“不及事君之事”，但“孝”可以保证其百行“无亏陷之虞”。其实，儒家看重“孝”还有更深一层用意。《论语·学而》有一段：“有子曰：‘其为人也孝弟，而好犯上者，鲜矣；不好犯上，而好作乱者，未之有也。君子务本，本立而道生。孝弟也者，其为仁之本与！’”。[①]因为“孝”在规定为人子“服劳奉养”“尽爱尽敬”的同时规定了父子之间的次序，“服劳”“有礼”“悦亲”都是为了父母：服劳是为父母、帮父母做事，“有礼”是为了“别”父子，“悦亲”更是为子女者一举一动都要以父母是否高兴为旨归。所以，一旦在家庭中区分并确定了“上下”关系，那么就为成年后成为“忠臣”而“事君”做好了准备，以后“犯上”“作乱”的行为自然鲜有了。这就形成了“孝”与国家稳定之间的内在关系。所谓“孝之道，始于事亲，终于事君，一以贯之者矣”[②]就是这个道理。清末小学国文教科书中关于“孝”的建构与儒家传统一致：近期目标在于培养“孝子女”，远期目标即为培养守规矩之“臣民”。

3. 父子之“序”与为子之“顺”

在“孝”的内涵中，除了为人子者应报父母养育之恩，还有非常重要的一层就是父子之“序”。儒家文化特别强调“长幼有序”，最基本的是父母与子女之序，其次是兄与弟之序（其中包含姊与妹之序）以及师与生之序。上下次序一旦确定，居于下者就要遵从居于上者的要求，也就规定了下对上的“顺”。“父母呼，应勿缓；父母命，行勿懒。父母教，须敬听；父母责，须顺承。”“事虽小，勿擅为；苟擅为，子道亏。”[③]《弟子规》关于“孝”的具体阐述中这几条特别能反映子女对父母的遵从关系。清末小学国文教科书传承了这一点。

《新订蒙学课本》中有这样一篇课文：

黄君将赴广东，临行戒其子曰：“予在外，心常念汝。汝在家，当遵母命

---

① 杨伯峻，译注．论语译注 [M]. 北京：中华书局，2018：2.

② 《蒙学读本全书》四编 30 课，页 16。

③ 李逸安，张立敏，译注．三字经　百家姓　千字文　弟子规　千家诗 [M]. 北京：中华书局：2011：176，177.

而行，勿令予忧也。”[①]

这个故事中包含了一些没有直接言说的意思：父亲即将远行，告诫儿子“当遵母命而行”，这意味着儿子平时当“遵父命而行”，可见，父亲是家庭中的最高权威，而母亲是父亲不在时的替代权威。父亲的言辞中还隐含着一些假设：儿童无法对自己的行为负责；儿童必须服从权威；父亲需要儿童对自己的服从行为口头承诺，不承诺、不服从会导致父亲“忧”，就是“不孝”。

有意思的是，《最新国文（初小）》一些插图中儿童在体态上都表现出对父亲的顺从。第一册第22课呈现了家中来客人时的情景：父亲招待客人，儿童站立一旁，低眉垂眼，胸部微含，整个身体语言所表现的是拘谨、谦恭和顺从（见图2.6）。[②]第一册第44课展现的是儿童独自接待客人的场面：儿童抬头挺胸，眼眉抬起，面部表情舒展，肩部自然下垂，面对客人侃侃而谈，整体显得独立自信，与客人之间以礼相待，甚是平等（见图2.7）。[③]两种截然不同的体态与儿童所处的情境之间构成了内在关联：父亲是否在场决定了儿童的心理状态与体态——父亲在场时，儿童表现为顺从，只有父亲不在场时，儿童才可能（或者说才会）表现出独立与自信。可以说，两幅插图反映了一个基本点：父亲是儿童的绝对权威，儿童是父亲的附属。可是我们又不免产生疑问，图2.7中的客人也是年长之人，按照儒家“敬长”的礼仪规范，儿童似乎也应该表现出顺从，可是为什么这幅图中的儿童没有表现出来呢？一个可能的解释是：当父亲不在家时，儿童（男性）就是父亲的代表，他必须能像父亲那样待客有礼。也就是说，儿童的表现中带有父亲的授意。由此，儿童的从属地位进一步被强化。还有一个问题：两篇课文中并没有表现儿童应以何种体态出现的词句，为什么绘画者自然地画出儿童顺从的体态？笔者认为，这一方面是因为绘画反映现实生活，也就是说在那个年代，儿童在这样的场合就是如此表现的；另一方面是因为绘画反映教科书编写者的思想观念，说明绘画者在观念上根深

① 《新订蒙学课本》初编（下卷）49课，页12。

② 该图为《最新国文（初小）》第一册22课（页22）插图，涉及这一情景的课文内容为：“有客至，入室内。我迎客，立几侧。”

③ 该图为《最新国文（初小）》第一册44课（页43）插图，涉及这一情景的课文内容为：“两客同来，一老一少。我问客姓，客问我年。”

蒂固以至于自然地从笔尖流露出来了。

图 2.6 儿童随父接待客人

图 2.7 儿童独自接待客人

父亲的权威性还不止于父亲在场。正如前文所举课文之例，父亲的权威还可在其授意下传递给母亲，还可以传递给教师和长兄。中国历来的俗语如“一日为师，终生为父”“长兄如父”正是父权传递的印证。

事实上，按照儒家伦理要求，作为父母生养孩子、哺育孩子长大，不论好坏，对孩子来说都是恩重如山，父母是否应“慈”实际上是没有明确规定的，但是作为子女的孝则是必须的义务。《弟子规》中“亲爱我，孝何难。亲憎我，孝方贤”一句更给儿童遵从“孝道”加上了一重压力。总体而言，在父母子女关系的建构中，为子女的义务远远多过为父母的义务。《蒙学读本全书》四编中有一篇《曾子受杖》的课文，说的是曾子耘瓜时误斩其根，其父曾皙发怒，拿大杖打曾子致其昏而卧地，很久才苏醒过来，之后曾子向父亲赔罪并告知自己无恙。孔子知道了这事后非常生气，原因是曾子“委身以待暴怒。设不幸而死，是陷父于不义也”。于是，孔子阐述如下观点：“故夫孝之道，有经与权焉。受而弗违，孝之经也。大杖则避，孝之权也。”[①]这也就衍生出了儿童在受父母杖罚时可遵循“小杖则受，大杖即走”的原则行事。这看起来很有道理，似乎儿童在父母子女关系之中也是有权利可言的。然而问题在于，这不是教育父母如何正确地对待孩子，而是要年幼的孩子做出正确的判断、选择恰当的行动，责任其实是在孩子身上。另外，作为“孝子”还有“谏”父母的义务。《弟子规》中有这样几段话：“亲有过，谏使更。怡吾色，柔吾声。谏不入，悦

① 《蒙学读本全书》四编 26 课，页 13—14。

复谏。号泣随，挞无怨。”[①]可见，从多个方面来看，传统儒家文化中的儿童不是受尊重和保护的一方。这些传统也深深烙印在清末小学国文教科书中。

笔者由此联想到鲁迅的散文《五猖会》。文中先是用大段篇幅描绘五猖会的热闹非凡，“要到东关看五猖会去了。这是我儿时所罕逢的一件盛事。因为那会是全县中最盛的会”。然而写到此处作者笔锋一转——就在大家准备坐船出发的时候，父亲忽然要求小鲁迅背一段书：

“去拿你的书来。”他慢慢地说。

……

我忐忑着，拿了书来了。他使我同坐在堂中央的桌子前，教我一句一句地读下去。我担着心，一句一句地读下去。

两句一行，大约读了二三十行罢，他说：

“给我读熟。背不出，就不准去看会。”

他说完，便站起来，走进房里去了。

我似乎从头上浇了一盆冷水。但是，有什么法子呢？自然是读着，读着，强记着，——而且要背出来。

粤自盘古，生于太荒，

首出御世，肇开混茫。

……

应用的物件已经搬完，家中由忙乱转成静肃了。朝阳照着西墙，天气很晴朗。母亲，工人，长妈妈即阿长，都无法营救，只默默地静候着我读熟，而且背出来。在百静中，我似乎头里要伸出许多铁钳，将什么“生于太荒”之流夹住；也听到自己急急诵读的声音发着抖，仿佛深秋的蟋蟀，在夜中鸣叫似的。

他们都等候着；太阳也升得更高了。

我忽然似乎已经很有把握，便即站了起来，拿书走进父亲的书房，一气背将下去，梦似的就背完了。

“不错。去罢。”父亲点着头，说。

大家同时活动起来，脸上都露出笑容，向河埠走去。工人将我高高地抱起，

---

① 李逸安，张立敏，译注．三字经　百家姓　千字文　弟子规　千家诗 [M]. 北京：中华书局：2011：178.

仿佛在祝贺我的成功一般，快步走在最前头。

我却并没有他们那么高兴。开船以后，水路中的风景，盒子里的点心，以及到了东关的五猖会的热闹，对于我似乎都没有什么大意思。

直到现在，别的完全忘却，不留一点痕迹了，只有背诵《鉴略》这一段，却还分明如昨日事。

我至今一想起，还诧异我的父亲何以要在那时候叫我来背书。①

父亲何以要在那时候叫我来背书？或许父亲是为了考验小鲁迅的定力，看看他能否在玩之前还能静下心来学习。结果是令父亲满意的，却全然扫了小鲁迅的兴。孩子的向往无足轻重，父亲的要求却异常重要且不可违背。怪不得鲁迅要大声疾呼“救救孩子！”

不过，并不是清末所有小学国文教科书都强调“次序”和“顺”，《初等女子国文》是既支持“孝”又反对“次序”与“顺”，倡导平等家庭关系的特例。编写者认为中国传统的“家规家礼”其实是压制之法：“古人有家规，亦名之曰家礼。家规家礼云者，大都起点于合族之意居多，其实规也礼也，皆属压制之法而已。”②家庭和睦应建立在人人平等的基础上：

家何以能和睦？曰平等是也。古时之家，其名为和睦者，不过压于权威之下，而以忍耐出之，其心之乖戾，固不能泯也。惟人人平等，而与之以自由，其意思得以相通，其言语可以无忌，其行为可以自主，尤不愿有过限之处，以妨害及于他人，此家中和睦之源也。③

上文所阐述的与五四期间知识人对于束缚人之传统伦理的批判无异，其言论直指传统道德中的“次序”，危及清政府的统治，遭禁也就在所难免了。

4. 难得天伦乐

清末小学国文教科书基本上遵循儒家传统伦理规范来建构父母子女关系，对于子女的“孝道”规范就是如此。不过，其中偶尔出现反映父母子女之间同享天伦乐的课文。只可惜这样的课文太少，总共只有两篇。一篇是《蒙学读本

① 鲁迅．五猖会[M]// 鲁迅．鲁迅全集（第2卷）．北京：人民文学出版社，2005：271-273.

② 《初等女子国文》第七册23课《论家政》，页12—13。

③ 《初等女子国文》第七册49课《论家之和睦》，页28。

全书》三编中的《雪人》：

某父有酒一卮，谓其二子曰：汝欲饮此，须各堆雪人一，能最肖而先成者，独饮之。时园中雪深尺许，寒甚，二子撮雪为之，颇喜跃。既，其兄先成，欲为之帽，而雪人崩，酒为弟夺，忿极。欲相争，自知非理，乃以指画雪，书弟名于上，曰：此某人也。其弟怒，掷以雪，欲奔逃，地滑，兄遂跌于雪中。其父急挟之起，已身手皓白，如雪人矣。三人相视，不觉拊掌大笑。①

另一篇是《新订蒙学课本》初编中的一篇课文：

孙姓家，当冬日夜长，父母子女同集一室，父母为子女讲故事，子女皆乐听之。及时钟十下，乃各就寝。②

（二）以"悌"为核心的兄弟姊妹关系

对于兄弟姊妹关系，《新订蒙学课本》如是说："一家之中，父母而外，最亲者莫如兄弟姊妹。"③《蒙学读本全书》亦有类似说法："凡今天下之人，父母之外，最相亲者，莫如兄弟也。"④同时把姊妹关系也纳入兄弟范畴："世有无兄弟者，苟有姊妹，即兄弟也。"⑤"除父母以外最相亲"便是清末小学国文教科书建构兄弟姊妹关系的基础。

1. 兄弟姊妹情

《蒙学读本全书》中有这样一篇课文：

我闻紫荆树，同根同荣枯，一花零落百花坏，东枝憔悴西枝败。无心之物尚如此，兄弟义原同生死。⑥

这篇歌诗性质的《友爱歌》如泣如诉，兄弟情谊之深展露无遗。兄弟之情，初系自血缘，后源出共同生活，其情融融，招人羡慕。

① 《蒙学读本全书》三编 56 课，页 39。
② 《新订蒙学课本》初编（下卷）77 课，页 19。
③ 《新订蒙学课本》三编 19 课《友爱说》，页 119。
④ 《蒙学读本全书》四编 7 课《兄弟》，页 4—5。
⑤ 《蒙学读本全书》四编 8 课《姊妹》，页 5。
⑥ 《蒙学读本全书》二编 30 课《友爱歌》，页 15—16。

明星出，晚风清。兄招弟，去乘凉。院中闲步，我唱汝和。[①]

张姓兄弟，晨则同出，昼则同游，暮则同归，夜则同卧一室。族中有无兄弟者，皆羡之。[②]

姊妹二人，相亲爱，食必同案，游必偕行。一日，姊病，在帐中，倚枕而坐，郁郁不乐。妹忧之，欲悦其心。忽忆园梅初开，遂请于母，折一枝，插瓶中，送至卧室。姊见之，赏玩不已，乃悦。[③]

兄弟姊妹同出入、同游戏、互相关爱，由此，教科书建构出一幅深情的画卷。更进一步，教科书还讲述兄弟之间不惜在危难时刻为对方献出生命的故事。

黄君生二子，长者年十三，幼者九岁。一日长子病危甚，父母忧之，时下泪。幼者独立庭中，祷天曰："我兄年长，能代父劳，不可死。我年幼，无所用。如我兄弟中当有死者，请以我代。"父母默闻其语，既悲且喜。已而长子病愈，合家欢悦。[④]

这则故事的渊源可以追溯到两则古人嘉言懿行，一则是"孔融与兄褒争死"，一则是"赵孝请代其弟"。"兄弟争死"是传统伦理所推崇的境界，不过毕竟这种故事所表现的兄弟情过于极端，也与处于近代化历程中的中国社会发展需求不符。因而类似的故事到清末《奏定学堂章程》颁布之后的小学国文教科书中就不再出现了。

当然，在真实的生活中，兄弟相处不会只有深厚的感情而没有矛盾。《蒙学读本全书》中的《捕蝉》一文不仅生动描绘了兄弟二人一起捕蝉的过程，还细腻描写了兄弟二人矛盾、复杂的内心世界，读来犹如亲历。

某儿兄弟二人游山麓，闻蝉鸣。弟欲捕之。谛听，在柳梢头。儿乃潜行而前，至柳下。适践一动石，势且仆，乃支手于柳。柳枝故细弱，遂动荡。蝉惊，曳残声飞去。兄谓弟曰：蝉居高而远飞，徒手不能捕。吾闻蛛丝性胶，能黏蝉

① 《最新国文（初小）》第一册57课，页56。
② 《新订蒙学课本》初编（下卷）57课，页14。
③ 《最新国文（初小）》第二册51课《姊妹》，页46—47。
④ 《新订蒙学课本》二编96课《友爱》，页41。

翼，必得蝉。舍蛛丝无能者，乃归取一长竿。弯短篾，纳其两端于竹孔中，成一长圈。遂往庭中卷蛛网。庭中旧有紫藤，蛛网络于其上。篾圈适触之，遂一端跃起，所卷之网丝尽断。其兄怒，弃竹竿。弟掩面而泣。兄不得已，仍拾竹竿，以线缚篾成圆圈，系之于竿，卷蛛网满之。使弟持竿，己往觅蝉所。弟以竿仆于地，网上黏污物，恐为兄责，乃至浅水塘涤其污。兄既觅得蝉所在，取竿往，以网掩之。蝉脱网飞。兄不解其故，取网视之，则湿而不黏矣。①

文中弟弟失误、哥哥“怒”、弟弟“掩面而泣”、哥哥“不得已”但仍帮弟弟做捕蝉之器、弟又失误、“恐为兄责”而私自处理、又失误、哥哥发现端倪等等，情节跌宕起伏，颇扣人心弦。相对于其他过分塑造完美兄弟姊妹友爱之情的课文，这篇更贴近儿童真实生活。不过，这篇课文的目的还不全在表现兄弟间的共同游戏和友爱。借助兄弟游戏之日常，课文还有两层目的：一是提示儿童遇到生活、游戏过程中出现的各类问题和矛盾时可采取的恰当行为，发展儿童道德和智力；二是引发儿童阅读兴趣，示范写作方法。《蒙学读本全书》六编约旨有言：“儿童虑事未周，笔不能尽情曲折，故每叙述事物，文势易促，言之不详。是编构造体局，颇费经营，设色敷华，亦多绚泽。导思想之丰富，发情感之绮丽。儿童读此，庶无枯寂粗犷之病。”同时期的其他小学国文教科书无此意图，自然在叙述中不会过多关注情节的曲折和叙事的详细了。

2.“恭兄友弟”

《蒙学读本全书》《新订蒙学课本》对于兄弟相处之道完全沿用儒家传统的“悌”道，其中《蒙学读本全书》尤甚，其在四编中专文阐述何为“悌”，如何行“悌”道：“善事兄长为弟。坐则当隅，出则随行，皆弟道也。而兄则友弟，弟则恭兄，兄弟之间，又当各尽其道矣。”②这段话包含了几层意思。一是说作为弟弟表现“悌”的礼仪应当是“坐则当隅，出则随行”，通过“礼”对“为弟者”的行为加以规范。二是说“悌”道虽为事兄，但因为兄弟（包括姊妹）之间是平等的关系，因而“悌”其实是双向的，兄弟之间“当各尽其道”。“夫弟则恭兄，事之如严父。兄则友弟，爱之以同胞、手足之谊，不

---

① 《蒙学读本全书》六编6课，页4—5。

② 《蒙学读本全书》四编，页3。

以异母而有损，友爱之情，不以危难而少变。协力同心，所以御外侮也；让美受恶，所以泯争夺也。”[①]在此，兄弟姊妹间形成了牢不可破的家庭阵营。在谈到姊妹关系时，《蒙学读本全书》和《初等女子国文》都有专文阐述，认为姊妹之间的感情和兄弟之间的感情有所不同。一则认为“女子年稍长，与兄弟相叙之时少，与姊妹相叙之时多，故姊妹之情尤亲”[②]，姊妹间因相聚时间长而更加亲近；另一则认为“姊妹长则适人，不似兄弟之常相聚也，故当姊妹在家之时，尤宜相敬相爱”[③]，提醒姊妹要珍惜相聚的时光。不管是哪一种说法，对姊妹关系的构建是一致的，那就是要友爱互助：“妹若有不知，则姊当教之。姊若有事，则妹当代劳。姊妹能相助，亲爱愈笃矣。”[④]

《蒙学读本全书》四编中还有一段话阐述了“悌”道所涉及的范围：“弟者，为弟之道，对事君而言之也。然当幼小之时，外之所接者，长上居多，皆当尽弟道以为交际者也。”[⑤]从上述阐述来看，“悌”道不仅涉及家庭中兄弟姊妹间的相处之道，还包括了与家庭之外其他长者的相处之道，是一个逐步外推的过程。

3. 为兄者之“教”与兄弟之“序”

“恭兄友弟”的具体行为表现，既有作为平等家庭成员的“我唱汝和”“同出”“同游”“同归”“同卧一室”，又有作为长幼之分的不同义务：长者——兄或姊的“教弟”“教妹”，作为幼者——弟或妹的“事兄”“代劳”。这里要说的是兄长之“教”以及由此引发的“序”。

庭中有水一缸，张慧以手搅之。兄问：“以手搅水，手觉何如？”曰：“手寒且重滞。”曰：“尔试以手扬空，手觉何如？”曰：“无所觉，惟觉五指间拂拂而已。”曰：“尔知空中有物乎？”慧曰：“无物。”曰：“然则拂拂者何为？”慧不能答。兄曰：“拂拂者，空气也。惟人目不能见耳。”[⑥]

---

① 《蒙学读本全书》四编，页 24。
② 《蒙学读本全书》四编 8 课《姊妹》，页 5。
③ 《初等女子国文》第四册 4 课《姊妹相助》，页 2。
④ 《初等女子国文》第四册 4 课《姊妹相助》，页 2。
⑤ 《蒙学读本全书》四编，页 17。
⑥ 《新订蒙学课本》二编 112 课《空气》，页 52。

清末小学国文教科书中还有很多类似的兄（或姊）“教”弟（或妹）的课文，其中涉及的方面很多，有如上文中教给弟妹科学知识的，也有引导弟妹德行的。这些课文与兄弟姊妹共同活动的课文不同，体现的是“长幼之序”：为兄（或姊）者所以能“教”弟（或妹），不仅是因为他们掌握更多的知识，更重要的是他们有这个资格，他们能代父母之职。《新订蒙学课本》中的一篇课文是最好的诠释：

长兄谓幼弟曰：“我为尔兄，尔为我弟，我当教尔，尔当听我言。”①

在此，我们看到了父权向长兄的传递。由此可见，兄弟之间虽在“各尽其道”方面是平等的，但从次序来说是有“别”的。前文提到的“坐则当隅，出则随行”是从“礼”的角度对为弟者进行行为规范，而其中其实还包括一层含义，那就是兄弟之“序”。不过，《初等女子国文》和其他国文教科书有显著不同，虽然有不少课文讲述姊教妹的故事，但是编写者反对次序，认为家庭成员之间都应平等相待，而不是长对幼的压制。

此外，还需要说明的一点是“悌”和“孝”之间存在着密切联系，可以说“悌”的间接目的是“孝”。前文提到的黄君九岁的幼子愿代兄死当然首先是因为爱兄，但从幼子所言来看，其考虑最多的还是父母，因为父母“忧之”，因为兄长“能代父劳”。这一目的显然是“孝”的重要内容。由此而言，说清末小学国文教科书中的儿童家庭生活“以‘孝’为核心”实不为过。

（三）女子的家庭生活

清末小学国文教科书中，《新订蒙学课本》与《蒙学读本全书》直接涉及女子家庭生活的课文极少。《新订蒙学课本》三编中只有 3 篇课文提到家中的女儿，一篇为入睡前与其兄弟一起听父母讲故事者，另两篇实为一篇，因为后一篇是前一篇的“续”，说的是吃饭时先是无礼，后经父亲训斥、惩罚、哥哥求情后悔过的妹妹。《蒙学读本全书》七编中也只有二编中的两篇课文提到家中的女儿，这两篇课文分为上、下，其实也属于一篇。课文说的是妹妹起初不

① 《新订蒙学课本》初编（下卷）27 课，页 7。

听哥哥劝告而扑蝶，导致蝴蝶飞走，之后在哥哥的教育下呼蝶回来的故事。其实上述几篇课文中的女儿都不是主角，只是参与者或被教育者。到了《奏定学堂章程》颁布后的《最新国文（初小）》以及《初等女子国文》中，情形有了较大转变。《初等女子国文》中有大量课文呈现女子家庭生活是很自然的，而《最新国文（初小）》出版于清廷颁布《女学堂章程》之前，这套教科书又不是供女学堂所用，其中却有一些专门涉及女子家庭生活的课文，可见自《奏定学堂章程》颁布始，女学问题、女子生活问题已经引起教科书编写者的注意。下文便以《初等女子国文》为主探讨其所构建的女子家庭生活，并部分论及《最新国文（初小）》。

如果将《初等女子国文》建构的家庭生活按照女子人生阶段划分，可分为出嫁前与婚后两个时期。教科书中那些零散的课文并没有很明确地进行区分，但是加以整理后会发现一些有趣的特点。

1. 出嫁前的家庭生活

整理与归纳《初等女子国文》中与女子生活相关课文，可以发现女子出嫁前的家庭生活内容包含自由活动、清洁、烹饪、女工、知识学习、品行、与父母交往、与兄弟姊妹（包括嫂子）交往、与男子交往等方面，各方面有具体的要求（见表 2.1）。

表 2.1　女子出嫁前家庭生活内容

内容	要求
自由活动	放足，室外活动
清洁	勤梳洗，勤洗衣物，勤拂拭，勤洒扫
烹饪	和味，营养，卫生
女工	学习熨衣、制衣
知识学习	读书，写字，习算，常温习，不迷信，戒骄
品行	谨以守身，慎以处事，恭以持己，和以待人，言笑不苟，举动不挑，凛然不可犯
与父母交往	孝
与兄弟姊妹（包括嫂子）交往	友爱，互助
与男子交往	不必一概避嫌

《初等女子国文》中，与父母交往、与兄弟姊妹（包括嫂子）交往、知识学习这三项内容，与其他教科书对男子家庭生活的建构基本相同，只是前文曾论述过《初等女子国文》更多体现女子的独立思考、教母亲和邻居这一点有所不同。而关于自由活动、清洁、烹饪、女工、品行、与男子交往方面则显示出性别差异。清洁一项中，女子多了洗衣物，而烹饪、女工两项均为女子专有的家事，体现了家庭生活中男女分工的差异。

清洁、烹饪和女工三项内容重点在于培养女子独立生活以及将来操持家政的能力。女工和烹饪两项，《最新国文（初小）》中也有相应课文。

夏日正长，姊妹二人，同作女工。妹取丝来，乞姊穿针。①

母命女，入厨学烹饪。女辞曰："此佣妇之事，儿不屑为也。"母曰："女子以治家为职，岂有不知烹饪，而能治家者乎？且家富，则有仆妇，家贫，将奈何？汝其学之。"②

可见穿针引线、入厨学烹饪是当时女子需要学习的非常重要的家事。

《初等女子国文》在建构女子出嫁前的家庭生活时，既新派又保守，具有杂糅的特点。从鼓励女子自由活动、与男子适当交往的角度来说具有革命性。自由活动的首要条件是放足。当时的社会风气，汉族女子多以小脚（俗称"三寸金莲"）为美，并以此博男子欢心，而事实是缠足不仅造成身体痛楚，更严重的是大大限制了女子的活动范围和活动能力，加上传统社会对女子出门的限制，致使女子每日"所受者惟庭院一隙之微光，所吸者，惟室中方丈之浊气"③，特别是"富贵之家，不烦操作，终日枯坐，体气益弱"④。由此导致女子得肺病的情况不在少数。

缠足苦，难尽言。母亲爱女如心肝，一朝缠足很且严。泣问母何意，无非为博他人看。⑤

① 《最新国文（初小）》第一册 56 课，页 55。
② 《最新国文（初小）》第二册 55 课《烹饪》，页 49—50。
③ 《初等女子国文》第五册 38 课《女子多肺病》，页 21。
④ 《初等女子国文》第五册 39 课《体操之益》，页 21—22。
⑤ 《初等女子国文》第二册 24 课《缠足苦》，页 12。

天然足，无装束，行动自由一生乐。强身体，舒筋肉，完我女子身，不受摧残毒。[①]

两篇课文中一“苦”一“乐”两种感受形成强烈对比，于是“劝我女子齐放足”成为当时非常响亮的口号。当然，“放足”并非《初等女子国文》最早提出，早于《初等女子国文》一年多出版的《最新国文（初小）》就已强烈抨击缠足这一弊俗[②]。事实上，康有为早在1895年就在广州成立“粤中不裹足会”，当时上海也有“不缠足会”。戊戌变法时期，康有为奏请光绪帝禁止妇女缠足。1902年，清政府颁布上谕，禁汉人妇女缠足。爱国女学到1904年修订章程时新增一条学生规约：不得缠足（已缠足者，入校后须渐解放）。1907年，禁止缠足写入《女子小学堂章程》：“女子缠足，最为残害肢体，有乖体育之道，各学堂务一律禁除，力矫弊习。”[③]由于上述种种力量推动，“放足”才得以在新式女子学堂中首先推开。有了能自由行动的“足”，那么经常参加各种运动使女子“强身体”“舒筋血”才成为可能。不过，当时的观念认为，女子强健身体主要是为将来孕育健康的子女打好基础。

《初等女子国文》另一革命性观念是对于女子与男子交往的态度。

女子避人，本为远嫌。男女授受不亲，古礼所传。若有正事，不妨出见。一概躲避，恐若蜗牛海螺然。[④]

敢于破除传统礼俗，让女子在有正事的情况下大方出见男客，这是非常不容易的，因为当时整个社会观念都还停留在“男女授受不亲”上。蔡元培在《爱国女学三十五年来之发展》一文中讲到当时发生的一件事：“民国纪元前十

① 《初等女子国文》第二册25课《天足乐》，页13。

② 参见《最新国文（初小）》第一册前言《编辑初等高等小学堂国文教科书缘起》。第四册37课《缠足之害》续篇（页292）写道：“卫生之道，运动为上，缠足则艰于行步矣。治家之道，勤劳为贵，缠足则惮于操作矣。其为害之大，非难知也。乃世之有女者，犹忍为之，世之娶妻者，犹必求之，虽身体日弱，家事日废，曾不少恤，亦可谓至愚也已。”

③ 女子小学堂章程[M]// 璩鑫圭，唐良炎．中国近代教育史资料汇编・学制演变[M]．上海：上海教育出版社，2007：593.

④ 《初等女子国文》第二册45课《避人》，页23。该课文前两课分别为《蜗牛》（页22）和《海螺》（页22），《避人》一课借用这两课中讲到的蜗牛和海螺一遇到事情就缩进壳里保身的无用之举来比喻女子过于避嫌的不当。

年（1902 年前后），余在南洋公学任教员。是时反对清廷议立大阿哥之经莲三先生尚寓上海，而林少泉先生偕其妻林 × × 夫人及其妹林宗素女士自福州来，均倡女学。由余与亡室黄仲玉夫人招待，在登贤里寓所开会，到会者除经、林二氏外，有韦氏增佩、增瑛两女士，吴彦复先生偕其女亚男、弱男及其妾夏小正三女士，陈梦坡先生偕其女撷芬及其二妾蔡（青缃）、蔡 × × 三女士。余与林、陈诸先生均有演说。会毕，在里外空场摄影，吴彦复夫人自窗口望见之而大骂，盖深不以其二女参与此会为然也。”“薛锦琴女士到沪，蒋智由先生设席欢迎，乃请仲玉与林氏姑嫂作陪，而自身不敢列席，盖其时男子尚不认娶妾为不合理，而男女之界，亦尚重避嫌如此。”①可见当时社会的普遍观念与状况。

出嫁前女子的家庭生活建构以健康、自立为主要目标，总体来看在当时很先进，特别是要求女子通过家事以及知识学习自立这两方面已冲破旧有传统的樊篱。但对于女子“立品”一项仍然保留了传统社会对女性的要求。《初等女子国文》第四册的《玉与石》及《立品》两篇课文是很好的证明。《玉与石》一文通过玉与石的比较阐明玉的贵重以及白璧无瑕的可贵，《立品》一文以玉作比对女子的品行提出要求：

> 女子立品，亦当如玉。谨以守身，慎以处事，恭以持己，和以待人，言笑不苟，举动不挑，凛然不可犯，成一优美高尚之人格。若稍留过失，受人指摘，如白璧有瑕，斯成终身之玷矣。②

课文对女性的纯洁性以及完美品格的要求是传统的，也是苛刻的，对“瑕疵”的后果也多加渲染——“稍留过失”便可成“终身之玷”，说明编写者仍然自觉或不自觉地带有传统的男女不平等观念。《最新国文（初小）》选录了曹大家所著《女诫》中的《妇功》一课，对女子的品行要求主要是“妇德”和“妇功”两方面：“清闲贞静，守节整齐，行己有耻，动静有法，是谓妇德。……专心纺织，不好戏笑，洁齐酒食，以奉宾客，是谓妇功。”③其对于女

① 蔡元培．爱国女学三十五年来之发展 [M]// 蔡元培．蔡元培自述．北京：中国言实出版社，2015：218-221.

② 《初等女子国文》第四册 12 课，页 6。

③ 《最新国文（初小）》第七册 20 课《四行》，页 94。

子品行要求与《初等女子国文》的传统取向一致。

2. 婚后的家庭生活

女子婚后的家庭生活相关内容在《初等女子国文》中所占比例非常大。课文共同建构的是善于处理家政的主妇或主母的生活。何谓家政？编者何琪将其归纳为内务、外交、理财、程功、记事、算数几项。[①]不过，程功、记事、算数三项其实可以归并到内务或理财中。从表2.2中可以看出，女子婚后的家庭生活主要是处理家政，其中内容最多的是内务。从交往关系来看，作为主妇、主母，女子需要交往的对象较之出嫁前更多，人际关系更为复杂，要求也更高。

表2.2 女子婚后家庭生活内容

家政内容		要求
内务	清洁与健康	个人与家宅清洁，择居，精心烹调
	家人生活料理	裁制衣服、缝缝补补
	与丈夫交往	平等，扶助，勉励
	与子女交往	教育得法
	与公婆交往	孝养
	与妯娌、姑嫂交往	亲爱
	婢仆管理	宽厚有法
理财	钱财管理	出入记账、俭而不吝
外交	与亲族、邻里交往	礼尚往来

关于女子与丈夫的交往，编写者立足于“男女平权”及“一夫一妻制”，认为“男人也，女亦人也”，夫妇间应遵古训，做到“夫扶妻齐”[②]，如梁鸿、孟光般“举案齐眉”、相互扶持。《初等女子国文》把建构重点放在女子应如何扶助男子这一方面，管理好家中事务与钱财、与亲族邻里和睦相处之类都是扶助男子的最好表现。此外，女子还要像“顾问官”那样“应对丈夫”。[③]编

① 《初等女子国文》第七册23课《论家政》，页12—13。
② 《初等女子国文》第七册33课《男女平等之原理》，页18。
③ 《初等女子国文》第六册36课《经营家政》，页23—24。

写者认为，因为夫妇关系最亲近，“闺房议论，尤易入男子脑筋中”[①]。当然，要达到“顾问”的程度，女子非在出嫁前就已具备相当学识不可。这就对国家“兴女学”提出了要求。

与公婆交往遵从孝道。《曲礼·内则》有言：“妇事舅姑[②]，如事父母。”[③]《初等女子国文》也非常认同这一传统。其一，“以分论之，翁姑为丈夫之父母，孝养自不待言。以情论之，翁姑教养我丈夫，又教养我辈，恩情固深也”；其二，女子“若能以事父母者事翁姑，则翁姑必视之如女矣”（这一点用以反驳那些认为翁姑待媳必不能如父母的说法）；其三，“他日我亦有为姑之日，当先立标准，以使媳妇辈观之也”。[④]这一论述条陈分明、句句在理，即便到了今天仍不失其意义。不过，按照女子出嫁从夫的传统，女子到了夫家以孝养翁姑为重，理所应当，可是这时又该如何对待生养自己的父母呢？《初等女子国文》借用明末清初思想家唐甄所写《备孝》一文，指出“父母，一也”，“重服舅姑，轻服于父母，非厚其所薄，而薄其所厚也”。[⑤]其中包含的平等观念实在难能可贵。

与子女交往要承担起教育之责，且要得法。女子婚后一般会有一子半女，教育子女便成为女子的重要职责。或许有人会问：为什么这不是男子的重要职责呢？这是因为“世界愈文明，则男子出外之执业愈繁”[⑥]，所以女子宜担当家政职责，像孟母那样做个“良母”，教育好子女。教育子女从胎教开始一直要持续到子女上学。要教育好子女，首先自己要有学识，所以出嫁前求学便成为必要。其次，要德育、智育、体育并重，“苟能因势利导，随事指点，获益自较成人更易”[⑦]。最后，要懂科学的教育方法，因为“年幼儿童，脑力未充，怒骂责扑，在在均宜留意。幼时脑若受伤，则气体难发达矣”[⑧]。女子婚后教育子

① 《初等女子国文》第七册 44 课《续前（兴女学议）》，页 18。

② 舅姑，也称翁姑，即公婆。

③ 孙希旦. 礼记集解（中）[M]. 北京：商务印书馆，1989：727.

④ 《初等女子国文》第六册 45 课《孝养翁姑》，页 29—30。

⑤ 《初等女子国文》第七册 35 课《备孝》、36 课《续前》，页 19—20。

⑥ 《初等女子国文》第四册 34 课《妇人之职分》，页 17。就当时男子初涉职业生活的社会现状而言，这样的考虑也无可非议。

⑦ 《初等女子国文》第七册 47 课《家务之急》，页 27。

⑧ 《初等女子国文》第四册 26 课《教育子女》，页 13。

女的职责倒是和前文提到的母教一致了。

另外值得一提的是家庭内务中的婢仆管理。看到这一项，我们就能明白《初等女子国文》的受众是一个怎样的群体——她们多是非富即贵的缙绅士庶之家的“千金小姐”。《初等女子国文》教导女子管理方法如下：

婢仆虽卑下，然既佣用于家，亦当以一家人视之，施之以恩爱，待之以宽恕，临之以严肃，使之可敬可慕，而不可犯。量其职业，以给工值，课其勤惰，以定赏罚，与以休息，使办己事。为主母者，不可不知管理之法也。①

为人主妇、主母，上上下下、里里外外要料理那么多事情，“其职不綦重乎”，无怪乎可以比之为“国之良相”了。“主妇之治家政，实无异相臣之治国政也。其应对丈夫也，犹之顾问官。其处治家内一切也，犹之政务处。其接待亲族邻人也，犹之外务部。其管理银钱出入也，犹之户部。”“由是论之，主妇之责，如是其重，故欲胜任者，非先明普通之学问，具普通之智识，何以施诸实地哉？”②说来说去，又归结到女子宜求学上，可见当时社会女子无学识状况之盛。说到这里还须提到一点，《初等女子国文》的编写者不赞成早婚，因为其中一大弊端是早婚会影响修学：“早婚者，举其修学年龄③中最重要之部分，忽投诸春花秋月之域，销磨其风云进取之气，耗损其寸阴尺璧之时，虽有慧质，亦无暇从事于高等事业，此国民资格，所由渐驱卑下也。”④编写者总体倾向于男子应尽可能受完小学到大学的完全教育，该文没有区别男女，那么也是在引导女子尽量受完全之教育。当时社会的一般情况是，家境殷实、有远见的人家都会尽力支持子女读更多的书；如果家里资金不足，就可能牺牲女子的读书机会而给男子，林语堂家中的情形便是一例。⑤

① 《初等女子国文》第四册 48 课《役婢仆》，页 24。

② 《初等女子国文》第六册 36 课《经营家政》，页 23—24。

③ 该文前面对修学年龄解释如下：“各国教育通例，大率小学七八年，中学五六年，大学三四年。故受完全教育者，其所历必在十五六年以上。常人大抵七八岁始就傅，则其专门学业之成就，不可不俟诸二十二三岁以外。其前乎此者，皆所谓修学年龄也。”

④ 《初等女子国文》第七册 56 课《早婚害于修学》，页 32—33。

⑤ 林语堂在自传中提到，其父亲非常重视两个儿子的教育，又因家中经济困难，二姐不能实现求学愿望而只能早早嫁人，后来还不幸早亡，这事一直让其难以释怀，同时这也成为他勤奋学习的一大动因。参见林语堂．林语堂自传 [M]. 北京：群言出版社，2010.

通过上述阐述，有一点是显而易见的，即女子出嫁前的家庭生活主要是为婚后家庭生活做准备。比如说，放足、自由活动是为了让女子身体更健康，以便将来能生下健康的孩子；学烹饪是为了将来治家，保证家人的营养与健康；学习知识是为了将来为人母时能教给子女科学知识并科学地教育子女，并且能和受过教育的丈夫对话……所以，女子出嫁前的各种生活无不是为将来做贤母良妻、处理好家政做准备。这是后来五四时期的知识分子极力反对的方面。不过在当时新式学堂初建、女学初兴、社会经济尚不发达的社会背景下，培养“贤母良妻”以稳定家庭、提升家庭教育确有进步意义。

三、儿童游戏的价值肯定

游戏是儿童的天性。读书时，孩子们尚且能瞅准机会想出各种玩的法子，更不必说放学、放假时自由自在的时光了。他们就着自己生活的周边环境，玩着自得其乐的游戏。蒋梦麟回忆自己的童年生活时对春日里的风筝游戏、夏日里听大人讲故事等印象深刻。而鲁迅儿时最喜爱的是在百草园里捕鸟。游戏，于儿童是无穷的自在和乐趣，于成人的记忆则是一首诗。可见，游戏之于儿童生活是多么重要的组成部分。

（一）从“游散”到“游戏”

关于“游戏”的称呼，在清末小学国文教科书中有一个变化过程。在《新订蒙学课本》《蒙学读本全书》中有“游散”和“游戏”并称现象。《新订蒙学课本》初编（下卷）有一篇课文写道：“学生课毕游散，或打秋千，或抽陀螺（俗名地黄牛），或捉迷藏皆可。”[①]课文中将所举“打秋千”“抽陀螺”“捉迷藏”三项活动统称为“游散”。从这篇课文来看，“游散”是指与上课、学习活动相对的运动类娱乐活动。“游散”还包括其他活动类型。《蒙学读本全书》一编中有这样一篇课文：“放学之日，出外游散。先生在前，学生在后。”[②]从

① 《新订蒙学课本》初编（下卷）5 课，页 1—2。

② 《蒙学读本全书》一编 9 课，页 4。

课文中所讲究的“先生在前，学生在后”之次序以及图中学生的体态表（见图 2.8）可知，“游散”指的是“散步”一类较为安静的休闲活动。《最新国文（初小）》中也有一篇课文提到“游散”：“兄弟五人，同一书房。朝来诵习，夜去游散。”[①]这里的“游散”兼有“运动类娱乐活动”和“散步”两种含义。综合三篇课文，可以说“游散”是“运动类娱乐活动”和“散步”的统称，都是轻松愉快的、能愉悦儿童身心的活动。

图 2.8　先生带学生出外游散

那么，“游戏”又指哪些活动呢？《蒙学读本全书》六编约旨提出：“草虫花鸟，鼠斗蚁争，游戏精神，而出以浅语，前三编之例也。是编事类则仍写游戏，文辞则务求奥衍，咀讽龙门巨制，是为先河。”从这一段论说来看，诸如“草虫花鸟”“鼠斗蚁争”等，能愉悦儿童身心，儿童喜欢观赏之、欣赏之，能使儿童从中享受到乐趣的活动，都属于“游戏”范畴，因为其中渗透着“游戏精神”。对比“游散”与“游戏”可以发现，“游戏”少了“散步”的成分，而增加了观赏的成分。不过，如果将观赏作为休闲活动，那么“游散”和“游戏”的含义基本上是一致的。而《最新国文（初小）》课文中的“游戏”含义基本上等同于“运动类娱乐活动”：“学堂课毕，诸生集体操场，或竞走，或击球，或上秋千，各自游戏。及闻铃声，皆入膳堂晚饭，坐列整齐，无一喧哗者。”[②]这也就意味着到了《最新国文（初小）》时，“游散”与“游戏”的含义

① 《最新国文（初小）》第一册 43 课，页 42。

② 《最新国文（初小）》第二册 15 课《游戏》，页 14。

图 2.9 办饭事

逐渐区分开来，“游散”是比“游戏”更广泛的一个概念。《初等女子国文》中所有笔者能查阅到的课文，都没有“游散”一词，但有“戏”“戏嬉”“游戏”等词。如：“二女戏嬉，共办饭事[①]。切草作菜，撮土作米，叠石作灶，同学烹饪”[②]（见图 2.9）；“宿雨初晴，有蜗牛延于墙上，伸其两角，蜿蜒自得。女童以细竹触之，蜗牛缩入壳中，因堕墙下。女童拾之以为戏”[③]。这两课提及的“戏嬉”“戏”均为“游戏”，分别属于想象性质的游戏和观察性质的游戏。另外，《初等女子国文》第四册的《元旦》一课中有“游戏”一词：

岁首第一日，谓之元旦。俗例先向祖先堂及父母诸长前行礼，平辈亦以礼贺年。诸姊妹贺年毕，出乐器于厅堂，或唱歌，或击鼓，或抽琴，游戏以为乐。幼女执箫欲和，吹不成声。其母谓之曰：“游戏之事，非学不能，况文字乎？汝今年又长一岁，宜进学堂读书矣。”[④]

此课文中“游戏”对应的均为音乐活动，包括唱歌、击鼓、抽琴、吹箫。在此，游戏活动的外延进一步扩展到艺术性质的游戏。在外延进一步扩展的情况下，“游戏”的内涵逐渐浓缩为“儿童喜爱的、能给儿童带来乐趣的活动”。这一内涵与现代意义上的“游戏”概念非常一致。

（二）游戏的种类与变化

这里以宽泛的“游戏”概念对清末四套小学国文教科书中的儿童游戏进行研究。涉及儿童游戏的课文的总体数量及其占比情况见表 2.3，《蒙学读本全书》和《最新国文（初小）》涉及儿童游戏的课文最多，《初等女子国文》次

① 办饭事，从课文所配插图看即是现代儿童的过家家、娃娃家游戏。
② 《初等女子国文》第一册 10 课《办饭事》，页 5。
③ 《初等女子国文》第一册 43 课《蜗牛》，页 22。
④ 《初等女子国文》第四册 1 课，页 1。

之，《新订蒙学课本》最少。

表 2.3 四套小学国文教科书中涉及儿童游戏课文情况汇总

教科书	课文总数 / 篇	涉及儿童游戏的课文	
		数量 / 篇	占课文总数的比例 / %
《新订蒙学课本》	410	17	4.15
《蒙学读本全书》	442	64	14.48
《最新国文（初小）》	600	95	15.83
《初等女子国文》	360	29	8.06

注：因《初等女子国文》缺第一、三两册，表格统计的是第二、四、五、六、七、八册的课文总篇数。

《蒙学读本全书》《最新国文（初小）》《初等女子国文》三套教科书中有关游戏的课文颇有趣味。

扑萤[①]

夏日之夜，群儿纳凉于园中，各执一扇，佩一葫芦。葫芦者，以玻璃为之，藏萤火而能放光者也。群儿相约共逐萤，以多得者为胜。一儿以扇系于竹竿，萤之高飞者，彼独得之。故所得独多。群儿羡之，均归取竹竿系扇，复至园中。是时适云集，下雨，竟不得萤。（课文插图见图 2.10）

图 2.10 扑萤

秋千[②]

宕秋千，正在晚风前。紧握索儿稳踏板，一高一低随意牵。同学女，拍手笑声连。（课文插图见图 2.11）

图 2.11 荡秋千

① 《蒙学读本全书》三编 24 课，页 16。
② 《初等女子国文》第二册 22 课，页 11。

图 2.12 猴戏

猴戏[①]

空旷之地，锣声大鸣，群儿环观之。场中，猴一，绵羊一。猴顶冠，披红衣，戴假面具，骑羊背，东西往来，如走马。群儿皆大笑。（课文插图见图 2.12）

冰[②]

大雪之后，北风烈烈，天气严寒，池水皆成冰。檐前冰箸，下垂空际，长者及数尺。儿童见之喜，持长竿，敲而落之，断碎有声，明亮透澈，与水晶无异。

以上四篇课文所述“扑萤”“荡秋千”“观猴戏”“敲冰箸”以及前文提到过的《初等女子国文》中的“办饭事”等都是儿童非常喜爱的游戏类型，可以说课文所展现的场景与乐趣实在与儿童真实生活无异。

依照广义的“游戏”概念，将游戏分为较为安静的“观赏休闲类游戏”和身体活动较多的“身体活动类游戏”两大类。同时，将课文中带动物的描写类、寓言类课文以及有儿童参与的观察活动归入前者，儿童参与的其他娱乐活动则归入后者。按上述标准对四套小学国文教科书中与游戏有关的课文进行整理后得到表 2.4。表 2.4 显示，不论是观赏休闲类游戏还是身体活动类游戏，《蒙学读本全书》与《最新国文（初小）》所涉及的游戏种类都远多于《新订蒙学课本》和《初等女子国文》。而观赏休闲类游戏和身体活动类游戏两相比较，四套小学国文教科书中除《初等女子国文》持平外，都是前者多于后者。

① 《最新国文（初小）》第二册 25 课，页 22—23。
② 《最新国文（初小）》第二册 57 课，页 51。

表 2.4 四套小学国文教科书游戏种类汇总

教科书	观赏休闲类游戏	身体活动类游戏	合计
《新订蒙学课本》	12 种：蝴蝶、观海棠、听雨、观景、猫鼠斗、獭鱼斗、观鸟、鹰捕鸡、猫攫鸟、听留声机、游园、游野	5 种：打秋千、抽陀螺、捉迷藏、踢球、畜犬	17 种
《蒙学读本全书》	39 种：观犬、观鸡、蝴蝶、蜻蜓、飞虫青虫食菜、蚁食蝇、犬斗、猫鼠斗、螳螂捕蝉、鹰捕鸟、观雪、观马、观雨后景、猴戏、蝇虎捕蝇、蚁语、蜂窝、观鸟、猴煨栗、蚁斗、蜂约、鼠猫斗、犬猫斗、鸡斗蜈蚣、鸡鸭之争、蛇斗虾蟆、雀欺鹰、蝇食蜜、鸠夺鹊巢、观雨、野兔掘穴、鱼猫斗、鼠闸、猫捕燕、蜘蛛捕蜻蜓、蝇虎蜘蛛蝇互斗、弄猴、海乌食蛤、游散	25 种：捉蟋蟀、登高、放纸鸢、体操、跳跃、击球、纸球、扑蝶、捉虫、扑蝇、扑萤、钓鱼、小舟之戏、堆雪人、捕蝉、斗蟋蟀、泥人之戏、扑菜花虫、掏鸟窝、胶雀、摸盲、扑满、拈阄、鹰攫鸡之戏、游山	64 种
《最新国文（初小）》	52 种：赏花、观晨景、猫鼠斗、猫犬斗、观金鱼、观鸟、观晓日、猫斗、蚁斗、观猴戏、鸦与鸭言、小鸟斗枭、贪吃犬、观雪景、不倒翁、蜜蜂、鹬蚌相争、狼狗羊之斗、观竞渡、群鸟啄鸦、二虎斗、鸟兽哄蝙蝠、狐鸦争肉、小鸟不入笼、鹰扑鸽、蝉向蚁乞食、驴惧虎、狐鹭吃食、狮逐鹿兔、狮搏牛、乌鸦喝水、野马斗鹿、鸟有作息、鸦食贝、骡不助驴、虎捕牡鹿、骡与小鱼、山鼠报虎德、狐欺山羊、群蚁斗螳螂、戏猴、室梅庭梅相语、观走马灯、虎斗驴、犬斗麋、同类相残、猫狐犬相斗、同类相争、闲步、游园、游历、回声	43 种：兵操、上秋千、打皮球、钓鱼、吹笛、骑牛、游散、采果、拾豆、打鼓、持竹刀、逗猫、逗狗、唱歌、捉蜻蜓、采菱、竞走、击球、体操、玩泥人、兵队之戏、敲冰箸、吹喇叭、击锣鼓、弹飞鸟、放风筝、踢毽子、抽陀螺、滚铁环、转空钟、打拔儿、扑蝴蝶、累瓦塔、拔河、喂鱼、踏青、扑满、跳绳、捉迷藏、登高、玩小铜炮、捕蜘蛛、堆雪人	95 种
《初等女子国文》	15 种：蝴蝶、观落花、赏菊、蚁斗、观雪、观潮、观月、观秋花、雁、龟兔竞走、鸦与鹊、观盆梅、观庭梅、赏雪、观灯	14 种：采莲、办饭事、玩泥人、体操、荡秋千、折纸、剪纸、捉蜗牛、击冰、塑雪人、唱歌、登高、击鼓、抽琴	29 种

由此看来，《蒙学读本全书》和《最新国文（初小）》特别注重展现儿童游戏生活。《蒙学读本全书》如此注重儿童游戏的原因有二：一是前文提及的

《蒙学读本全书》特别注重“游戏精神”；二是《蒙学读本全书》要为儿童写作提供范本，这一任务主要由叙述儿童游戏课文几乎占课文总篇数一半的第六编来完成。此外，这也是为了给儿童撰写议论文提供材料。《蒙学读本全书》六编卷端言：“儒先论辨，多取国家兴亡之古事，宪典沿革之大凡，儿童因事之隔膜，遂并其文句事理而亦昧之。是编议论文，均以述事之游戏命题，衡之以精奥之公理。事既洞达，理自易解。儿童读此，粗知论辨之大纲。”下面是六编中两篇对应的叙事文和论说文，可窥见编写者意图。

斗蟋蟀[①]

两小儿匿瓜棚下斗蟋蟀。棚支数枯树以为足，上以败竹编之。瓜蔓缘之以行也。小儿窘于钱，不得瓦盆，盛数蟋蟀于一饭盂。一儿执草，引之使斗。俄顷，众蟋蟀振羽挺股，状且斗矣。一儿延颈谛视，口鼻近盂。忽呼气入盂中，蟋蟀骤跃出。小儿惶急，共以手掩之。一儿之背脊适触棚足，盆倾盂碎，小儿被压。于是两小儿高其尻，以背承棚，以手揭开棚边之瓜蔓，蓬发伛偻而出。

论斗蟋蟀[②]

两小儿匿瓜棚下斗蟋蟀。何以匿？恐为父母知之而见责也。夫为事至不可使父母知之而犹欲匿而为焉，此小儿之不明也。至于蟋蟀跃出，掩之而误触棚足致有倾压之祸，皆由其始之不明有以招之也。夫棚不自倾，而儿触之，谓小儿之不慎是也。然责其不慎，则慎之，而其事遂可为矣。夫斗蟋蟀而果可为也，则小儿亦何至匿而为之也。匿而为之，则虽慎之而无所祸，犹非也。是故，责其不慎，末也。其致祸之本，由于其不明也。然则人之为事，毋知其不可而匿为之。知其不可而匿为之，鲜有不以及祸者。至及祸而又将谁匿也。因人之及祸而第以不慎责之，则殊非探本之论矣。

《最新国文（初小）》特别注重儿童游戏事是为了“启发儿童之兴趣”，“使儿童易有兴会”。[③]《初等女子国文》因无编辑大意，其选择游戏的目的是什么不得而知，《新订蒙学课本》编辑大意中未提及儿童游戏一事，从这两套

① 《蒙学读本全书》六编 7 课，页 5—6。

② 《蒙学读本全书》六编 34 课，页 25。

③ 参见《最新国文（初小）》第一册《编辑初等高等小学堂国文教科书缘起》及编辑大意。

教科书的整体内容来看，其更注重的是儿童的德性生活和科学生活。

若将涉及身体活动类游戏的课文按游戏性质进一步加以细分，则得到表2.5。

表 2.5 身体活动类游戏分类统计

教科书	运动类游戏	动物类游戏	想象类游戏	艺术类游戏	合计
《新订蒙学课本》	4 种：打秋千、抽陀螺、捉迷藏、踢球	1 种：畜犬	无	无	5 种
《蒙学读本全书》	11 种：登高、放纸鸢、体操、跳跃、击球、堆雪人、摸盲、拈阄、鹰攫鸡之戏、游山、纸球	11 种：捉蟋蟀、扑蝶、捉虫、扑蝇、扑萤、钓鱼、捕蝉、斗蟋蟀、扑菜花虫、掏鸟窝、胶雀	3 种：泥人之戏、扑满、小舟之戏	无	25 种
《最新国文（初小）》	26 种：兵操、上秋千、打皮球、游散、采果、拾豆、采菱、竞走、击球、体操、兵队之戏、敲冰箸、放风筝、踢毽子、抽陀螺、滚铁环、转空钟、打拔儿、累瓦塔、拔河、踏青、跳绳、捉迷藏、登高、玩小铜炮、堆雪人	9 种：钓鱼、骑牛、逗猫、逗狗、捉蜻蜓、弹飞鸟、扑蝴蝶、喂鱼、捕蜘蛛	3 种：玩泥人、持竹刀、扑满	5 种：吹笛、打鼓、唱歌、吹喇叭、击锣鼓	43 种
《初等女子国文》	6 种：采莲、体操、荡秋千、击冰、塑雪人、登高	1 种：捉蜗牛	2 种：办饭事、玩泥人	5 种：折纸、剪纸、唱歌、击鼓、抽琴	14 种

表 2.5 显示，总体而言，运动类游戏和动物类游戏类型较多。不过《初等女子国文》有所不同，是运动类游戏和艺术类游戏类型较多，这符合清末强调女子的身体健康以及女工、个人修养有较大关系。从种类的齐全性来看，《最新国文（初小）》和《初等女子国文》居优。总体来看，《最新国文（初小）》在种类方面的优势最为突出，其所展现的儿童游戏涉及诸多方面，与儿童日常生活中的游戏形式非常接近，而且其中既有城市中儿童常玩的游戏（如拔河、玩小铜炮、打鼓、击铜锣等），又有乡村儿童常玩的游戏（如采果、拾豆、骑

牛、吹笛、弹飞鸟等)。《蒙学读本全书》所展现的游戏则更具有传统乡土气息,如掏鸟窝、胶雀等,缺少艺术类游戏也可从反面印证其乡土气息。从性别角度来看,《初等女子国文》所展现的游戏类型中传统乡土游戏少,多了“办饭事”“折纸”“剪纸”三种有关家事、女工的游戏类型,更多体现出城市女子游戏特点。

(三)游戏之“乐”“德”“智”

清末小学国文教科书中既有儿童个人游戏,又有两人及群体游戏,相比较来说,后者远远多于前者,突出展现的是儿童共同游戏时所享受的乐趣,所谓“独乐乐,不如众乐乐”。

道旁公园,碧草一色,杨柳数行,群鱼游池中。画梁之上,秋燕将归,白兔一只,隐于假山下。童子六七人,携手来游,顾而乐之。①

诸生课毕,或游园,或游野。众人同游则乐,各人独游则不乐。②

另如儿童一起“观猴戏”“跳绳”“放风筝”“荡秋千”等等之乐。事实上,清末小学国文教科书如此强调“同游”“同乐”与当时思想界注重“群学”有关。

“共同游戏之乐”当然是清末小学国文教科书普遍重视的主题,不过,《蒙学读本全书》和《最新国文(初小)》也有较多课文反映儿童群体游戏过程中产生的矛盾以及由此进行的劝诫。比如前文曾提到的《蒙学读本全书》中对应的《斗蟋蟀》和《论斗蟋蟀》两篇课文,说的正是游戏过程中的道德问题。儿童藏匿起来斗蟋蟀说明所为本身就不对,是不诚实的表现,因而作者认为不应该责怪其不小心,而应该责怪其“明知不可为而为之”。另如《最新国文(初小)》中涉及儿童弹飞鸟一文也重在引导儿童懂得游戏中的是非界限。

萧遥欣年七岁,出游时,见一小儿,善弹飞鸟,应弦坠落。遥欣曰:“鸟飞空中,无害于人,游戏之事,亦多端矣。何必多残生命,以为乐也?”小儿

① 《最新国文(初小)》第二册20课《公园》,页17—18。

② 《新订蒙学课本》初编(下卷)18课,页4—5。

感其言，遂不复弹。[①]

除了强调游戏过程中的“乐”与“德”，《蒙学读本全书》和《最新国文（初小）》还强调游戏过程中的“智”。游戏中常常潜藏智慧与思虑的周详。《蒙学读本全书》中有关儿童游戏的课文大量展现儿童游戏过程中出现的过失即带有此意。

扑菜花虫[②]

某家后有菜圃，四围插竹篱。篱经风霜，竹半枯败。有菜花虫牙之，得小孔，容身出入。遂结窝于竹腹，时时至孔外采花，菜花半为其所食。一日，童子游菜圃，见之，欲扑，虑刺手。遂归，取纸扇，无储虫器，又觅得一玻璃瓶，大喜。于是左持扇，右握瓶，急趋至圃门。门旁适有乱石，失足而蹶。起视其瓶，未裂，惟缺其口，尚可盛虫，因自欣幸。遂入圃，伏篱下，伺菜虫来。虫至，即举扇扑之，每扑必得，纳诸瓶。童子喜甚，因忘瓶有缺，虫缘缺而走。比觉，已逃飞过半矣。一虫至瓶口，且飞。童子急以手拈之，为所刺。小儿不胜痛，因脱手。瓶堕触石上，顿裂，虫尽飞去。

这样的描述不在少数，甚至描述猫捕燕、蜘蛛捕昆虫等动物相斗故事时也会展现猫和蜘蛛因思虑不周而导致受伤、死亡的悲惨结局，其主要目的在于告诫儿童：游戏也需要智慧，要多加思虑。《最新国文（初小）》中《司马温公》和《文彦博》等故事说的就是游戏过程中如何运用智慧处理危急情况或解决遇到的困难。

从上述分析看来，清末小学国文教科书都倾向于展现儿童游戏的乐趣，而《蒙学读本全书》和《最新国文（初小）》更加侧重于展现游戏中的“德”与“智”，其对于儿童游戏价值的挖掘更全面，对儿童的启发也更大。不过，《蒙学读本全书》过多渲染儿童在游戏过程中“失德”“失智”情况在《最新国文（初小）》和《初等女子国文》中很少看到了，其已转向展现儿童游戏积极的一面。

---

① 《最新国文（初小）》第三册 10 课《萧遥欣》，页 197。
② 《蒙学读本全书》第六册 14 课，页 10—11。

四、传统的学堂生活

戊戌变法催生了一批新式中小学堂。在那个年代，私塾已经发展得非常完备，即便是人口稀少的乡村也会有一两所私塾。[①]新式学堂这样一种新生事物还非常少见，孩子们接受教育的主要场所是私塾。于是，新式学堂初建时在编写国文教科书过程中遭遇了“如何称呼自己”的尴尬。《新订蒙学课本》和《蒙学读本全书》两套教科书课文中出现“学堂”和“塾”（或“馆”）混用的状况。这或许是学堂为了让自己更容易被民众接受的一种策略，因为到《奏定学堂章程》颁布后的小学国文教科书中，混用的情况就消失了。

废科举、兴学堂的举措导致了私塾与学堂并行的局面[②]，让自己的孩子继续上私塾还是上新式学堂对很多父母来说成为需要权衡的事。1903 年，朱自清六岁，“值科举初废，学校方兴。父亲小坡公对他寄托了很大的希望，却怀疑当时新式的学校读书的成绩和教学的方法，便把他送到中过秀才或举人的老师那里去受教育”[③]。可以说，这样的情况在当时比较普遍，因为国人心目中始终认为上私塾才是正途。而学堂兴办之初设施条件差、离家远、学费贵、师资不佳、有些新式课程开不起来等现实情况更使得家长们望而却步。相反，私塾在当时发展历史悠久，塾师大多是中过秀才的，离家又近，觉得不行的还可以随时换别的塾师。只有赞成维新的人士才会把孩子送到新式学堂，学习新式教科书。茅盾的父亲一向不认同私塾教育，因此家里其他孩子都上祖父的家塾，只有茅盾不去，而是由父母亲启蒙，学的是新教材——上海澄衷学堂的《字课图识》[④]以及母亲从《正蒙必读》中抄下来的《天文歌略》《地理歌略》等。大约 1904 年，茅盾九岁时，乌镇办起了第一所初级小学——立志小学，茅盾便成为这所小学的第一班学生。[⑤]梁漱溟的父亲崇尚维新，因此不要求子女读四

① 舒新城的故乡在湖南溆浦县东乡小村落刘家渡，他家所在的那一带一共不过二三十户，而且都是纯粹的农人，也有两个蒙馆。资料来源：舒新城 . 舒新城自述 [M]. 合肥：安徽文艺出版社，2013：3，10.

② 贾国静 . 私塾与学堂：清末民初教育的二元结构 [J]. 四川师范大学学报（社会科学版），2002（1）：97-105.

③ 姜建，吴为公 . 朱自清年谱 [M]. 北京：光明日报出版社，2010：2.

④ 该书的实际名称应为《澄衷蒙学堂字课图说》。

⑤ 茅盾 . 我走过的道路（上）[M]. 北京：人民文学出版社，1997：30，70.

书五经，而送梁漱溟入中西小学堂、顺天中学堂等，习理化英文，受新式教育。[①]一些倾向维新的人士虽然不送孩子上新式学堂，但选用新式教科书教孩子。冰心幼时在家塾里读书（1904 年前后），母亲和舅舅都是老师，母亲教她认“字片”，舅舅教她读书。舅舅是倾向革命的维新派，所教课本选的是商务印书馆出版的新式国文教科书第一册，从“天地日月”学起。[②]不过上述情况在当时社会并不多见。社会中人诚然抱有疑虑，作为学堂则设法通过塑造与私塾的苦读截然不同的生活——乐学，来吸引学生和家长。

学堂乐，乐如何？请君听我放假歌。吾曹自到此，一岁忽将过。同学相亲爱，先生勤教科。读书已二册，识字一千多。学堂乐，乐如何？请君同唱放假歌。[③]

《蒙学读本全书》三编第 62 课借书信方式，以学堂学生口吻向父母禀告弟弟在学堂的表现，也表达了学堂同学之乐：“三弟因此间同学者多，颇不苦读，与在家时迥异。”[④]《新订蒙学课本》还建构了学习与游乐相间的快乐集体生活画面：“诸生课毕，或游园，或游野。众人同游则乐，各人独游则不乐。”[⑤]《最新国文（初小）》和《初等女子国文》也都尽力展现学堂生活与私塾、家庭生活的不同。本节试图穿梭于私塾与学堂、现实与想象之间，期望在两相对比中捕捉其中的变化，发现清末小学国文教科书建构的学堂生活的总体特点和趋向。

（一）设施、设备与服装

物质方面的变化是最容易吸引注意的。从私塾到学堂，首先是学习的地点发生了变化。私塾学习地点有私有公，大多设在家里，或是有钱人家里的书房，或是塾师家书房，如果是村子里几家合请一个塾师，那么很有可能设在村里的庵堂之类公共的地方。学堂则必定是公共的地方，或由庙堂改建，或由废弃花园改建，等等，条件有好有差，但无论如何，是一个公共的所在。学堂在

① 梁漱溟．我生有涯愿无尽：梁漱溟自述文录 [M]. 北京：中国人民大学出版社，2004：1.

② 冰心．冰心自传 [M]. 南京：江苏文艺出版社，1995：27.

③ 《最新国文（初小）》第二册 60 课《放假歌》，页 52—53。

④ 《蒙学读本全书》三编 62 课，页 44。

⑤ 《新订蒙学课本》初编（下卷）18 课，页 4—5。

外观上自然不同于私塾，学堂大门外会挂上“某某学堂”的牌子（见图 2.13、图 2.14）。学堂里面则由一间间按年级、班级分开的教室组成，还有或大或小的活动场地。

图 2.13　初等小学堂大门

图 2.14　初等女学堂大门

其次是教室里的陈设发生了变化。学堂教室的物质配备包括黑板、讲台、学生桌凳。学生桌凳有的是供多人坐的长条桌和长条凳，有的则是双人桌和单人凳。老师上课的常态是“持粉笔，画黑版”[①]（见图 2.15、图 2.16、图 2.17）。这和私塾中的书房情形很不一样。私塾里没有黑板，老师只需要讲书，不需要在黑板上写什么画什么，要写字也是用毛笔在宣纸上写。私塾里，学生要用到的桌椅常常要从家里带来。据周作人回忆，鲁迅去三味书屋读书时带走了家里的书桌（有抽屉的半桌），等到自己去时没有了合适的书桌，只好由佣人从家里背了张八仙桌去。[②]有的私塾里虽然提供桌椅，但是因为尺寸不合适，只能从家里带合适的或是做一些改造。据舒新城回忆，他上私塾时还不足五周岁，庵堂里只有大方桌和高板凳，他太小，坐不上去，所以祖父特地从家里扛了一张舒新城在家中常用的小木桌和小竹椅到私塾。[③]蒋梦麟就读的家塾里的书桌也太高，自备的椅子太矮，够不着书桌，于是家里人就在椅子下面垫上一个木架子，这样蒋梦麟爬上椅子后就能够到书桌了，但是两只脚总是悬空的。[④]很有意思的是，这些赫赫有名的人物回忆童年私塾生活时不约而同地提到了书桌和椅子，显然这是和儿童学习生活息息相关的重要物质条件。陈子褒曾于光

---

① 《最新国文（初小）》第一册 26 课，页 25。

② 周作人．知堂回想录：周作人自传 [M]. 兰州：敦煌文艺出版社，1998：16-17.

③ 舒新城．舒新城自述 [M]. 合肥：安徽文艺出版社，2013：14.

④ 蒋梦麟．西潮与新潮 [M]. 北京：人民出版社，2012：29.

绪二十六年（1900）专门撰写《小学桌椅说》，讨论私塾和学堂的桌椅问题。他从日本考察小学校规制回来，“偶入乡塾中，见一堂孩子，有钩脚而不到地者，有蟠脚者，有竖一脚在椅上者”。联想到日本小学校按儿童年龄分别设计桌椅高度，恍然领悟“此野蛮之椅所致也”，“若学童之椅不中尺度，则钩脚，郁肺，曲背，种种病根，胥伏于此。血气之滞，筋骨之弱，良有由也”。[①]由此，统一的适合儿童身高的课桌椅也就成了现代学校教育的一个标志。不过图2.15、图2.17中的凳子都是多人合坐的长条凳，而且三幅图中的凳子都没有靠背，这也不符合卫生要求。而且，从图2.15的情形来看，第二排长条凳显然太高了。教科书中所展现的教室陈设应该是当时学堂中的真实情况，要达到日本小学校那样的桌椅卫生标准，还需要些时日。

图2.15 教室情形（一）

图2.16 教室情形（二）

图2.17 教室情形（三）

从上述分析中可以发现一个趋向，即私塾与学堂之间在设施、设备方面产生了“私”与“公”的分界。现代学堂教育为儿童开辟了公共空间，一方面考虑儿童需要设计公共空间，另一方面须为儿童进入公共空间设立规范。与私塾相比，学堂教育在儿童社会化方面表现出更大的作用。

另一个重要的物方面的变化是从学堂悄悄开始的服装“革命”。私塾中没有体育课，自然无须穿专门的服装，儿童一年四季只需穿长衫，无非单衣、棉衣之间替换。但在清末小学国文教科书中，儿童所穿服装发生了变化：在家或是平时游戏时穿常服（见图2.18、图2.19），在学堂学习体操、兵操时则穿专门的体操服（见图2.20、图2.21、图2.22）。

① 陈子褒．陈子褒先生教育遗议[M]. 桂林：广西师范大学出版社，2012：28-29.

图 2.18　穿常服的儿童（一）

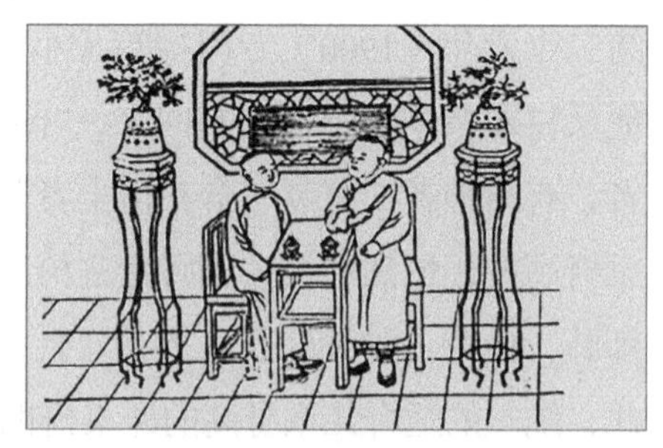
图 2.19　穿常服的儿童（二）

图 2.20　穿体操服的儿童（一）

图 2.21　穿体操服的儿童（二）

图 2.22　穿体操服的儿童（三）

《最新国文（初小）》第二册《衣服》一文图文并茂地解释了上体操课时须穿专门体操服的原因（见图 2.23、图 2.24、图 2.25）：

人之衣服，所以护身。我国衣服，长而大，故舒泰；外国衣服，短而小，故轻便。今学堂体操，衣服短小，亦取其轻便也。[①]

可以说，短小轻便的体操服的出现完全是因为学堂增设体操课而衍生出来

① 《最新国文（初小）》第二册 7 课，页 5—6。

的需要，服装的“革命”在新课程的推动下悄悄兴起。自然，随着西方文化的影响、时代的进步、生活节奏的加快、体育活动的普及（见图 2.26），轻便、实用的服装之价值日益彰显，以遵“礼”为第一要务的长衫就会越来越因其不便而退出儿童生活舞台。

图 2.23 中国衣服

2.24 外国衣服

图 2.25 中国体操服

图 2.26 儿童打球时着轻便装

女子的服装变化相对慢一些。虽然《初等女子国文》中也有课文讲到衣服应讲实用[①]，但插图中女子穿体操服的仅一幅，另一篇讲体操的课文所配之图中女子仍穿常服（见图 2.27），和平时所穿常服不同的是上衣较短，袖口较窄。即便是在民国初年出版的《订正女子国文教科书（初小）》中，女子的衣着款式也没有变化，上衣仍较长（见图 2.28）。

① 《初等女子国文》第六册 25 课《衣服》中有这样一段话：“外国之衣，紧身窄袖，便于作事，实兵家之制也，故其民有尚武之精神。非如我国之衣，宽袖郎当，动多不便者也。若于衣服，求奢华，图外观，而不讲实用，斯真愚之又愚者也。”

图 2.27　女子习体操时的着装

图 2.28　女子进行队列练习时的着装

（二）尊孔仪式

法国作家圣埃克苏佩里（Antoine de Saint-Exupéry）撰写的童话《小王子》中有这样一段对话：

第二天，小王子又来了。

“你最好在同一个时间来，”狐狸说道，“比如说，如果你下午四点钟来，那么在三点钟我就会开始高兴。时间越接近，我就会越来越兴奋。到了四点，我就会坐立不安。我会让你看看我有多开心！但如果你随时都会来，我就不知道我该在什么时候做好迎接你的心理准备……我们必须遵守正常的仪式……”

“什么叫作仪式？”小王子问道。

“那也是常常被忽略的行为，”狐狸说，“它们使某一个日子不同于别的日子，某一个小时不同于别的小时。例如我的猎人们就有一个仪式。每个星期四，他们和村里的姑娘们跳舞，因此对我来说，星期四就是一个美好的日子，我可以一直散步到葡萄园去。但是如果猎人们不管哪一天都跳舞，那么某一天就跟任何一天一样，我就会永远都没有假期。”①

狐狸对仪式的解释感性而浪漫，它没有给出定义，却指出了仪式的双重特性：一是时间维度的特性——“使某一个日子不同于别的日子，某一个小时不同于别的小时”；二是心理维度的特性——“我就会开始高兴”，“星期四就是一个美好的日子”。一般仪式当然还需要一定的物质条件、程序与规范，不过，更重要的确实是时间和心理上的意义。由于长期一贯地在固定时间按程序

① 圣埃克苏佩里．小王子 [M]. 吴淡如，编译．天津：新蕾出版社，2006：65-66.

进行，仪式便形成为一种文化传统，每到此时此刻，参与仪式的人便会在心底涌起某种浓烈的情感。仪式对人情感的影响就在于日积月累。

在清末，孔子被尊为“至圣先师”，儒家学说被奉为宗教，凡读书人必得遵从。上过私塾的人都清楚地记得入私塾第一天的谒圣礼，只是感受稍有不同。在朱峙三的记忆里，跟从塾师程松年读书期间的谒圣礼是隆重的。要进私塾读书了，头天晚上父亲教朱峙三学习“三跪九叩”之礼。第二天，朱峙三穿上马褂[①]，父亲着公服，到了私塾，朱峙三向老师行礼无误，老师非常高兴。入塾后，每月朔望还各有一次“三跪九叩”谒圣礼。长期一贯的仪式使少年朱峙三觉得“隆师重道，读书人家应该如此”[②]。后来他改从姓邱的塾师，但是这位“邱师不甚尊重孔子，每朔望不进香，亦无孔子牌位。邱非有品格之秀才也，其家小康，专赏奢侈”[③]。在朱峙三看来，是否拜孔子甚至可以作为评判塾师品格的标准。这样的仪式自然没有浪漫可言，甚至让舒新城感到“是一件烦难的事情”[④]。但它终究给人以庄重、崇敬之感，进而对读书求学满怀期待。鲁迅少时进私塾的仪式则稍有不同：到先生的家，“从一扇黑油的竹门进去，第三间是书房。中间挂着一块扁道：三味书屋；扁下面是一幅画，画着一只很肥大的梅花鹿伏在古树下。没有孔子牌位，我们便对着那扁和鹿行礼。第一次算是拜孔子，第二次算是拜先生”，“第二次行礼时，先生便和蔼地在一旁答

---

① 按清朝服装礼仪，马褂为男子礼服，是参加重要活动、会见重要客人的时候穿的服装。学生第一天上私塾一般都会穿上马褂，家里条件好的会专门做新马褂、新鞋帽。谢世俊写《竺可桢传》时特别对竺可桢上私塾时的穿着做了描写：“甲午战争那一年，5 岁的阿熊（注：竺可桢的小名）正式上学了。他穿着白底青帮的新鞋，蓝布长袍，黑色马褂，青缎子小帽顶上缀着红色珊瑚珠，长长的辫子拖到背脊上，一副小大人模样。”（谢世俊．竺可桢传 [M]. 重庆：重庆出版社，1993：10）由此可见上私塾第一天是如何的隆重。

② 胡香生，辑录．严昌洪，编．朱峙三日记（1893—1919）[M]. 武汉：华中师范大学出版社，2011：3.

③ 胡香生，辑录．严昌洪，编．朱峙三日记（1893—1919）[M]. 武汉：华中师范大学出版社，2011：15.

④ 据舒新城回忆，他第一天去私塾时，在家向祖宗牌位行“三跪九叩”首礼，并向家人及长工一一行叩首礼。到了私塾，向孔子牌位行了两次“三跪九叩”首礼，向老师又是作揖，又是行一跪三叩首礼……后来父亲说：以后只要上学去和散学回家时向祖父祖母和母亲们作一个揖，到学堂向先师和先生作一个揖就行了，不必天天要叩那么多的头。他这才放下心来。见舒新城．舒新城自述 [M]. 合肥：安徽文艺出版社，2013：12-14.

礼”。[①]三味书屋仪式上的简化可能正体现了周作人所谓的“自由空气”。鲁迅没有提自己对于仪式的感受，但就其花费笔墨来描写整个仪式的过程来看，至少这仪式深深印在了他的脑海中。私塾就读的惯例以及对学生的影响大抵如此。

清末小学国文教科书中只有《蒙学读本全书》中有拜孔子仪式，而且其所呈现的拜孔子礼仪规范和当时私塾中的规范完全一致。这套尊孔拜孔的仪式通过三篇课文呈现出来。一编第 2 课这样写：“我拜孔子像，我从孔子教。”[②]这篇课文被安排在教科书起首位置，说明在编写者的意识中，作为新式学堂的读书人尊孔拜孔的规矩不能少。二编的《崇圣歌》又进一步增强了仪式感并告知如何行礼：“先师孔子倡宗教，巍巍高大如山斗。终身服教誓弗违，叩首叩首九叩首。”[③]二编的《拜孔子》还详细介绍了过程和要求：

月之初一日，挂孔子像于堂中，南面设香案。先生拜于前，学生拜于后。此每月初一之常例也。学生有嬉笑不敬者，先生戒责之。[④]

既然课文如此清楚地规范拜孔仪式，那么无锡三等公学堂自然会像私塾那样行尊孔拜孔仪式。清末现实中的学堂情形也是如此。据目前掌握的资料，绍郡中西学堂在每年的孔子生日这天是要举行隆重的庆祝活动的。蔡元培于光绪二十四年（1898）受聘任绍郡中西学堂经理，他在辛丑年八月廿七日（1900 年 9 月 20 日）的日记中写道：“孔子生日，为位于堂，行三跪九叩首礼。九打钟，演说孔教大义，以孝字为纲。傍午止。官绅及诸生听者数十人。”[⑤]隆师重道之心可见一斑。后来，即便是他创立的带有革命性质的爱国女学校，也会在孔子生日时安排放假。[⑥]蔡元培脱胎于传统教育，他的功成名就得益于科举制度，多年的儒家经典诵读和研究使他深谙其中精义。由此，他对孔子以及儒

① 鲁迅 . 从百草园到三味书屋 [M]// 鲁迅 . 鲁迅全集（第 2 卷）. 北京：人民文学出版社，2005：289.

② 《蒙学读本全书》一编 2 课，页 1。

③ 《蒙学读本全书》二编 2 课，页 1。

④ 《蒙学读本全书》二编 6 课，页 3。

⑤ 高平叔 . 蔡元培年谱长编（上）[M]. 北京：人民教育出版社，1996：186.

⑥ 高平叔 . 蔡元培年谱长编（上）[M]. 北京：人民教育出版社，1996：264.

学的尊重也就自然而然了。从维新派到革命派，蔡元培虽然走在反封建的最前线，但是他没有完全否定传统的价值。

《新订蒙学课本》《最新国文（初小）》《初等女子国文》中没有拜孔子仪式的课文，可见《蒙学读本全书》在尊孔方面最接近于传统私塾，即更倾向于遵从传统。《新订蒙学课本》和《最新国文（初小）》中也没有其他涉及学堂仪式的课文。《初等女子国文》中提到了行放假礼，这是小学堂中的新生事物。学堂考试结束，"师生齐集一堂，行放假礼。先唱歌，歌毕，保姆对诸生曰：'汝等肄业四学期，学问略有进步。此次回家，常宜温习，明岁早来。'说毕，以次作礼而散"①。后一课《年假歌》应该就是放假礼过程中所唱的歌曲，内容是这样的："岁月去如流，又是残冬风雪候。去年今日仍如旧，自问进步否？愿明年开学，相期不落他人后。日月不可留，莫把青年等闲负。"②整个放假仪式程序清楚，最重要的是保姆对一年的学习做一个总结，对学生寒假学习提出要求，并对明年的学习提出期望。这是新式学堂不同于私塾的地方，也是新式学堂的一般仪式。蔡元培就曾为爱国女学校撰写年假结业歌。③因资料中缺《初等女子国文》第一册，该套教科书中是否有开学礼不得而知。

对于仪式，《钦定蒙学堂章程》曾明确规定："每岁恭逢皇太后皇上万寿圣节，皇后千秋节，至圣先师诞日，春秋丁祭日，均由教习率学生行跪拜礼"；"开学散学日，朔望日，均由教习率学生在至圣先师位前行跪拜礼"；"学生每早见教习一揖致敬"。④不过这些规定到《奏定小学堂章程》颁布时不再出现了。可见，对于传统，清政府也有一个从严格遵循到逐步放宽的过程。

（三）学堂作息与纪律

1. 时间观念与一日作息

清末私塾里的学习生活往往没有明确的时间规定，墙上没有钟，也就意味

① 《初等女子国文》第二册59课《放年假》，页30。

② 《初等女子国文》第二册60课，页30。

③ 高平叔．蔡元培年谱长编（上）[M]. 北京：人民教育出版社，1996：298-299.

④ 钦定蒙学堂章程 [M]// 璩鑫圭，唐良炎．中国近代教育史资料汇编·学制演变．上海：上海教育出版社，2007：295.

着在时间计算上的自由。私塾里的生活往往以半天为单位计，到吃饭时间回家吃饭，吃完回来继续读书。在农村，时间就更模糊了。蒋梦麟在余姚蒋村的家塾里读书时大约是1891年，时年六岁。“那时候时钟是很难见到的。家塾里当然没有钟。冬天白昼比较短。天黑后我们就点起菜油灯，在昏暗的灯光下念书，时间是靠日晷来计算的。”有太阳的日子时间倒还容易把握，“等到太阳不偏不倚地照到我们的头上时，我们知道那是正午了。先生让我们回家吃午饭，吃过饭我马上回到家塾继续念那课同样的书，一直到日落西山才散学。”“碰到阴天或下雨，那就只好乱猜了。猜错一两个小时是常事，好在书是个别教授的，猜错个把钟头也无所谓。”①

对于时间观念，《最新国文（初小）》有较深刻的阐述：

文化未开之人，观日出而知晨，观日入而知夜，花开而知春，叶落而知秋；饥则食，渴则饮，困倦则睡。其事简，其时闲，所谓太古之世也。

文化渐开，事渐繁，而时亦渐珍。于是乎竖表以测日影，制漏以记时刻，而人乃得按时作事，规则亦稍稍具矣。

自时辰钟出，其制益准，分每日为二十四点钟，钟有六十分，分有六十秒。盖文明之世，人事愈繁，故分时亦愈细也。②

对于时间的介绍，清末小学国文教科书有一个演进的过程。《新订蒙学课本》只介绍时辰钟表面上的罗马数字③，《蒙学读本全书》只有对一日早晚的介绍，而《最新国文（初小）》则不仅将罗马数字所代表的时间与传统的时辰相对应，还阐述了人们的时间观念上随文明进化而发生的转变。

当然，私塾没有钟点区分的另一个重要原因是个别化的教学，因而没有办法统一上下课。有的私塾晚上还要上课，学生的学习负担沉重。不过，随着现代时间概念的引进、学堂教育的不断推进，到民国时期私塾也开始讲钟点了，而且有了学习和休息的交替。

到新式学堂，作息上有了具体规定。首先是晚上不用上课了。有两篇课文

① 蒋梦麟 . 西潮与新潮 [M]. 北京：人民出版社，2012：29-30.

② 《最新国文（初小）》第七册 5 课《时辰钟》，页 78。

③ 《新订蒙学课本》二编 44 课《释钟表面数码》，页 17。

为证，其内容为："日既出，入学堂。日既入，出学堂"[①]；"日初出，儿童上学去。日将入，儿童回家来"[②]。

其次是读书和游散交错进行，休息成为学生正当的权利。

读书一时，游散一时。读书之时，不可游散。游散之时，弗用读书。[③]

学生课毕游散，或打秋千，或抽陀螺（俗名地黄牛），或捉迷藏，皆可。[④]

甚至学生过于用功，老师还要劝其注意休息。这在清末私塾教育中是不可能发生的。

李生质钝，然极好学，虽游息时亦习书算。师慰之曰："汝能好学，我心甚喜，然勿太劳也。"[⑤]

在新式学堂中，开始有了上课、下课的概念，打铃成为新式学堂指示作息和统一行动的指令。《最新国文（初小）》第二册一篇课文提到铃声的信号作用："学堂课毕，诸生集体操场，或竞走，或击球，或上秋千，各自游戏。及闻铃声，皆入膳堂晚饭，坐列整齐，无一喧哗者。"[⑥]当时实际的学堂生活也是如此。这对于学校就在家隔壁的茅盾来说成了便利条件。"那时候，父亲已卧床不起，房内总要有人侍候，所以我虽说上了学，却时时要照顾家里。好在学校就在我家隔壁，上下课的铃声听得很清楚，我听到铃声再跑去上课也来得及……"[⑦]新式学堂现代化的作息制度在私塾里难以见到，关键是其规定有制度保证。清政府颁布的《奏定学堂章程》中有关于各课程每周授课钟点的规定，每天各科分别教授，便有了学堂一日之作息。

2. 假期与学习

蒋梦麟回忆他所读私塾的放假情况时写下了如下文字：

① 《蒙学读本全书》一编 6 课，页 3。
② 《最新国文教科书》第一册 47 课，页 45。
③ 《蒙学读本全书》一编 8 课，页 4。
④ 《新订蒙学课本》初编（下卷）5 课，页 1—2。
⑤ 《新订蒙学课本》初编（下卷）70 课，页 17。
⑥ 《最新国文（初小）》第二册 15 课，页 14。
⑦ 茅盾．我走过的道路（上）[M]. 北京：人民文学出版社，1997：72.

我们根本不知道什么叫礼拜天。每逢阴历初一、十五，我们就有半天假。碰到节庆，倒也全天放假，例如端午节和中秋节。新年的假期比较长，从十二月二十一直到正月二十。[①]

从其他人的日记和回忆来看，这并不是普遍情况。可以说，私塾中放假情况各不相同，全由塾师决定。比如，舒新城提到他就读的阁子庵蒙馆“无星期日的定期休息，也无年节的放假调节”，只有“端午和中秋，照例要放假一天，同学们都很欢喜”[②]。朱峙三从程师读书时清明不放假，而遇邑中城隍庙演戏放假两天，端阳放假四天，暑期放假十八天……[③]

关于学堂放假情形，教科书中有个别课文提及。如《蒙学读本全书》提到一周中有一天为休息日：“学堂之中，七日一休沐。开学六日，放学一日。开学之日有功课，放学之日无功课。故每至休沐之日，学生常任意游散焉。”[④]当时规定学堂固定有每周一天的休息日，而且休息日没有功课，可以任意游散，这对很少有休息日的私塾学生来说真是极大的福音，也是学堂可资吸引学生之处。《奏定学堂章程》颁布之后出版的几套小学国文教科书所反映的一周假期也是这样的安排，只是在休息日的称呼上有所变化。《最新国文（初小）》《初等女子国文》中称休息日为“星期”：“放假日，名曰星期。”[⑤]“学堂以星期为休息日。……一星期为七日。”[⑥]不过这里的“星期”有两个含义：一是现在所指的“星期日”；二是时间单位。但到了民国初年的国文教科书中，“星期”又改为传统的“七曜日”，休息日改称为“日曜日”。

《新订蒙学课本》《最新国文（初小）》和《初等女子国文》中提到了放暑假和年假。放假自然是学生备感快乐的事，不过为了促进学堂学习，“温故而知新”，假期仍然有学习任务。

---

① 蒋梦麟．西潮与新潮 [M]. 北京：人民出版社，2012：31.

② 舒新城．舒新城自述 [M]. 合肥：安徽文艺出版社，2013：15，16.

③ 胡香生，辑录．严昌洪，编．朱峙三日记（1893–1919）[M]. 武汉：华中师范大学出版社，2011：8，10.

④ 《蒙学读本全书》二编 5 课《休沐日》，页 2。《最新国文（初小）》第四册 5 课《星期》（页 260）表达的是同样的意思。

⑤ 《最新国文（初小）》第四册 5 课《星期》，页 260。

⑥ 《初等女子国文》第五册 6 课《星期之价值》，页 3。

入学堂，已半年。国文科，一册完。天气炎暑，学堂放假。放假回，见父母。父母喜，命儿前。温书习字，每日一时。[①]

暑假年假期内，学生在家。每人须以一二小时温理旧课，毋令荒废。能招同学互相讨论，尤善。[②]

两篇课文提到假期学生每天合理的温书时间是一两个小时，《初等女子国文》第二册《放年假》一文中也提到“此次回家，常宜温习”[③]。这和私塾要求学生假期中仍要温习功课倒是一致的。

3. 纪律

私塾的纪律有松有严，并不统一，全看塾师的个人教育方法和心情。松的可以随时出去上厕所，在老师不注意的时候偷偷溜到园子里玩一会儿。

三味书屋后面也有一个园，虽然小，但在那里也可以爬上花坛去折腊梅花，在地上或桂花树上寻蝉蜕。最好的工作是捉了苍蝇喂蚂蚁，静悄悄地没有声音。然而同窗们到园里的太多，太久，可就不行了，先生在书房里便大叫起来：——

“人都到哪里去了？”

人们便一个一个陆续走回去；一同回去，也不行的。他有一条戒尺，但是不常用，也有罚跪的规矩，但也不常用，普通总不过瞪几眼，大声道：——

“读书！”

于是大家放开喉咙读一阵书，真是人声鼎沸。……[④]

鲁迅笔下“全城中最严厉的书塾”在周作人看来却是“严整与宽和相结合，是够得上说文明的私塾”[⑤]的。因为严的私塾，学生要拿到塾师给的撒尿签、出恭签才可以离开书房。有一次，周作人听说离三味书屋不远的王广思堂的塾师，“设有什么‘撒尿签’的制度，学生尤要小便的，须得领他这样的签，才可以出去。这种情形大约在私塾中间，也是极普通的，但是我们在三味书屋

① 《最新国文（初小）》第一册60课，页59。
② 《新订蒙学课本》二编130课《招友便函》，页61。
③ 《初等女子国文》第二册59课，页30。
④ 鲁迅. 从百草园到三味书屋[M]// 鲁迅. 鲁迅全集（第2卷）. 北京：人民文学出版社，2005：290.
⑤ 周作人. 知堂回想录（上）[M]. 合肥：安徽教育出版社，2008：17.

的学生得知了，却很是骇异，因为这里是完全自由，大小便时径自往园里走去，不必要告诉先生的"[①]。足见三味书屋的宽松和自由。不过，从查阅到的资料来看，如此宽松自由的私塾在清末确实是罕见的。

其实这和私塾、学堂间的不同作息安排有关。学堂有规定的课程钟点，两堂课之间有休息时间，学生自然可以在这个时间段依据自己的需要去厕所，而私塾没有钟点规定，老师也没有专门的时间安排，于是就出现上面提到的情况。

严苛的纪律、枯燥乏味的背诵无法磨灭儿童爱玩的天性，孩子们想尽办法利用上厕所的时间、老师不在或是不注意的时候玩各种游戏。鲁迅的游戏是画绣像以及和小伙伴到园子里捉苍蝇、喂蚂蚁。蒋梦麟的一段记忆则让他的偷空游戏成为梦魇：

……小孩子还是能够自行设法来满足他们嬉戏的本能。如果先生不在，家塾可就是我们的天下了。有时候我们把书桌搬在一起，拼成一个戏台在上面演戏。椅子板凳就成了舞台上的道具。有时候我们就玩捉迷藏。有一次，我被蒙上眼睛当瞎子，刚巧先生回来了，其余的孩子都偷偷地溜了，我轻而易举地就抓到一个人——我的先生。当我发现闯了祸时，我简直吓昏了。到现在想起这件事尚有余悸。[②]

可想而知，在私塾中，游戏是完全和读书对立的，是不务正业，所以才会导致少年蒋梦麟到成年了想起此事还有余悸。而从前文提及的学堂一日作息来看，游戏是学生的权利，也是卫生之道，是被鼓励的事，只要分清学习和游戏的界限就可以。这也就是学堂能以"乐学"来吸引学生和家长的重要方面。

当然，学堂有学堂的纪律，而且这些纪律更为明确和统一，不同学堂之间很少有差别，形成与私塾的"个别化"完全不同的样貌。比如对于请假，《蒙学读本全书》和《新订蒙学课本》都通过启事便函这种文体引导学生遵守学堂纪律。

---

① 周作人. 知堂回想录（上）[M]. 合肥：安徽教育出版社，2008：17.

② 蒋梦麟. 西潮与新潮 [M]. 北京：人民出版社，2012：32.

学生入学堂，不可间断。若有要事，或因病不能上课，必作函请假。[①]

学生读书，最忌作辍。如有要事，或因病不能到馆，即作函请假。[②]

两篇启事便函的措辞及要求无异。私塾当然也有纪律要求，但是与学堂不同的是，请假需要家长出面，而学堂中的学生须学会自己写请假函。可以说学堂中对学生的自觉性、独立性要求提高了。

此外，《新订蒙学课本》还有其他要求，如："读书时，勿玩他物。自家至塾、自塾归家途中，勿往他处。"[③]《最新国文（初小）》中也提到学堂中不能玩玩具。[④]《钦定蒙学堂章程》对此有明文规定："凡学生早间由家到堂，晚上由堂还家，必由堂中或家中派人护送"，"不得携带玩物食物等入学"。[⑤]现代学堂建立之后便成为一个公共空间，而不像就近开办、入读的私塾那样带着"私"的性质。私塾开办在当地，要么是大户人家的书房，要么是先生家的书房，公一点的无非也就是村里或近村的庵堂之类，对学生来说都是家附近的所在，而入学者就是原来就熟悉的乡里乡邻。所以，虽然私塾也有规矩，但还是不那么正规，更何况私塾是个别化的教育方式，纪律是难以统一的。学堂则不同。因为经费筹措等诸多困难，清末开办的新式学堂很少，于是学堂中的学生就有来自各地的，比如澄衷学堂有浙江的学生，南洋公学有江苏的学生，这就大大增强了学堂的公共性，特别是南洋公学实行寄宿制，公共空间纪律的管束就成为必要之举。作为现代教育制度组成部分之一的学校制度，纪律是其中不可或缺的方面。

规条说[⑥]

凡众人会集之所，如学堂公所等类，必有规条。规条者，束缚人，钳制人，

---

① 《蒙学读本全书》三编 61 课，页 43—44。

② 《新订蒙学课本》二编 85 课《请假便函》，页 35—36。

③ 《新订蒙学课本》初编（下卷）19 课，页 5。

④ 《最新国文（初小）》第六册 31 课《爱兄》（页 36）一文云：戴儿爱其兄，"一日，欲以玩具遗其兄，母止之曰：'汝兄在校，宜致力学业，若以玩具废学，且将受罚，是害之也。'儿遽止"。

⑤ 钦定蒙学堂章程 [M]// 璩鑫圭，唐良炎 . 中国近代教育史资料汇编 · 学制演变 . 上海：上海教育出版社，2007：295.

⑥ 《新订蒙学课本》三编 51 课，页 139。

使人不得自由，何可憎之甚也。虽然，即以学堂论，课时及卧时不得谈笑，此学堂必有之规条也。

尔辈试思之，课时而谈笑，则学堂如茶坊酒肆，必令教者学者耳烦心乱，而谈笑者之多言废学无论矣。卧时而谈笑，则终夕喧哗，欲卧者不得卧，同室之人皆受其累，而谈笑者之废寝劳神无论矣。然则规条之设，害人耶，抑利人耶，尔必当自悟矣。

事实上，《规条说》这篇课文已经涉及个人自由与他人自由之间的关系，这与近代西方自由观念的引入密切相关。

（四）传统的师生关系

孔子说："三人行，必有我师焉"，"敏而好学，不耻下问"。韩愈说："师者，所以传道受业解惑也"，"是故无贵无贱，无长无少，道之所存，师之所存也"。这是圣人、贤者渴望的为学者的理想状态，是儒家传统中君子修身的重要内容，而不是对已为人师者的专门要求。然而，如果仅从字面意思，用现代人的观念去解读，那么其实师者也是为学者中的一员，上述言论其实也就没有了"师"或"生"的明确界限，而展现了"人人可为师，人人亦是生"的互为师生的关系。这当然不是孔子和韩愈的本意。不过，以此可以反观清末小学堂中的师生关系，反观那个年代小学国文教科书建构师生交往关系的方式。

1. 一种特殊的人际关系

反复阅读《新订蒙学课本》以及《蒙学读本全书》中关于"亲师""敬师"等的论述，发现师生关系是一种非常特殊的人际关系。

它不属于弟子在家庭中的"孝"道。《蒙学读本全书》四编中阐述得很清楚，"由父母而推之祖父母，及叔伯父母，家门之内，皆孝之道所当及者也"[①]，师者虽为长上，但因其不在"家门之内"，弟子自然不必遵从"家门之内"的"孝"道。

它属于弟子在家庭外的"悌"道，也属于"亲仁"。按照《蒙学读本全书》四编中的阐述："若夫亲仁之事，尊师敬友二者是已。于众人之中，必有

① 《蒙学读本全书》四编 30 课，页 16。

独所钦敬之人，奉之为表率。借之以切磋，然后可以进德而修业也。”[①]为师者往往是表率，是“仁者”的代表，故而“亲之”“敬之”。该编《亲师》一课说明了为弟子者应如何亲师。

教我者为师，我即为弟子。弟子之承师教，当尽心听之；疑而不明，可还质之于师。某氏之儿，善承师教，有疑必问。其师不但不厌告之，且甚喜之也。[②]

甚而更进一步：“为求学而降志，不辞贱役之劳，受呵不变，心悦而诚服也，立雪不懈，师严而道尊也。”[③]求学若此，只因“师严而道尊也”。

至此，师生关系的构建似乎是明了的，然而，《新订蒙学课本》中的两篇课文道出另一层意思，使得师生关系变得复杂起来。

一儿将入塾。父呼而谓之曰：“予无暇教汝，命汝从师。汝当听师言如听予言。”[④]

弟子在塾，以顺师命为最要。当思我之父母，因不能教我，或无暇教我，故遣我入塾从师。师也者，代父母之职者也。父母之命不可违，岂师之命犹可违乎？父母无不爱其子者，师亦无不爱其弟子者。我有善则师喜，我有过则师怒，夫善亦我之善，过亦我之过，何与于师，而师必喜之怒之者，诚爱我也。弟子能以此为心，尚忍违师命乎？[⑤]

正是“师也者，代父母之职者也”这一句，使得师生关系与父子关系产生了勾连。这也就是前文讲到的父权向教师的传递。于是，师生之间建立起了类似于“父慈子孝”的关系。可以说，师生关系是学堂中对父子关系的模拟或翻版，“严师如父”“一日为师，终生为父”正是这一特殊人际关系的写照。

《蒙学读本全书》中的三篇课文又将“师生之序”加以规范，使得师生关系更为固化。

---

① 《蒙学读本全书》四编 61 课，页 38—39。
② 《蒙学读本全书》四编 17 课，页 8—9。
③ 《蒙学读本全书》四编 65 课，页 41—42。
④ 《新订蒙学课本》初编（下卷）30 课，页 8。
⑤ 《新订蒙学课本》三编 22 课《敬师说》，页 121—122。

先生教我书，先生教我字。先生坐于上，学生坐于下。[①]

放学之日，出外游散。先生在前，学生在后。[②]

休沐之日，先生率学生出游。学生行步错乱，有与先生并行者。及归，先生戒之曰："童子出外，当行步整齐，随长者之后，不可错乱无序，与先生并行也。尔小子知之。"[③]

那么，师生关系的这种"序"和兄弟姊妹之"序"是何种关系？父亲的权力也向长兄传递，师生关系与兄弟姊妹关系是否类同？其中确实有很多类似的地方，特别是两者同属于"悌"道，但是不管是儒家经典还是新式教科书，其中都没有对弟妹要"顺"长兄这一点加以明确规定，而且，兄弟姊妹带有血缘关系，"情同手足"，也更平等，而师者作为无血缘关系的、年长的（和父母亲年龄相仿）、学识渊博的"仁者"代表，他们被赋予的权力自然比长兄多。

综上所述，《新订蒙学课本》和《蒙学读本全书》中建构的师生关系是由家庭中的父子关系衍生出来的尊卑分明的特殊人际关系。它们在师生之"序"和学生对教师的"顺从"方面做了特别的规定，《蒙学读本全书》中的插图也明显传达了这一规范（参见图 2.8）。这一关系的建构必须建立在父子关系的基础上，因而不是一种独立的人际关系。这也是传统中国社会关系建构的方式：以家庭为核心构建人际关系，然后逐步外推，新关系的构建要以家庭关系为基础。这种建构方式在《奏定学堂章程》颁布后的《最新国文（初小）》和《初等女子国文》中就不再出现了。

2. 师"教"

师者，以教弟子为职。教师在学堂中教导儿童做人的道理（比如要懂得父母养育之恩，孝顺父母），教给儿童科学知识（如格致、卫生等知识）。

两儿喜吐口津，以能及远者为胜。师曰："口津者，人之至宝也，非此不能消化食物。若无故而吐，伤身甚矣。"两儿遂止。[④]

---

① 《蒙学读本全书》一编 8 课，页 4。

② 《蒙学读本全书》一编 9 课，页 4。

③ 《蒙学读本全书》四编 5 课《先生率学生出游》，页 3—4。

④ 《新订蒙学课本》二编 30 课《口津》，页 11—12。

如果学生不用功学习，教师也是要惩罚的。

王生不能解书，师罚之。生求免。师曰："尔既畏罚，何不勤学？今罚汝因汝惰也。"[①]

说到教师的惩罚，年少时读过私塾的人大多会因为身体所受惩罚之苦而留下深刻印象。蔡元培记得自己十二岁时"有一次背诵《易经》，屡次错误，被责手心几百下。其他同学当然也有这种情况"[②]。蒋梦麟记得"碰上先生心情不好，脑袋就会吃栗子。天黑放学时，常常有些学生头皮上带着几个大疙瘩回家"[③]。周作人在其回忆录中还形象描述了塾师责打学生的办法："譬如用戒尺打手心，这也罢了，有的塾师便要把手掌拗弯来，放在桌子角，着实的打，有如捕快拷打小偷的样子。"[④]还有两个塾师用了格外恐怖的惩罚手段："据说曾经用竹枝抽打学生之后，再拿擦牙齿的盐来擦上，用了做腊鸭的法子整治学生，学生当然是受不了的，结果是被辞了馆完事。又有一个塾师，将学生的耳朵夹在门缝里，用力的夹，这是用轧胡桃的方法引申出来的……"[⑤]塾师的严厉惩罚还导致学生出现心理问题。顾颉刚小时候因为其中一个塾师过于严厉竟吓成了口吃："读到《大雅》和《颂》时，句子更难念了，意义愈不能懂得了。我想不出我为什么要读它，读书的兴味实在一点也没有了。这位老先生对付学生本来已很严厉，因为我的祖父是他的朋友，所以对我尤为严厉。我越怕读，他越要逼我读。我念不出时，他把戒尺在桌上乱碰；背不出时，戒尺便在我的头上乱打。在这样的威呵和迫击之下，常使我战栗恐怖，结果竟把我逼成了口吃。"[⑥]可以说塾师的严厉惩罚是清末私塾教育中的常态。当然，现实的私塾教育中也有温和可亲的塾师，比如朱峙三的第一任老师程松年就是其中一员。不过这样的塾师太少了。塾师过于严厉的状况常常为清末维新派所诟病，他们以此抨击传统教育，倡导新学。《蒙学报》创办人之一叶澜用"严声厉色，朴责

---

① 《新订蒙学课本》初编（下卷）71课，页17—18。
② 蔡元培著．蔡元培自述[M]. 北京：人民日报出版社，2011：7.
③ 蒋梦麟．西潮与新潮[M]. 北京：人民出版社，2012：31.
④ 周作人．知堂回想录（上）[M]. 合肥：安徽教育出版社，2008：17.
⑤ 周作人．知堂回想录（上）[M]. 合肥：安徽教育出版社，2008：15.
⑥ 顾潮．顾颉刚年谱[M]. 北京：中国社会科学出版社，1993：13.

交施”“威吓以烁其精气”描写塾师的教育态度。[①]出于保护儿童身体的考虑，清政府在《奏定初等小学堂章程》中规定：“凡教授儿童，须尽其循循善诱之法，不宜操切以伤其身体，尤须晓以知耻之义。夏楚只可示威，不可轻施，尤以不用为善。”[②]以法令形式制约小学堂教师行为。

清末小学国文教科书中讲述教师惩罚学生的只有前文提到的这一篇。不过这篇课文没有提到惩罚的具体方法，我们只知道王生不能解书所以受罚，给我们留下“教师很严厉”的印象。因为这样的课文只有一篇，所以教师作为严厉的惩罚者的形象并不突出。在其他课文中，教师基本上以“循循善诱者”形象出现。《新订蒙学课本》《蒙学读本全书》和《初等女子国文》中各有一篇书信体课文提到教师可亲的一面：“各教习均和蔼可亲”[③]，“师长均和蔼可亲”[④]，“诸师暨保姆，亦甚关爱”[⑤]。由此可知在小学堂建立之初，教科书编写者都倾向于构建出一个不同于私塾的师生关系，只是塑造师生关系的课文数量少，师长如何“和蔼可亲”并没有得到充分体现。不过，在《最新国文（初小）》中开始出现教师参与到儿童游戏中的场面（见图 2.29）。

图 2.29　教师与儿童一起游戏

那么，现实中的学堂教师又是何种状态呢？陈侠指出，清末“师范学校的设置，实与小学同时。由此可知小学师资的缺乏，自属必然的结果。《奏定学堂章程》中曾规定高等小学堂的正副教员，暂以简易师范生充选，初等小学堂的正副教员暂以师范传习生当选。简易师范生为高等小学毕业曾受一年师范教育者，师范传习生为曾教私塾的生童曾受 10 个月传习的师范教育者；此种师资，其程度如何，不难想象。况且旧日私塾所读者不离‘四书’‘五经’，对

① 叶澜．蒙学报缘起 [J]. 蒙学报，1897（1）.

② 奏定初等小学堂章程 [M]// 璩鑫圭，唐良炎．中国近代教育史资料汇编・学制演变．上海：上海教育出版社，2007：309.

③ 《新订蒙学课本》三编 90 课，页 161。

④ 《蒙学读本全书》三编 64 课，页 46—47。

⑤ 《初等女子国文》第五册 10 课《家禀》，页 5。

于算术、理科、史地等科，多半茫然无所知，图画、手工、体操、音乐等科更不用说了”[①]。可以说，在新式学堂出现之初，小学国文教科书试图建构的学识渊博、和蔼可亲的教师形象在现实中极少出现。

需要指出的是，在当时师生关系（不论在私塾还是学堂）总体不可逆的传统观念下，陈子褒却于1901年大胆提出了“学童为师之师”的观点。他指出，“中国学究，往往误会师严道尊之旨。师弟之间，以君主之威临之”。真可谓一语道出传统师生关系的实质。他认为“中国今日师范欲得其大略，则求之于东西各国而有余，若欲得条理，非求之于学童不可矣”。教给儿童的内容是否确实适合，必须由儿童来决定，教师要“舍威用爱”，那么“无论学童肄习之际，拒与受显然可见，甚至何者为难受，何者为易受，学童无不与教师畅言之，真不啻小学塾之中开一小小议院也。然则择善而从，不善而改”。他甚至提出：“教师者学童之仆，揣合学童之性情，扶助学童之行动，与仆役之事人无异也。”[②]如此大胆的构想，在清末是具有革命性的。只是，这种师生关系在本书涉及的四套清末小学国文教科书中尚未出现。

（五）同学交往

学堂是新生事物，那么学堂中的同学交往便也成为学堂新生活的一部分。清末小学国文教科书所建构的同学交往规则，包括礼尚往来、友爱互助、择友而交三个方面。

1. 礼尚往来

《蒙学读本全书》四编《结友》一课叙述道：

> 甲乙二儿，同在塾中读书。终日相处，亲爱无间。甲儿家中有桃树一本，结实甚大。乙儿家中有李树，亦结实方熟。一日，放学归，甲采桃实赠乙，乙即采李实报之。赠我以桃，报之以李，此朋友来往之情也。[③]

这个故事来源于《诗经·大雅》中的《抑》：“投我以桃，报之以李。”《礼

① 陈侠．近代中国小学课程演变史[M]．福州：福建教育出版社，2007：20-21.
② 陈子褒．陈子褒先生教育遗议[M]．桂林：广西师范大学出版社，2012：37-39.
③ 《蒙学读本全书》四编18课，页9—10。

记·曲礼上》中有言："大上贵德，其次务施报。礼尚往来，往而不来，非礼也；来而不往，亦非礼也。"[①]与家庭中的相互关系不同的是，朋友间的交往更讲求平等与礼节。这与传统伦理在建构家庭以外之人交往的礼仪规范相符。

2. 友爱互助

同学交往重情。同学友爱类似于兄弟姊妹之情。这种感情表现在相互帮助中。

朋友相助[②]

张李二生，同处学中。张生欲写信，偶乏信笺，李生分赠之，张生不肯受。李生曰："先生常言：朋友有相助之谊。请勿却也。"张生受之。明日回家，取信笺，还李生。

学业上的互相帮助也是重要方面，比如一同温习功课、探讨科学现象，或是知识丰富的一方教另一方科学知识。这与兄弟姊妹间的一同温课以及年长的兄姊"教"年幼的弟妹是一致的。

友爱互助还表现为生活中的互相勉励。

登高[③]

重阳佳节，同学姊妹，相约至东山登高。山在舍校东，约二三里。数人结伴而行，同至山麓，联步而上。行至半山，有数人力弱欲止，一学长劝之，勉力以上，乃登绝顶，四顾平地，眼界一宽。

当然，该课还有另一层用意：女子学业不要半途而废，一旦"登绝顶"，眼界就会宽得多。

友爱互助也表现在对同学失误的宽恕。

勿以细故伤情[④]

张慧在塾，同学生误击其面。慧哭诉于师。师晓之曰："昔我塾有李生者，

① 孙希旦．礼记集解（上）[M]. 北京：中华书局，1989：11.
② 《最新国文（初小）》第二册 44 课，页 40。
③ 《初等女子国文》第四册 21 课，页 11。
④ 《新订蒙学课本》二编 91 课，页 39。

误伤王生之指。王生始而哭，既念李生非故伤之也，谢曰：汝素厚我，我不怨汝。两人和好如初。”慧闻之，收泪，谢同学生曰：“我过矣，请勿介意。”两人亦和好如初。

不过就这则故事而言，教师的指导不尽合理，因为他对张慧的隐忍、宽恕要求过高。同学友爱自然不能过于计较，但是教师对同学失误的悔过竟无要求，从现代教育观念来看是有失公正的。当然，这符合儒家传统对于“君子”的高要求。

3. 择友而交

择友而交是《新订蒙学课本》《最新国文（初小）》所持的观点，理由是：“夫人不能无友，而友不能皆贤，其贤者固足以益我，其不贤者实足以损我，我必择其贤者而亲之。”[①]这就是说上文提到的友爱互助只发生在德行良好的同学之间，而把德行方面有欠缺的同学排除在外。这符合儒家关于“泛爱众，而亲仁”“亲君子而远小人”的修身规范：对于大众，个人应持“爱”的态度，但不等于都要“亲”，“亲”只相对于“仁者”“贤者”“君子”而言。那么，如果同学中有“损友”（也就是所谓的“小人”），该怎么办呢？《新订蒙学课本》中的《勿交损友》一文给出了建议。

王生性谦和，已而忽狂傲。众怪之，以告其师。师见其出入必与吴生俱。吴生本狂傲人也。师因戒之曰：“塾中有不孝父母，不友兄弟，出言无信，凌慢同学者，皆损友也。损友不可交。”王生已知师意，遂疏吴生，然仍以同学之礼待之。[②]

课文中“狂傲”的吴生以及教师所提到的“不孝”“不友”“无信”“凌慢同学”之人皆“损友”，因而不能亲近，但并不厌弃他，而是“疏吴生，然仍以同学之礼待之”。这一方面体现了君子雅量，但恐怕也揭示了儒家传统之“礼”的本质：“礼”是一种外在行为表现，是对待所有人的一般准则，但同时

① 《新订蒙学课本》三编 86 课《择交说》，页 159。《最新国文（初小）》第四册 57 课《橘》（页 312）一文中的父亲以一烂橘致其他橘子皆烂提醒其子：“善恶同处，则善者恶矣。……故取友不可不慎。”与《择交说》观念一致。

② 《新订蒙学课本》二编 101 课，页 44。

也划定了人与人之间的距离，即所谓的“别亲疏”，“疏”的关系中的责任与感情也因此消除。

（六）女子的求学生活

国人最早开办的女学堂当数1898年经元善在上海创办的“经正女学”，不过兴女学之议出现得更早一些。郑观应早在1892年就撰写《女教》一文，抨击古代女学有名无实，倡导“增设女塾，参仿西法……将中国诸经列传训诫女子之书，别类分门，因材施教，而女红、纺织、书数各事继之”[①]。此外，严复、经元善、梁启超等也专门撰文讨论女学问题。清末小学国文教科书中有很多关于女子求学问题的课文，其论及的主要内容可以归结为两个方面：一是为什么女子宜求学；二是女子如何求学。

1. 为什么女子宜求学

让女子求学，首先是为了改变当时的社会现状。

我国女子，号称二万万，大抵日居深闺，不知读书明理，不问世事，徒沉溺于缠足穿耳，涂粉抹脂之中，甘为男子玩物，此二万万人，实皆无用之人耳。苟能亟亟求学，不事妆饰，则无用之玩物，即为有用之国民，庶不为人轻视矣。[②]

汪康年曾提到有一欧洲妇人吉凌汉到上海，说能为人修治面目，“黑者白之，污者洁之，疵点者删之，麻陷者填之”。价格非常之贵，原以为恐怕没有人会去做，“不意业乃大盛，凡官场即大商家阔买办之少女宠妾就请修治者不少”，价格日涨，“吉凌汉乃大获利”。这让汪康年感慨万千。[③]“不做绣花枕”，“不做男子玩物”，要做“有用之国民”，这些口号在当时可以说是振聋发聩，成为激励女子觉醒的力量。

其次，女子适于求学。这是从女子的心理特点及优势的角度进行的阐述，尤其有价值。一方面，女子脑力并不逊于男子，而在于“无自强之力”，以

① 郑观应．女教［M］// 璩鑫圭，童富勇．中国近代教育史资料汇编·教育思想．上海：上海教育出版社，2007：89-91.

② 《初等女子国文》第四册57课《女子宜求学》，页29。

③ 汪康年．汪穰卿笔记［M］．北京：中华书局，2007：61.

鼓舞女子重新认识自己。[①]另一方面，女子某些方面的能力胜于男子，易于成才。“格致制造之业，妇女用心，胜于男子，由其性质凝静，善运巧思，一切专门之学，男子未遑深思者，妇女能别出心思，研求新理新法，兴大利，成大业。”[②]《卫夫人》一文指出，追溯王羲之、颜真卿、柳宗元等著名书法家之渊源，无不出自“妇人[③]”，说明女子的技艺在某些方面完全可以超越男子而达到精湛的地步。编写者认为女子在格致制造、专门之学方面均可优于男子，这一点非常值得肯定。梁启超在《论女学》文中也有类似看法，他认为“男女之于学，各有所长”，而不是“西人格致家之言曰：言算学、格致等虚理，妇人恒不如男子；由此等虚理而施诸实事，以成为医学制造等专门之业，则男子恒不如妇人”。[④]上述观点对于女子重新认识自我、克服畏难心理、鼓舞女子的自信与自强之力意义甚大。这在当时的社会背景下实属先进。

当然，这里还是需要再次声明，在当时大多数知识人的观念中，女子求学的主要目的在于教育子女以及扶助未来丈夫。

2. 女子如何求学

如果认可女子宜求学，那么接下来的问题便是女子如何求学。求学的路径很多，传统社会富贵人家的女子可以由父母教、请先生教，还可以自学，但《最新国文（初小）》和《初等女子国文》给出的良方是“女子宜入学堂求学”。其理由概括起来有两个方面。

首先，学堂有教师、保姆和同学，有疑问可以随时询问、讨论，获益良多。这一观点通过一已在学堂读书的女子劝邻居女子到学堂读书的书信往来传达。该女子写道：“妹自入校以来，学问却无甚进步，但觉见事易明，胸襟亦略开豁，非如家居之鄙陋也。吾姊向喜观书，然闭户自修终不若同学效群之乐，何弗亦来此肄业？此间暑假拟招考，如有意，即请禀明堂上，函示，妹

① 《初等女子国文》第四册22课《勉励》，页11。原文如下：“人之为学，如登山然。若以力弱而畏难，未有不半途而废者也。勉强而行之，卒能达绝顶。女子求学，每多畏难，以为女子脑力，不及男子，其实不然。女性柔弱，特无自强之力耳，脑力何逊于男子哉！”

② 《初等女子国文》第七册45课《续前》，页25—26。注：该课文前后有三篇连续课文，总题目是《兴女学议》。

③ 《初等女子国文》第二册34课，页17。

④ 梁启超．梁启超全集（第1卷）[M]. 北京：北京出版社，1999：32.

当代为报名也。”[①]《初等女子国文》中大量介绍学堂中游戏、学习活动及师生、生生交往活动的课文从侧面支持了这篇书信体课文所说的理由。

其次，通过学堂学习，女子能增加阅历、锻炼胆识。“阅历多则知识广，知识广则胆志自然而生矣”。编写者指出，当时社会女子多胆小，“夜闻响动，则杯弓蛇影，草木皆兵，齿颤心惊，欲出而巡视，势所不能，宵小亦得借此而觊觎”，真真“自侮而后人侮之”。[②]如至学堂求学断不至于此。所以，《初等女子国文》中有多篇涉及破除迷信和陋俗的课文，目的就在于让女子掌握科学知识，增加阅历、锻炼胆识。增加阅历的另一方式是看报，这是通过学堂学习能识字、掌握基本知识之后才有可能的事。[③]

当然，仅仅上学堂是不足够的，还需要有勤学之志，不然会落得下文中的李女与董女那样的结局。

堂中有二女学生，张女性钝而勤，李女性敏而怠。平日，李女尝以张女钝，窃笑之。及考试揭晓，张女分数多，得优奖，李女乃大惭。[④]

年假将届，校中集诸生大考，分数及格者升班，其有不及格者，令于下学期补习。有周女者，质颇钝，然日日勤读，终岁无旷课之日，故考试得以及格。董女质慧而性懒，平日又多旷课，考试分数，竟不能及格。此则勤惰之别也。[⑤]

此外，《初等女子国文》还有多篇告诫、鼓励学生珍惜光阴、坚持完成学业的课文，它们也是在求学志向上加以引导。

五、外推的社会生活

从儿童到成人，从家庭、学校到社会，这是人的社会化的必经之路。清末小学国文教科书中对于儿童生活的展现也随着教科书难度增加、年级增长而逐步加入有关社会生活的内容。

---

① 《初等女子国文》第五册30课《劝邻女入校读书》，页16—17。
② 《初等女子国文》第七册4课《女子皆宜入学堂》，页2—3。
③ 《初等女子国文》第七册2课《女子宜阅报》，页1—2。
④ 《初等女子国文》第二册58课《奖赏》，页29。
⑤ 《初等女子国文》第四册58课《升班》，页29。

（一）儿童个人品行与社会生活

1. 从私德到公德

西方文明的冲击让国人发现了中国的陋俗与西方文明间的差距，当时社会公共环境中“遗溺于道”“涕唾满地”“污瀞繁杂”等情形比比皆是。如何才能建设文明社会？靠传统伦理道德教育行得通吗？传统伦理道德教育也讲求“礼”，因为《礼记》中有不少公共场合该如何行动的规定。不过，这只关乎个人修养，是欲为“君子”者的追求，如果个人不想学，又如何？似乎只是此人不足以成为君子而已，与他人无关。这是长期以来以己、以家为核心的乡土传统造成的。《最新国文（初小）》中的《旅馆》一课说的正是这样的现象：“今试游于通都大邑间，入其旅馆，污瀞繁杂，若不可以一夕居者，此固经营者之不善，亦因旅客之不守公德，而有以致之。恒人家居，虽一器一物，无不加意爱护，至于旅馆往往污毁，曾不为后来者计，何也？以非久居之地，故不复顾惜耳。”[①]在西方文明不断渗入、国人已开眼看世界的情况下，有识之士发现这不仅是个人私德问题，更是关系到他人和社会的公德问题，需要唤醒民众的公德心，使中国步入文明国之行列。唤醒的策略有二：一是指出个人行为与他人及自身的关系，遵守公德；二是重拾经典，找寻与现代文明的关联。

自重[②]

某甲遗溺于道，警察吏见之，让曰：“汝岂不知禁令乎？”甲曰：“我谓君不及见，故遗耳。”吏曰：“是何言欤！人虽不及见，子独不自重耶？且禁令者，为众人而设，非为警察吏而设也。若人尽如尔，则道路臭秽，行者苦之，子独何利焉？”甲愧而谢之。

课文中某甲的言行具有代表性，当时社会民众文明素质之低可想而知。警察吏所言正在于使某甲懂得个人实为社会一分子，人人遵守公德则人人从公德中获益的道理。

其次是找寻经典与现代文明间的关联。《最新国文（初小）》中的《旅馆》

① 《最新国文（初小）》第七册 27 课《旅馆》，页 101。

② 《新订蒙学课本》三编 53 课，页 140。

一文接下来叙述了春秋时期叔孙婼和东汉时期郭有道注重旅馆的修葺与卫生的行动，感叹“古人之重公德也如此，非吾辈之规范欤”[①]。《新订蒙学课本》则同时引用传统经典和现代公德要求。

凡喧哄争斗之处不可近。凡众坐必敛身，勿多占坐席。凡入他人之室，必先扬声，户开亦开，户阖亦阖。凡开门揭帘，须徐徐轻手，勿令震动生响。与人同席而食，宜轻嚼缓咽，不可闻饮食之声，尤忌汤滓狼藉。凡一切令人厌恶之态，切不可露。

凡他人器皿，未经告知，不可擅动；他人信札，尤不得任意拆阅。凡公用器具，最宜爱惜。公花园内之花木，不得攀折。[②]

课文第一段中有多处取自《礼记》。如“凡入他人之室，必先扬声，户开亦开，户阖亦阖。”取自《礼记·曲礼上》中的“将上堂，声必扬”“户开亦开，户阖亦阖”[③]。“与人同席而食，宜轻嚼缓咽，不可闻饮食之声”取自《礼记·曲礼上》中有关饮食方面的礼仪“毋咤食”、“毋嚃（注：意即不咀嚼）羹”[④]，以及《礼记·少仪》中的“数噍”[⑤]。可以说，第一段主要源自中国传统礼仪，而这些传统礼仪恰好与西方礼仪一致。至于第二段，多来源于西方公德规范。该课文呈现两相混杂的状况。这也是清末知识人在处理传统与西方文明之关系的过程中常用的方法：能在中国传统经典中找到依据的，就引经据典；找不到依据的，再以西方文明说理。

2. 谨、信、勤：从修身到入职谋生

谨、信、勤是儒家修身的重要方面，清末小学国文教科书均有课文涉及。不过，《蒙学读本全书》《初等女子国文》中阐述和展现的内容主要在于个人修身，特别是《蒙学读本全书》，仍然停留在要求儿童做事、说话谨慎以维持传

① 《最新国文（初小）》第七册 27 课《旅馆》，页 101。
② 《新订蒙学课本》三编 28 课《检身杂语一》，页 125。
③ 孙希旦．礼记集解（上）[M]. 北京：中华书局，1989：26，27.
④ 孙希旦．礼记集解（上）[M]. 北京：中华书局，1989：58.
⑤ 孙希旦．礼记集解（中）[M]. 北京：中华书局，1989：943.

统秩序的要求上[①]，而《新订蒙学课本》和《最新国文（初小）》侧重于呈现这些品质与入职谋生的密切关联。清末，大中城市的农工商业有了长足的发展，对于儿童来说，仕途之外有了更多的职业选择，因而这些地方的学堂的教育任务之一便是在儿童读书期间培养他们入职所需的良好品质。

职业生活要求每个人都具备普通知识和勤学态度。获取普通知识的途径就是求学。《新订蒙学课本》《最新国文（初小）》中的课文提出男子和女子、士农工商兵、佣仆负贩皆宜读书的观点。[②]清末小学国文教科书提供了大量有关职业的知识，如农业（种粮、蚕桑等）、工业（酒类、油类加工等）、商业（贸易）等，旨在为学生入职做好知识准备。不过，农工商业知识在《初等女子国文》中呈现得相对较少，其主要涉及的是家政、地理等与生活相关的科学知识。这与当时知识人认为女子之职主要是家政以及女子教育以培养“贤母良妻”为目标有关。《新订蒙学课本》和《最新国文（初小）》中一些叙事和论说课文还特别强调学生的勤学态度与将来职业生活的密切联系。其中一些课文告诫学生：读书识字是日常生活与谋生的重要能力，如果在学堂不勤学，生活必将受挫。

不勤学之害[③]

李姓，宁波人，不知书，在上海某木行习业。离家三月，欲寄书报近状，苦不能书。未几，得家书，急欲知书中语，因倩人读之。李至此，始悔少年在塾，枉费时日，然已无及矣。

续篇继续表达没有基本文化知识对将来生活的重大影响。

一日，行主遣李收银款。李不知算，实对曰：“不能。”行主辞之。李发

① 《蒙学读本全书》四编中有这样一段话：“夫不苟且之谓谨，不肆放之谓谨，造次颠沛，不失其常度，聪明才望，不傲于侪辈，凡此皆弟子之所谓谨也。”（页24—25）其实当实业发展起来之后特别需要的是敢闯敢拼的态度，《蒙学读本全书》这样的规范已经落后于时代。不过，因为无锡三等公学堂不在繁华的上海，实业的发展没有上海这样快，有所落后也是可以理解的。

② 见《新订蒙学课本》三编113课《尽人宜读书》，页176；《最新国文（初小）》第二册47课《职业》，页42—43。

③ 《新订蒙学课本》二编61课，页24—25。

愤，入某塾读书。然年已长，事烦意乱，卒无成。及娶妻，夫妇皆冻馁。李窘甚，不得已，月在道旁击石子以糊口。[①]

读书识字是因为有需要。清末，已有不少村里人到城里当学徒、做买卖，基本的读写算成为必备的谋生技能。立足于上海这一大都会的三套国文教科书——《新订蒙学课本》《最新国文（初小）》《初等女子国文》用大量篇幅建构儿童未来职业生活所需是必然的。

勤俭、自立与谋生相关联。“凡人之生，无论贫富，皆须自食其力。”[②]“人之立身，须有职业。”[③]人有职业就能谋生，就能自立，而谋生所需的品质是勤俭。

天既生人，人即当自尽其谋生之道，谋生无他，勤俭而已。何谓勤，不厌烦，不惮劳，事须一日为者，必以一日为之。何谓俭，衣服饮食但求养身，不求甘美，所入之财，常留少许以防不测。夫不俭则妄费，不勤则寡入，寡入而妄费，则财匮，财匮则必为卑贱无耻之事矣。今日道上奔走之乞丐，皆不勤不俭之人也，可不警哉！[④]

有职业又能勤俭，财富就能积累起来，就能谋生。这当然是儿童成人谋职后的生活取向，在儿童成人前，则重在勤于家事、勤于学习、注重节俭、谋求自立。《新订蒙学课本》《最新国文（初小）》和《初等女子国文》中都有多篇课文涉及儿童勤俭、勤学，此处不一一列举。关于自立，三套教科书有专门课文加以阐述，如《新订蒙学课本》中的《自立说》，《最新国文（初小）》中的《职业》《独立自尊》，《初等女子国文》中的《谋生歌》《女子亟宜自立论》《自食其力》《独立》等。此外还有不少借物喻人——告诫学生不要倚靠他人而须自立的课文，如《最新国文（初小）》中的《藤与桂》，《初等女子国文》中的《扇》《竹》《雪人》等。相比较来说，三套国文教科书中《初等女子国文》关于自立的课文最多。

---

① 《新订蒙学课本》二编 62 课，页 25。
② 《最新国文（初小）》第五册 1 课《立身》，页 322。
③ 《最新国文（初小）》第二册 47 课《职业》，页 42—43。
④ 《新订蒙学课本》三编 42 课《勤俭说》，页 133—134。

职业生活对个人品质有特殊要求。《新订蒙学课本》和《最新国文（初小）》非常注重儿童道德品质对其将来职业生活的影响。下面是两篇非常典型的课文。

爱惜纸笔书籍[①]

张贤与李放同塾。放不好学，且浪费纸笔，书籍入手即汗损。贤独勤学，爱惜纸笔，书籍常如新。及长，二人皆习商，放以傲惰失业，贤勤敏，店主信信之，遂以起家。

《最新国文（初小）》中的一篇课文更指出了这样一层意思：好的德行可以在募工时成为一封详细的且比书面文字更可信的“荐书”。

相僮[②]

有人以厚资募佣工，于是荐者凡五十余人。主人选一僮，而谢去其余。其友曰：“此僮未持荐书，君何信之深也？”主者曰：“是僮荐书固甚夥。吾见其入门也，先擦其履，随自扃其户。此以修洁慎密者荐我矣。入时见瞽叟，乃肃立让坐。此以恭敬有礼者荐我矣。

答语敏捷而善辞。此以娴于应对者荐我矣。余故遗书在地。余人所过，无不蹴踏。彼独拾置案头。此以小心惜物者荐我矣。其入坐也，必以次，不欲先人。此以谦让自持者荐我矣。我与之谈。观其衫履，甚整洁。观其齿牙，则莹白如乳。秉笔书名，指甲无一陈垢。真良僮也。凡吾所述，荐书能如是详耶？我留意细察，方得此人。较诸争携荐书者，不尤可信乎？”

两篇文章所传达的观点是：个人的道德修养，如勤俭、恭谨有礼、娴于应对、惜物、谦让自持、讲究卫生等等，不只为“学为圣贤”，而是现代职业所需的重要特质。其中渗透着实用主义思想。另外，两套教科书还特别强调信实，这一传统道德到清末教科书中一再被强调，其中的重要背景是现代商业发展后，陌生化的社会对于人的道德提出特殊要求。上述所论，与两套教科书的编写者身处上海这个工商业发达的大都会兼通商口岸不无关系。还有一点需要

---

① 《新订蒙学课本》二编，页 19—20。

② 《最新国文（初小）》第九册 24 课，页 22—23。

指出的是，《相僮》一课中僮仆的一个优点是“答语敏捷而善辞”，更符合现代社会的需要，这与《蒙学读本全书》要求儿童说话务必谨慎有很大区别。[①]

前文提到，女子之职主要是扶助男子、处治家政。不过，《初等女子国文》并不认为女子之职仅限于家中，不少叙事课文描述了女子可以从事的社会职业，其中之一是开办女学堂。

岁寒三友[②]

岁既寒，草木皆凋落，惟松竹常绿而梅独发花，古人称为岁寒三友。某校有三女生，志同谊洽，约为姊妹，亦自号岁寒三友，各以坚贞自励，不为流俗所动。及学成，三女共设一女校，以教育为己任，名其校曰三友女学堂。

其他如到“赤十字会”当看护妇、参与慈善事业等也是适合女子的职业。此外，《初等女子国文》还详细叙述了张竹君女士投身医疗与教育事业、赵毓秀办学堂、俞树萱办女工传习所等事迹，鼓励女子投身社会事业。

3.“泛爱众”：家庭伦理的外推

儒家文化强调以家庭伦理关系为根基而逐步外推，即费孝通所说的“孔子最注重的就是水纹波浪向外扩张的推字”[③]。因此，在建立“尽爱尽敬”尊长、“恭兄友弟”两种家庭中仁爱关系的基础上，儿童应学习向外拓展仁爱之心。各套国文教科书均以故事引发儿童恻隐之心，增儿童博爱精神。

敬老[④]

吾邑赛会日，张贤与弟慧往观之。人丛中遇一老者，须长发白，背佝偻。众厌其行迟，或詈之，或挤之，老者既倾跌。贤急趋前扶之。曰：“先生可与我偕行，勿亟亟也。”及归，慧问：“顷遇老者，兄岂识之乎？”贤曰：“否。凡见老者，当敬护之，不论识与不识也。”

---

① 《蒙学读本全书》三编46课《言语》（页31—32）一文说：“自言曰言，与人言曰语。凡人心中之意，不可得见，听其言语，如见其心焉。其心明者，言语必秩然有序，其心昏者，则紊乱无次，听者鄙薄之矣。故言语不可不慎也。”文中特别强调言语的秩序，这很可能导致儿童害怕出错而不敢轻易开口。

② 《初等女子国文》第四册53课，页27。

③ 费孝通．乡土中国[M]. 北京：人民出版社，2015：31.

④ 《新订蒙学课本》二编111课，页50。

儿童好善[1]

元旦日，张贤与弟慧，诣祖母前贺年，各得年糕一方，压岁钱一百。两儿商用钱法。贤曰："我将买一面具，博家人笑乐。"慧曰："我将买一鼗鼓。"商定，遂出门。途遇贫妇挈一幼孩。孩且行且啼。慧问何故。妇曰："儿父病已半月矣，儿无所食，故啼也。"慧以年糕授儿，贤出钱五十，以与妇。妇曰："愿两公子读书早成。"连声称谢而去。

《蒙学读本全书》中也有类似课文。

宽待奴仆[2]

某儿生于世家，性骄纵，奴仆逆其意，则扑之。一日，为父所知，戒之曰："彼奴亦人子也，因贫贱无依，出而事人，正应爱之怜之，岂可常扑之乎。且富贵无常，设我家他日贫贱，汝等出而依人，人常扑汝，汝甘心受之乎？"儿闻父言，自此宽待奴仆，不复加责焉。

《新订蒙学课本》三编的《爱人说》是最好的总结。

凡世上之人，皆我同类，不独师友宜爱，即不相识之路人，亦不可无爱之之心。见有穷苦无依者，必量力而助之，见有聋哑跛瞽残疾之人，必哀矜而援之，见有不肖者，必善言以导之，虽遇外国之人，亦当敬爱，方不愧为有教化之民。孟子曰：爱人者，人恒爱之。此自然之理也。[3]

除了爱人，还要爱物。

勿伤生物[4]

凡生物之不害人者，不当伤害。昔有某儿捕一蝇，去其两翅以示母。母曰："尔谓蝇小物，故害之。若有年长者，谓汝幼，去尔两足，尔尚能行乎？后当戒之。"

① 《新订蒙学课本》二编 121 课，页 55—56。
② 《蒙学读本全书》四编 13 课，页 7。
③ 《新订蒙学课本》三编 80 课，页 155—156。
④ 《新订蒙学课本》二编 29 课，页 11。

可以说，“泛爱众”的伦理观念在清末小学国文教科书中有一致的、充分的体现。

4. 儿童的社会责任

“泛爱众”在清末延伸为“爱群”：“泛爱者，和平接物，推之为合群之学也。”[①]清末小学国文教科书引导儿童懂“群学”，一方面共御外侮，另一方面承担相应的社会责任。《蒙学读本全书》中的《群学》一课重点说明的是御外侮：“尔小子亦知有群学乎？譬如尔等放学出外，有人来侮者，尔等必群起而敌之，此即知群学者也。若侮一人，众人逃避，任一人受其侮，此不知群学者矣。人而不知群学，则不如蚁之义者也。”[②]《新订蒙学课本》中的《人非群不生论》《独居荒岛》，《最新国文（初小）》中的《丛树》《群蚁》，《初等女子国文》中的《爱群》《合群》等课文也涉及“人宜爱群以御外侮”这层意思。而《最新国文（初小）》中的《社会》一课则重在说明个人的社会责任：“人生于世，不能孤立独处也，必相聚而为群……社会既为众人所集合，则在社会中者，当先公众之利益。若只图其私，不顾他人，社会既蒙其害，而己亦必不能自全。……人人苟能明此理，则一国之人，无论所执何业，皆相亲爱，协力同心，以图社会之进步，而国家日进于强盛，则国民亦莫不蒙其泽矣。”[③]不过，就“社会责任”这一层面来说，并非所有小学国文教科书都加以推崇，它是《奏定学堂章程》颁布后出版的《最新国文（初小）》和《初等女子国文》所特别强调的。

童子障堤[④]

濒海之地，潮水时溢，居民筑巨堤以御潮。有时堤溃，海水窜入，流衍及于平地。高屋、茂树、田禾、牲畜，崩折漂陷，人亦溺死。

一日，有童子，晚行堤畔，见堤穿一穴，海水涓涓流入。童子私念，漏久穴大，将成决口，欲奔告其父。继念时已晚，复归天黑，大堤蜿蜒，何从觅此小穴。且决口一成，塞亦无及。遂坐堤次，以手抵穴阻水。久坐夜深，冷风砭

---

① 《蒙学读本全书》四编 11 课，页 6。

② 《蒙学读本全书》四编 15 课，页 8。

③ 《最新国文（初小）》第十册 1 课，页 294。

④ 《最新国文（初小）》第九册 40 课，页 36—37。

骨，竟达旦。

黎明，行人经其地，见童子枯坐堤次，亟问故。童子曰："堤口将决，我以手障之耳。"时童子饥冻经夜，几不能声。

行人大呼，居民咸集，塞堤穴，深德童子，皆曰："童子以孤掌救我一村，吾曹宜重谢之。"

就现代儿童观念来说，让一个年幼儿童来承担"障堤"之责是不人道的，不过在当时，从鼓励学堂学生勇于承担社会责任这个角度来说，它是具有进步意义的。

《初等女子国文》特别强调女子应承担社会责任，这是出于国家富裕角度的考虑。就清末社会现实来说，无业之人多，即"生之者寡而食之者众"，社会财富无法积累。"中国即以男子而论，分利之人，将及生利之半，自公理家视之，已不可为国矣，况女子二万万，全属分利，而无一生利者，惟其不能自养，而待养于他人也。"[①]长期以来的封建传统不但造成女子卑下、从属的地位，而且使得女子习惯于此而不能分担责任、创造财富。《初等女子国文》第七册中的《妇女之分利》所持的观点有所不同。在编写者看来，女子不能说全属分利，其生育子女以及主持家计也是生利，只不过"中国妇女，则分利者十六七，而不分利者仅十三四"，西国妇女从事室内生利事业和室外生利事业的分占十而六、十而四，"而中国妇女，但有前者而无后者焉，是分利者已居其四矣，而所谓室内生利事业者，又复不能尽其用，不读书、不识字、不知会计之方、不识教子之法、莲步妖娆、不能操作，凡此皆其不适于生利之原因也。故通一国总率而计，则分利者十六七，而不分利者仅十三四也"。[②]所以，依照编写者的观点，女子要有平等观念，要承担起一半的责任，在当时情况下首先是承担起家庭责任以减轻丈夫负担，至少不要让在外谋业的男子为家政分心。而"学也者，业之母也"[③]，家政当中也有种种学问，因而女子也必须有机会求学。从这个角度来说，女子求学、婚后主持家政实则也在为增加国家财富

① 梁启超．论女学[M]//汤志钧，陈祖恩，汤仁泽．中国近代教育史资料汇编·戊戌时期教育．上海：上海教育出版社，2007：100.

② 《初等女子国文》第七册 26、27 课，页 14—15。

③ 梁启超．梁启超全集（第 1 卷）[M]．北京：北京出版社，1999：31.

做贡献。用现代的眼光来看，让女子做“贤母良妻”是落后的观念，但是在当时的社会历史背景下却是先进的。不过，其局限性在于：当时提倡的“男女平等”更多的是从社会责任的角度来说的，即女子应分担社会的一半责任，而不是从权利与义务的角度来说的，即女子与男子作为平等的个体，在享有权利、担负义务上是无差别的。

（二）保种强国：居于世界的国民生活

甲午海战的失利第一次让只关心家中之事的平头百姓也开始热议国事，这是从未有过的。日本这样一个“蕞尔小国”忽然打败了大清国的舰队，老百姓无不义愤填膺，爱国心忽然被激发了出来。中国乡土社会的一大特征在于其人际关系之“伦”，即“有差等的次序”，费孝通称这种社会结构为“差序格局”。[①]“在一个安居的乡土社会，每个人可以在土地上自食其力地生活时，只在偶然的和临时的非常状态中才感觉到伙伴的需要。”[②]甲午战败，可以说就是这样一个“非常状态”。当然，对于海战前线的官兵以及放眼看世界的有识之士来说，则更进一步意识到：中国不是世界的中心，只是世界之一部分。在外国列强不断瓜分中国的态势下，他们的忧患意识被深切激发，开始以胸怀世界的眼光重新审视自己的国家。

1. 国耻、国家与国民

新式学堂主动担负起了培养儿童国家观念、国民意识的责任。清末小学国文教科书在建构儿童国家、国民意识方面做得都比较充分，尤其是《新订蒙学课本》和《最新国文（初小）》。

清末小学国文教科书注重以政史地知识激发国民意识与爱国情。儒家传统道德的构建使儿童对“已”“家”的概念再清晰不过，而“国”对儿童来说是一个模糊不清的概念。为此，《最新国文（初小）》编写了《国旗》《政体知识》等课文帮助儿童形成国家概念，《蒙学读本全书》则通过《祝国歌》来寄托国家兴旺的豪情壮志，借以增强儿童的国家意识及爱国情感。

① 费孝通．乡土中国 [M]. 北京：人民出版社，2015：30.
② 费孝通．乡土中国 [M]. 北京：人民出版社，2015：35-36.

祝国歌[①]

祝我国，巩金汤。
长欧美，雄东洋。
陆军海军炽而昌，全球翻映龙旂光。
帝国主义新膨胀，毋谓老大徒悲伤。
印度灭，波兰亡。
请看我帝国，睡狮奋吼剧烈场。

在地理与历史知识中包含爱国主义教育是当时国文教科书编写的一条重要依据。《蒙学读本全书》三编约旨中说得非常明确："日本以神武纪元暨丰臣征韩等事，编入读本，歌颂功德，极情尽美，无非欲以爱国之思想，印识于儿童脑髓。是编窃仿其例，述开国盛业，平逆中兴。展读之下，感戴皇庥，当无不踔厉奋扬，爱情勃发。""地理之于教育，亦占要科。盖知我国地理，可发其宝爱土地之思，知我国与全球相关之形势，而后有强国保种之志气。是编学级颇浅，故仅列员舆大势，为寻常高等学校，植普通地理之基础。"如果说《蒙学读本全书》侧重从正面引导儿童的爱国情，那么《新订蒙学课本》和《最新国文（初小）》则更多地从血的教训中激发儿童的忧患意识和羞耻心，以振奋自强中国的决心。

人种[②]

地球人类，以皮肤之颜色分之，凡有五种。一曰黄种，居于亚洲之北。二曰棕种，居于亚洲之南，及海洋洲各岛。三曰白种，居于欧洲。四曰黑种，居于非洲。五曰红种，居于美洲。五种之人，因其所居气候习俗之不同，状貌既殊，文化亦异。红棕黑三种，率在白种统治之下，生计日蹙，人口日耗。黄种诸国，惟日本联盟英国，战胜强俄，为彼族所不敢狎视。其他弱小者，非被吞并即受保护。以吾国土地之大，彼亦目之为病夫，思从而脔割之，且为大言曰：世界者，优等民族之世界也。呜呼，吾中国人其为吾种吾国，一雪此言。

① 《蒙学读本全书》三编 2 课，页 1。
② 《最新国文（初小）》第九册 57 课，页 52。

相比《最新国文（初小）》对国耻相对比较隐晦的阐述，《新订蒙学课本》则更为直接和具有鼓动性。

国耻说[①]

我中国受东西各国之侮辱极矣，琉球、越南，我属国也，而为所灭。即如各处租界，如上海者，名虽为租界，实与割地何异。近则日本取我台湾，德据我胶澳，俄据我旅顺，中国之地几何，而东西强国以数十计。呜呼，危矣！

夫中国之耻，即我辈之耻，思之能无愤恨！尔等年虽幼，然皆后日为中国报仇雪耻之人也。如既无品行，又无才学，其何以报仇而雪耻哉？尔等中如有好与家人学友忿争者，则当思国敌在门，岂可与门内之人斗气乎！如有贪眠、晏起、畏寒、惮暑者，当思愚而无用之人，岂能免他人之侮辱乎？思之思之，人人能以此为心，则国强矣。

课文一方面揭示中国所遭受的耻辱，另一方面激励儿童为国效力，可以说在以“己”、以“家”为中心的传统文化下具有重要意义。

外患又增强了国民的自尊意识。如果说一般城镇和乡村对外国人知之甚少，除偶尔看到几个传教士之外对洋人没有更多认识，那么上海这个大都会、通商口岸里的人们则是经常能看到洋人的了。关于人种知识，《蒙学读本全书》只是简要介绍，《最新国文（初小）》中渗透了国耻意识和爱国情；《新订蒙学课本》则相对来说比较特殊，其没有专门介绍人种的课文，却包含了介绍租界[②]和讲述儿童面对外国人时应具备的心理状态的课文。

王母挈儿游租界。儿见西人皆深眼高鼻，甚惧之。母曰：“我与儿面已不同，况他国人乎。彼亦人也，有何惧乎。”又见黑人，手面皆如炭。儿异之。母曰：“此尼格罗（亚非利加洲数处之人种名）人。其身虽黑，其心则犹我等，不必惧也。”[③]

母亲的言语道出了对于撇开了外貌差异的人的本质的认识，所体现的是资

① 《新订蒙学课本》三编 108 课，页 172。

② 如《新订蒙学课本》初编（下卷）24 课（页 6）：“上海租界，楼阁毗连，车马络绎，甚繁华。”

③ 《新订蒙学课本》二编 58 课《少见多怪》，页 24。

产阶级启蒙时期“人人平等”的观念，又和儒家传统的“泛爱众”如出一辙。出于这一观念，国人面对殖民者不卑不亢，面对同样被殖民的黑人种族不怀鄙视之心，而且具有梁启超所倡导的“世界之民”意识，这在当时是相当值得称道的。不过，这样的课文只出现在南洋公学编写的《新订蒙学课本》中，在另外两种教科书中并未出现，而且仅此一篇。

2. 保身、保种与护国

“日出而作，日入而息”，这是中国传统对于生活作息的推崇，也是养生的重要内容。养生的范围很广，个人和居室的清洁、勤动、饮食卫生等都是很好的养生方法。不过到了清末，西学中卫生知识的传入又不断扩充养生的范围。如果说中国传统养生的目的在于个人延年益寿，那么到了清末甲午海战之后就有了护国的目的。国家之不强，一则如前文提到过的分利之人众，二则是国人堪忧的身体素质。普通中国人受鸦片、烟、酒的毒害而致身体羸弱的情况比比皆是，《新订蒙学课本》《最新国文（初小）》中有多篇课文阐述这些问题。

雅片说①

自雅片入中国，吾中国四万万人中，受其毒者，何止两万万人。此两万万人者，皆半死之人也，昼卧夜起，面黄肌瘦。瘾至之时，呵欠不已，涕泪交流，即尔等见之，亦必以为可恶也。无钱者既不能不吸，必至典衣质物，无所不为，甚则窃盗，身入囹圄。呜呼！雅片之害烈矣。然此等成瘾之人，其始半由亲朋怂恿，偶一沾唇，以为无害，岂知吸久成瘾，即为终身之累，精神大坏，寿命不长。愿我年幼之人，视之如毒蛇猛虎，远而避之。

鸦片、烟、酒危及普通人的健康，而当时军人的身体状况也堪忧，连年幼的朱峙三都无限感慨。他在甲午年十月初三日的日记里写道：

今日周家祠堂来绿营兵三四十人，调自湖南省经过吾邑者。祖父引予去看，见戏台前有数兵，头缠青包头，穿短马褂，两腿披铠甲，执方蓝旗。旗约高六尺，宽八尺，有一主帅姓，红字。该两兵执此旗乱舞，谓为操法。杆尖上有白铁尖，长约一尺，有红毛缨，执旗者笨，其舞旗而气力促。予向祖父云，如此

① 《新订蒙学课本》三编 109 课，页 173。

吃力，能打仗耶？余则刀矛而已。观者见此状，知此等兵去打日本，必无胜理。

国人身体如此之弱与传统私塾不设体操课、不注重卫生有很大关系。蒋梦麟回忆说："在我的家塾里，课程里根本没有运动或体育项目。小孩子不许拔步飞跑，他们必须保持'体统'一步一步慢慢地走。吃过午饭以后，我们得马上练字。我们简直被磨得毫无朝气。"①没有运动或体育项目，不仅影响儿童朝气，更严重的是导致儿童身体的不健全，当时得肺病的人特别多。由此，体操与卫生常识教育显得尤其重要。关于卫生常识前文有所提及，这里专讲体操。胡适曾提到自己年少时因太用功而一度耳聋，后来身体才日渐强壮，"重要的原因我想是因为我在梅溪和澄衷两年半之中从来不曾缺一点钟体操的功课。我从没有加入竞赛的运动，但我上体操的课，总很用气力做种种体操"②。体操的效果明显，教科书也有专文提及。

前日薄暮之时，先生选学生二十人，长短相等者，排列于运动场之上，教之体操。学生问先生曰：体操有何用？先生曰：体操者，可以健筋骨，动血脉，最有益者也。③

清末《奏定学堂章程》颁布后，小学国文教科书开始呈现学生扛枪、拿刀场景，由此还演化出新的体操类型——兵操。学生们有时学习兵操，有时玩兵队游戏。《最新国文（初小）》中有多篇文章展现儿童在学堂内外进行兵操练习或游戏的情景，并配有生动的插图。其中两篇如下：

好男儿，志气高。哥哥，弟弟，手相招，同来，学体操。小兵，负短枪。大将，握长刀。龙旗，向日飘。铜鼓，冬冬敲。④（课文插图见图 2.30）

儿童戏习兵操。削竹为刀，执木为枪，以竹筒为巨炮，使小犬曳之。年长者，持刀指挥，分群儿，为三队。令行则皆行，令止则皆止。行列整齐，进退有节。⑤（课文插图见图 2.31）

① 蒋梦麟 . 西潮与新潮 [M]. 北京：人民出版社，2012：32.
② 王法周编 . 胡适自述 [M]. 郑州：河南人民出版社，2004：50.
③ 《蒙学读本全书》二编 20 课《体操》，页 10—11。
④ 《最新国文（初小）》第二册 19 课《体操歌》，页 16—17。
⑤ 《最新国文（初小）》第二册 39 课《兵队之戏》，页 34—35。

图 2.30　儿童习兵操

图 2.31　儿童兵队游戏

图中学生们身着专门的兵操服或轻便的衣裤，队列整齐，行动整齐一致，透出朝气和英气。而更让人振奋的是，《初等女子国文》不甘落后，也倡导女子练体操。她们虽然不扛枪，但是英气十足，甚至要与男子一比高低。

女学生，新国民。学体操，振精神。一队娘子军，筑起夫人城，羞煞男子怕当兵。[①]（课文插图见图 2.22）

清末小学国文教科书如此强调体操和兵操，与当时的社会背景、教育思想有关。自从列强入侵中国，“东亚病夫”的称呼使国人备感耻辱，然而国民的身体状况又确实堪忧。于是，知识人大力提倡通过体操和兵操达到儿童强身健体的目的。强身健体的目的，一方面是在必要时御外侮，保卫国家；另一方面是保种，特别是女子将来为人母孕育下一代，“母强则子强”，这是关乎中国人种兴衰的大事。“尚武精神”成为教育宗旨要到 1906 年《教育宗旨令》颁布之后，不过在这之前，维新派已率先提出这一想法，《最新国文（初小）》编写者便是其中之一。教科书在编辑大意中明确提出了通过国文教育培养合格国民的目的，特别强调“本编颇重体育之事，以振尚武精神”。

3. 动物故事之国民竞争性隐喻

仅有爱国的心和强壮的身体还不足够，要御外侮，还得有争胜之心。不过，这在清末小学国文教科书中并非以儿童生活的面目出现，而是以动物故事为喻。《蒙学读本全书》和《最新国文（初小）》的叙事课文中有不少动物争斗故事，《蒙学读本全书》有 21 篇，《最新国文（初小）》有 24 篇。这些故事蕴

① 《初等女子国文》第二册 20 课《体操》，页 10。

含儿童游戏精神，合儿童趣味。不过，进一步分析经常出现的动物争斗故事范型，让我们发现了课文编辑意图的另一面（见表 2.6）。

表 2.6　清末两种小学国文教科书中动物争斗故事范型及其典型课文

故事范型		典型课文	课文内容
起因	结局		
强者与弱者相斗	强者胜	蜈蚣 [1]	鸡与蜈蚣，两不相容。一日浅草之中，有蜈蚣伏焉。鸡雏见而啄之。鸡小，蜈蚣大。鸡啄蜈蚣，蜈蚣绕鸡首而螫之。鸡雏痛甚，飞跃不得脱。适有大鸡走至，啄蜈蚣而食之。鸡雏得免焉。
	弱者合群力而胜	枭 [2]	枭畏日光，昼不见物，常乘黑夜而出。其飞无声，觅小鸟及鼠食之。小鸟恨甚。昼间遇枭于林中，必群起啄之。枭目不得见，缩首敛翼，不能与小鸟斗也。
同类相斗	勇者胜	猫斗 [3]	黄白二猫，斗于屋上。呼呼而鸣，耸毛竖尾，四目对射，两不相下。久之，白猫稍退缩，黄猫奋起逐之。白猫走入室中，不敢复出。
		蚁国 [4]	桂树之下，有蚁国焉。蚁有黑黄两族。一日争食一蝇。两族之蚁，列阵而战。蚁王统率之。俄而黑蚁战败，死者数百。黄蚁之族，夺蝇而归。
势均力敌者相斗	智者胜	鸡鸭之争 [5]	鸡与鸭争食谷。鸡之味锐，鸭之味钝。鸡啄鸭，鸭负痛而逃。鸡飞跃而追之。鸭跃入水中以避之。鸡亦随之下。鸭能游水，而鸡不能。少顷，鸡已溺毙。鸭飞跃而上，食其谷。无复与争者。
	同归于尽	蛇斗虾蟆 [6]	蛇与虾蟆，其性如仇，每遇辄相斗。一日，有大虾蟆在草中。适有一蛇至，将虾蟆盘而绕之。虾蟆鼓气，使腹胀大，以拒蛇之绕。蛇则绕之愈紧。卒之，蛇与虾蟆俱归于毙。
		蚁 [7]	蚁，小虫也。居穴中。性善合群。一日，黄蚁黑蚁，争食而斗。列阵于阶前，各据一方，蚁王率之。群蚁能从军令，至死不却。
	第三方得利	鹬蚌相争 [8]	蚌方出曝，鹬啄其肉，蚌合而钳其喙。鹬曰："今日不雨，明日不雨，即有死蚌。"蚌亦语鹬曰："今日不出，明日不出，即有死鹬。"两者不肯相舍，渔夫见而并捕之。

注：[1]《蒙学读本全书》二编 55 课，页 30。[2]《最新国文（初小）》第二册 38 课，页 34。[3]《最新国文（初小）》第二册 18 课，页 16。[4]《蒙学读本全书》二编 34 课，页 18—19。[5]《蒙学读本全书》二编 54 课，页 29—30。[6]《蒙学读本全书》二编 56 课，页 31—32。[7]《最新国文（初小）》第二册 22 课，页 20。[8]《最新国文（初小）》第三册 30 课，页 219。

教科书中多次出现的动物竞争故事不能不让读者悟出故事表面掩盖下的寓意：动物竞争故事是编写者所期待的儿童尚武人格的隐喻。故事的不同类型则显示了尚武人格的三大内涵：强大、英勇和智慧。“强者胜”的故事范型所告诫的是人只有使自己强大才可能取得胜利。“勇者胜”和“同归于尽”的故事范型所称颂的是人的英勇、决不退缩和愿意为了己方胜利而献出生命的勇气。不过，使用武力并不代表只用蛮力。“弱者合群力而胜”“智者胜”的故事范型揭示的是人还必须拥有智慧，即懂得通过团结以及利用自身优势取得胜利。而“第三方得利”则告诫儿童避免“窝里斗”，注意潜在危险，一致对外。从这个角度来说，这些课文虽然叙述的是动物故事，但塑造的是具有尚武精神的强者、勇者和智者形象。

在当时的历史背景下强调儿童的尚武精神不足为奇。一方面，鸦片战争直至甲午战争等一系列战争的失败以及之后不平等条约的签订给国人一记棒喝，促使国人力图摆脱“东亚病夫”之名；另一方面，进化论宣扬的“物竞天择，适者生存”理念深入人心，国人普遍意识到要捍卫国土必须自身变得强大。时人从日本的被侵略转而强盛的发展轨迹找到了“治病良方”。虽然甲午海战失败让国人痛恨日本，但也让一部分理智的国人（如严复、梁启超等）对这个小小邻国的强悍以及虚心学习西学的态度刮目相看，坚信要使自己强大唯有学习欧美及日本的先进之处。严复的观点正道出了这一层意思：“彼日本非不深恶西洋也，而于西学，则痛心疾首、卧薪尝胆求之。知非此不独无以制人，且将无以存国也。而中国以恶其人，遂以并废其学，都不问利害是非，此何殊见仇人操刀，遂戒家人勿持寸铁；见仇家积粟，遂禁子弟不复力田。”[①]培养具有尚武精神的国民、建设强大的国家便是当时朝野的最强烈诉求。可以说，那些动物争斗故事课文正反映了这些诉求。

① 严复．救亡决论 [M]// 汤志钧，陈祖恩，汤仁泽．中国近代教育史资料汇编·戊戌时期教育．上海：上海教育出版社，2007：13.

第三章

民初启蒙教科书中的儿童生活世界（1912—1918）

近代启蒙教科书中的儿童生活世界

1912 年 1 月 15 日，就读于草桥中学的叶圣陶写下这样一段日记："（学校）运动场之中高竖旗杆，悬五色国旗及校旗焉。更悬小灯十，其色一如国旗。校门以内则遍经五色灯及万国旗，门前杨树一带亦经绳而悬以灯。"入夜，"各灯遽燃之火，恍入不夜城矣"。提灯出巡归校后，"即于门前燃放花炮，观者如堵，爆发声中杂以'民国万岁'之欢呼声，乐不可支之狂笑声拍手声，声声相应焉"[①]。

民国成立，人民的喜悦之情溢于言表。而对于民国教育部来说，及时颁布政令以恢复正常教育秩序、建立适应共和政体需要的教育制度则是当务之急。1912 年 1 月 19 日，教育部即电告各省颁发《普通教育暂行办法》，除废止读经科与奖励出身、初等小学校可以男女同校、禁用清学部颁行之教科书外，其他如学期安排、女学校章程、民间通行之教科书等基本照旧。选择走沿袭的道路，除了蒋维乔所分析的当时国情以外还有一个原因，即清末教育变革具有一定成效，其中新式教科书由各种改良、革命思想催生，启蒙思想已渗透其中，其本身颇有合共和政体之处，由此，民国初建时沿袭这一变革成果也是顺理成章的。可以说，民国最初几年的教育变革并不像蒋维乔自己说的完全"革除前清学制之弊，开新学制之纪元"[②]，而是如陈侠所分析的，更多的是沿袭。[③]教科书的重新出版更体现出这一特点。《普通教育暂行办法》第七条规定："凡民间通行之教科书，其中如有尊崇满清朝廷，及旧时官制、军制等课，并避讳，抬头字样，应由各该书局自行修改，呈送样本于本部，及本省民政司、教育总会存查。"[④]为此，当时的教科书"多数沿用清末教材，只是调换封面印上'共

① 商金林．叶圣陶年谱长编（第 1 卷）[M]．北京：人民教育出版社，2004：80.

② 蒋维乔．清末民初教育史料（节录）[M]// 璩鑫圭，唐良炎．中国近代教育史资料汇编·学制演变．上海：上海教育出版社，2007：1094.

③ 陈侠．近代中国小学课程演变史 [M]．福州：福建教育出版社，2007：7.

④ 1912 年 1 月 19 日《教育部电各省颁发普通教育暂行办法》第七条。资料来源 璩鑫圭，唐良炎．中国近代教育史资料汇编·学制演变 [M]．上海：上海教育出版社，2007：606.

和国教科书'的字样，或在封面上铃有'现奉部批仍准通用'之木记"[①]。这一阶段各书局出版的小学国文教科书不仅编辑体例与清末非常相似，连内容也多沿用。[②]

虽说民初的小学教育总体具有沿袭的特点，但毕竟政体发生了根本性转变，"教育宗旨自当以养成共和国民之人格为惟一目的"[③]。这是当时知识界的共识。1912 年 9 月 2 日，教育部公布《教育宗旨令》，废除了清末"忠君""尊孔"封建专制思想，对"尚公""尚武""尚实"三项资产阶级主张进行了改造，确立了民主共和国的教育宗旨："注重道德教育，以实利教育、军国民教育辅之，更以美感教育完成其道德。"[④]这一时期出版的小学国文教科书在编辑大意中纷纷表示以培养兼具德性、尚实精神、尚武精神以及美感的"共和国民健全人格"为己任。[⑤]

这一时期从出版界脱颖而出的是中华书局。预感到辛亥革命即将取得胜利，陆费逵在中华民国临时政府成立前即从商务印书馆辞职，在筹资后于 1912 年 1 月 1 日在上海成立中华书局，倡导"教科书革命"并身体力行。当月，中华书局即开始出版"中华"系列教科书，其中的国文系列教科书莫不以培养"独立、自尊、自由、平等"的"中华共和国完全国民"为宗旨。[⑥]"中华"系列教科书"风行一时"，中华书局旋即成为仅次于商务印书馆的第二大出版社。不过，如此革命的势头并没有维持多久，其中一大原因是当时的政治形势与学校情形。1912 年 2 月 15 日，袁世凯就任中华民国临时政府大总统，

① 李杏保，顾黄初．中国现代语文教育史 [M]. 成都：四川教育出版社，2004：40.

② 这一时期初等小学国文教科书的编排方式，包括"图文结合""先识字词后学课文""每课生字、生词列于课文上方""最初的字词和课文多对仗押韵，后续课文为文言"等，和清末商务印书馆出版的《最新国文（初小）》体例基本一致，而且多数教科书中出现的"孔融让梨""司马光救伙伴""戒诳语"等故事在清末新式教科书中已出现。

③ 李桂林，戚名琇，钱曼倩．中国近代教育史资料汇编・普通教育 [M]. 上海：上海教育出版社，2007：685.

④ 李桂林，戚名琇，钱曼倩．中国近代教育史资料汇编・普通教育 [M]. 上海：上海教育出版社，2007：661.

⑤ 如商务印书馆出版的《共和国教科书新国文（春季始业）》在编辑大意中指出："本书以养成共和国民之人格为目的"，中华书局出版的《中华国文教科书》也以"养成中华共和国完全国民"为宗旨。

⑥ 陆费逵．中华书局宣言书 [M]// 吕达．陆费逵教育论著选．北京：人民教育出版社，2000：93.

并于3月10日任中华民国大总统。7月，孙中山组织发动的“二次革命”被镇压，之后教育部即通令学校换用教科书，要求各书局将孙中山、黄兴的肖像及对他们的称扬之语悉行删除。“中华”系列教科书就在此列，中华书局不得不加以改订并于当年末至第二年初推出全面修订的“新制”系列国文教科书。与此同时，各地学校风潮顿起，大有“一呼百应”之势。贾丰臻分析认为，其中一个重要原因在于“共和政体改变”，“人人有自由平等之思想”，而“一般少年子弟，志趣未能纯粹，不知不识间，自趋于荡检逾闲”。①1913年6月，袁世凯发布《注重德育整饬学风令》，文中述及其考察京外各学校情况，“其管理认真日有起色者实不多见，大都敷衍荒嬉，日趋放任，甚至托于自由平等之说，侮慢师长，蔑弃学规”，也将学风不佳归咎于学生以“自由平等之说”为托词，并下令严肃整饬，“学生有不守学规情事，应随时斥退，以免害群而示惩儆”。②这些认识和法令对中华书局国文教科书编纂产生了影响。1913年12月中华书局出版的《新编中华国文教科书（春季始业/高等小学校用）》（以下简称《新编（高小）》）遵循教育部颁发的《小学校教则及课程表》中的国文科要旨，以“养成学生普通作文之能力，兼以启发其智德”③为宗旨，不再提及“自由”“平等”，课文也做了相应删改。1914—1915年，袁世凯所代表的北洋政府又连续下令，要求学校“读经”“祭孔”，“中小学修身及国文教科书采取经训务以孔子之言为指归”，将“法孔孟”作为教育宗旨之一，并对教科书内容严加审核。这一系列法令的下达使得出版界不得不选择遵从。这样一

① 贾丰臻．说学校风潮[J]．教育杂志，1912（4）：25．在文章中，贾丰臻指出学校风潮的另外两个原因，一是好教师离职而另谋高就，二是学校管理训练未善。对于学生不清楚自由平等之真义，贾丰臻取理解的态度。就对策而言，贾丰臻强调更多的是学校、教师、校长层面的改进，对学生重在引导，而不是令其退学。——作者注

② 袁世凯．注重德育整饬学风令[J]．教育杂志，1913（4）．

③ 《新编中华国文教科书》第一册编辑大意。

来，民国初年小学国文教科书中仍然注重儒家思想的局面在所难免。[①]然而令人欣慰的是，自清末以来强调儿童自治的传统被保留下来。1915年2月，袁世凯政府颁定教育纲要，将“重自治”作为教育宗旨之一。

从上述种种中不难发现，在社会现状、教育政策、教育观念等多方因素的影响下，民国初年的小学国文教科书总体呈现因袭的态势。这一态势到1915年有所突破。从1913年开始，一批有社会责任感的教育家、出版家开始对教育界的纷乱以及消极状态进行反思，他们积极呼吁教育应于危机中求进步。一方面，他们通过《教育杂志》《中华教育界》等杂志发出自己的声音，主张加强军国民教育、实利教育、勤劳教育、公德教育、国粹教育，突出强调学生自立自强；另一方面，他们尝试突破小学国文教科书已有的编写框架，突出国文科特点，注重文章形式，切于实用。商务印书馆1915年12月出版的《实用国文教科书》（以下简称《实用》）以及中华书局1917年1月出版的《新式国文教科书》（以下简称《新式》）是其中的典型代表，它们为小学国文教科书编写注入了新的活力。这里也就涉及中华书局最初那套《中华国文教科书》（以下简称《中华》）不能长久存在的另一个重要原因，即吴研因所说：它在刚出版时“很被小学教育界所采用”主要是“因为政治的关系”，然而因为文字不简明，“不旋踵就自然消灭”。[②]由此可见，小学国文教科书的变革与发展必然也会受到国文科自身特性的影响。

那么，这一时期先后出版的小学国文教科书的大概面貌如何？它们所构建的儿童生活世界呈现怎样的图景？与清末小学国文教科书相比，是承袭还是转变？抑或是在不同的领域呈现不同倾向与变化？在这一时期，同一出版社出版的教科书前后之间是否也有所变化？不同出版社出版的教科书之间是否存在差

① 中华书局于1914年8月出版《中华女子国文教科书（高等小学校）》，编辑大意中言明：“（本书文字）采取群经大义，以孔子之言为旨归，或择孔子同源之说……俾学者涵濡于国粹。”可以说这是对教育宗旨的正面回应。不过，弘扬孔孟之说又不仅是袁世凯政府的主张，清末民初盛行的国粹主义也持这一立场，孔孟之说中关于修身方面的论述正是国粹的重要内容。在国粹主义人士看来，国家虽然进入共和时代，保存国粹对于中华民族的独立来说十分重要，连特别强调“自由”“平等”的中华书局在其创办宣言书中也提倡“融合国粹欧化”，“中华”国文教科书中不少介绍孔子及其学说的课文即是证据。可以说，民国初年政治与思想两方面的合流是儒家传统仍然盛行的原因。

② 吴研因．清末以来我国小学教科书概观[J]．中华教育界，1935（11）：103-107.

异？这一连串的问题带领我们走进民国初年的小学国文教科书世界。

1925年，陆费逵应舒新城之询，撰写三十年来中国小学教科书之变迁情形。他回忆道："民国元年，中华书局开办，所出中华教科书，颇风行。二年，范源廉入中华任编辑长，编行新教科书，三年，编新教科书，五年，编新式教科书。元年秋商务所先出共和国教科书，五年复出实用教科书。文体教科书至今犹以共和及新式为巨擘。"他同时说："小书肆经营教科书者，均忽兴忽灭……在教科书上毫无势力。"①按此说法，商务印书馆和中华书局是民国初年最有实力的两大出版机构，所出小学教科书影响也最大。据此，民国初年小学教科书的基本情况即已明了，有代表性的国文教科书也就在这几个系列的教科书中。

一、民初启蒙教科书之传承与变革

（一）商务印书馆所编小学国文教科书

《订正女子国文教科书（初等小学校）》（以下简称《订正女子（初小）》）一共8册，供四年用。该套教科书由戴克敦、蒋维乔、庄俞、沈颐编纂，初版时间为1907年、1908年，于《奏定女子小学堂章程》颁布后出版，到民国建立时稍做修订后继续使用。显示其属于沿用范围的一个证据是课文中多处使用"学堂"这个称呼，因为依据《普通教育暂行办法》"从前各项学堂，均改称学校"的规定，1912年及之后编纂出版的小学国文教科书中的课文都已称"学校"而不再称"学堂"。这当与民国初年教育部对女子学校教育未做严格要求相关。《订正女子（初小）》基本与《初等女子国文》无异，和《最新国文（初小）》也非常接近。

《共和国教科书新国文（初等小学校用）》（以下简称《共和国（初小）》）共8册，供四年用，初版时间为1912年，是民国初年发行量和影响力都相当

① 陆费逵．论中国教科书史[M]//李桂林，戚名琇，钱曼倩．中国近代教育史资料汇编·普通教育．上海：上海教育出版社，2007：195.

大的一套国文教科书。[①]由庄俞、沈颐编纂的《共和国（初小）》有春季始业和秋季始业两种。据郑国民查证，春季始业《共和国（初小）》第一、三两册到1927年时分别达到2686版和2306版。[②]秋季始业用书虽不及春季始业用书发行量大，但自1912年12月初版后也多次再版，其中第二册到1926年时也已发行到193版。本书选用各册课文完全的秋季始业版本进行讨论。《共和国（初小）》编写方面的一大特色是语言简练，朗朗上口，而且出现了很多第一人称叙述的课文以及独白课文，显示出其对于尽量接近儿童语言的努力。此外，《订正女子（初小）》和《共和国（初小）》在最后附有一篇白话文毕业演说稿，这在民国初年可谓一大创新。

《单级国文教科书（初等小学校）》（以下简称《单级（初小）》）由庄适、郑朝熙编写，1914年4月初版，共12册，供四年用。这套教科书专为单级制学校编写，就其课文内容来说绝大部分与《共和国（初小）》一致，只是语言更精练。不过，这套教科书的一个突出特点是第一人称的课文多，总共17篇，远远超过同时期其他初小国文教科书。

《实用（高小）》共6册，供三年用，初版时间为1915年12月，由北京教育图书社编写。编写者认为，《实用（高小）》"于议论叙记之文，囫囵一片，与修身、历史、博物诸书无分轩轾者迥别"，注重"文字之形式"，"凡事物之理趣，文章之法则，皆循序渐进，务使一体文字，散列各册中，自成一浅深之统系，以便学生按序练习，有穷原竟委之功"。其所选课文，"自撰与成文并用，各体文字，凡切于实用者略备。但无论何体，必使首尾完具，合于古人义法"。[③]可以说，这套国文教科书的编纂方式开风气之先。不过，因为该套教科书出版于袁世凯准备称帝前后，课文中没有涉及"共和"之类的课文。

① 郑国民.从文言文教学到白话文教学：我国近现代语文教育的变革历程[M].北京：北京师范大学出版社，2000：92.

② 郑国民.从文言文教学到白话文教学：我国近现代语文教育的变革历程[M].北京：北京师范大学出版社，2000：92.

③ 《实用（高小）》编辑大意。

（二）中华书局所编小学国文教科书

"中华"系列教科书早在中华书局创办之前就已开始编纂，因而等到陆费逵筹措到资金于1912年1月创办中华书局时这套教科书就付印出版了，就连商务印书馆元老之一陈叔通都不得不佩服陆费逵的商业远见。"中华"系列教科书希望继承民主革命的传统，通过"教育根本"——教科书——的革命唤醒国民"独立、自尊、自由、平等"之人格，巩固国家根基。与相对保守的商务印书馆相比，中华书局在当时可谓激进。不过，不像商务印书馆一套《共和国》用很多年，中华书局在民国建立的十年内先后出版了四套国文教科书。

《中华》于1912年1月出版，高小用书由陆费逵、沈颐、戴克敦、华鸿年编辑，共8册，供四年用。一方面，这个册数带来了麻烦。陆费逵曾于1912年发表自己关于学制的意见，认为高等小学不宜改四年为三年。[①]或许是观念中倾向于高等小学四年制，结果是供四年用的国文教科书与教育部正式公布的《学校系统令》中的高等小学三年制发生矛盾，于是该教科书不得不加以改订以适合三年毕业之用。另一方面，由于这套教科书的宗旨过于激进，内容中多有褒扬孙文的言辞，与袁世凯发布的禁令矛盾，于是又面临删改。"新制"系列教科书就是在这样的背景下诞生的。

《新制中华国文教科书》（以下简称《新制》）、《新制单级国文教科书》（以下简称《新制单级》）于1912年10月至1913年4月陆续出版。《新制（初小）》由陆费逵、沈颐、戴克敦、华鸿年编辑，共12册，供四年用。《新制中华（高小）》由郭成爽、汪涛、何振武编辑，共9册，供三年用。《新制单级（初小）》由刘传厚、范源廉、沈颐编写，共12册，供四年用。由于教育部于1912年9月改每年两学期为三学期，此系列教科书就为适用此新学期而编。该套教科书非常突出的一个特点是出现了多种叙述方式的课文，除了和《共和国（初小）》类似的第一人称以及独白课文，还出现了拟人化的科学课文，如《滴水自述》，使科学类说明文带有了儿童趣味。《新制（高小）》在编辑宗旨方面发生了变化，原来以大号粗体字出现的"独立、自尊、自由、平等"四个

① 陆费逵．新学制之要求[M]// 吕达．陆费逵教育论著选．北京：人民教育出版社，2000：128-129.

词改成了普通字体的“唤起自由平等之精神，爱国合群之道德”。与此同时，删除了《中华（高小）》中的《孙文》一课，其他如有关岳飞、文天祥的课文以及有关日本的课文也不再收入。但是，《新制（高小）》的政治色彩仍较浓，其编辑大意述及文字特色时，甲、乙两条分别是：“详言国体、政体及国民知识、世界知识，期输入国民政治之常识”，“注重汉、满、蒙、回、藏五族共和之义，以巩固中华民国”。[①]侧重政治、注重养成高等“共和国民”是《中华（高小）》和《新制（高小）》两套教科书的共同问题，展现儿童日常家庭、学校生活的课文在这两套教科书中非常少，这在之后的各套国文教科书中逐步得以纠正。

《新编（高小）》1913年12月至1914年2月陆续出版，编写者为沈颐、杨喆，共6册，供高小三年用。该套教科书出版已是袁世凯下令“注重德育整饬学风”之后，其宗旨和内容进一步发生变化。如前言所述，宗旨中不再提及“自由平等”，而是改为遵循教育部《高等小学校令》中的国文科宗旨。和《新制（高小）》相比较，有些课文被删除了，如《法兰西之革命》、章炳麟的《说自由》；有些课文题目做了修改，如讲述北美洲拓荒者故事的课文题目从《自由之祖》改为《百有一人》，《信教自由》的题目改为《信教》。不过，这些被删改课文的精神有些被保留在课文内容中，有些则在中华书局1914年8月出版的《中华女子国文教科书（高等小学校用）》（以下简称《中华女子（高小）》）课文阐述中得以体现。与前两套教科书过于倾向政治不同，《新编（高小）》中开始出现有关儿童学校生活、游戏的课文，这个传统延续到《中华女子（高小）》以及《新式（高小）》中。

《中华女子（高小）》由沈颐、范源廉、杨喆编写，1914年8月初版，全书6册，供高小三年用。这套教科书中多数课文与《新编（高小）》一致，有些课文只在结尾论述处稍做改动，除此之外主要加入的是有关“女子生计、艺能及家政概要”，而在国民知识、历史知识方面则侧重于“为女子不可缺者”“与女子有关系者”，以突出女子国文教科书的特色。[②]在文体方面，以叙事文为主，这应当是考虑女子学习的兴趣和能力。这套教科书超越其他教科书

① 《新制（高小）》编辑大意。
② 《中华女子（高小）》编辑大意。

的一点是其中蕴含激励儿童独立思考、坚持自我等方面的内容。

《新式》由吕思勉编写，共6册，1917年出版，比商务印书馆的《实用》晚了整一年。不过，其编辑思想与《实用》非常相似，也提出以形式为主，讲究美感与实用。《新式（高小）》的编排与之前各套教科书有了很大区别，比如课文数量大为减少[①]、尽量将国文科与其他各科分离等，而其中最为重要的一点是提出"明晰""势力""流畅"三大文章构成标准。此外，编写者还主张"多采散文，间采明白流畅之韵文，借达美感教育之旨"[②]，注重文章的审美价值。因而，《实用》和《新式》两套小学国文教科书已开始使国文科从各科知识中脱离出来，重点关注语言与文学本身。

民国初年小学国文教科书虽然在政治形势、社会状况以及教育思想影响下呈现因袭态势，但两大出版社在编辑教科书方面也在不断探索，尤其是1915年之后对国文形式方面的强调。但是，这一时期的探索与变革成果不显著，脱离不了吴研因所指出的几大问题。其一是文言的障碍。民国初年，"商务中华为求适应时势需要起见，又各编了材料更少文字更浅显的教科书，所谓共和国教科书、新制教科书、实用教科书、新式教科书等等相继出版，但是文言无论如何浅显，儿童总不能直接了解……跟所谓国民教育相差太远"[③]。其二是缺少儿童文学。吴研因指出："民国十年以前的教科书，中间也有些童话寓言一类的故事，例如鹬蚌相争、愚公移山、永某氏之鼠、黔驴之技等，但是分量很少。那时的初小国文，包括一切常识，大半是说明文，高小各种教科书，更多数是说明文。说明文是很干燥乏味的，读的人对他生不出兴味来。"[④]当然，吴研因非常肯定当时出现的《煤炭的谈话》《水之自述》一类"儿童文学化"的课文，但总体来说这样的课文太少，不能满足儿童对于适合他们的文学的需要。其三是教材分量太少。吴研因认为，"最初的教科书，如最新国文、蒙学课本等，分量原不算少。后来，觉得文言文难于教学，才逐渐把分量减轻了"，但是这样的调整使得课文"都不能用文字充分的叙述，就是所谓

① 《新式（高小）》六册教科书共156篇课文，而中华书局之前出版的各套高小国文教科书绝大多数为240篇，商务印书馆的《实用（高小）》也有219篇。

② 《新式（高小）》编辑大意。

③ 吴研因．清末以来我国小学教科书概观[J]. 中华教育界，1935（11）：103-107.

④ 吴研因．清末以来我国小学教科书概观[J]. 中华教育界，1935（11）：103-107.

儿童文学，也只是平铺直叙，没有什么描写，实在当不起‘文学’两个字”。[①] 吴研因对民初小学国文教科书的分析既切中要害，又相当中肯。这些问题伴随着五四运动、文学革命和国语运动而带来了后一时期小学国文教科书的重大变革。

二、“自治”“自立”的儿童

进入民国初年，各套小学国文教科书在建构儿童生活方面发生的一个重要变化是开始重视儿童个人生活，这是进入共和时代的一个重大突破。

（一）剪发、放足与个人解放

民国成立前后，人们欢欣鼓舞，为迎接共和时代的到来而做着各种准备，剪发成为其中的重要事项。事实上，到清朝末年社会上反清情绪高涨之时，发辫已成为耻辱和野蛮的象征，清末文人以及外国人士对男子发辫已多有嘲讽。鲁迅在《藤野先生》开篇有这样一段描写：“上野的樱花烂漫的时节，望去确也像绯红的轻云，但花下也缺不了成群结队的‘清国留学生’的速成班，头顶上盘着大辫子，顶得学生制帽的顶上高高耸起，形成一座富士山。也有解散辫子，盘得平的，除下帽来，油光可鉴，宛如小姑娘的发髻一般，还要将脖子扭几扭。实在标志极了。”[②]生动的语言背后是辛辣的讽刺。美国传教士何德兰以外国人的眼光观察中国男孩子们的辫子，发现它除了表明男孩已经长大，还有很多用途：“男孩子们玩很多游戏都用得着它。……有的男孩在几何课上用它画弧或画圆……上街的时候，父亲牵着孩子的辫子，就不用牵他的手，也有孩子牵着父亲的辫子的；孩子们玩骑马游戏时，还可以把辫子当缰绳……”[③]作为外国人的何德兰受到的文化冲击是显而易见的，虽然他不带偏见地描述（这是他整篇文章的基调），但是作为中国读者读出的却是可笑与可悲。那时思想激

① 吴研因 . 清末以来我国小学教科书概观 [J]. 中华教育界，1935（11）：103-107.

② 鲁迅 . 鲁迅全集（第 2 卷）[M]. 广州：花城出版社，2021：223.

③ 泰勒 · 何德兰，坎贝尔 · 布朗士 . 孩提时代：两个传教士眼中的中国儿童生活 [M]. 魏长保，黄一九，宣方，译 . 北京：群言出版社，2000：37-38.

进的年轻人无不痛恨这被迫留着的“豚尾”。叶圣陶早在 1911 年 11 月 8 日就剪去了发辫，朱峙三则是在 1912 年 1 月 26 日。不过，当时社会上对剪发这件事还不能完全接受。朱峙三在剪去发辫的第二天遇到了朱清泉，见其无辫，朱清泉“骇甚”，之后遇到孟宽圃先生，其“亦惊异”。他于是在日记中感慨道：“人民被压迫二百六十余年，蓄辫为满人装已习而安之。”[①]可见当时社会固守旧习之情状。

《共和国（初小）》有一篇关于剪发的课文：

> 辫发为满洲制度。我国古时无有也，世界万国，亦无有也。民国成立之初，即下令剪发。既便于作事，又合于卫生，有百利，无一弊。凡我国民，勿固守陋习也。[②]

“我国古时无有”，“世界万国，亦无有”的发辫能存在几百年，甚至竟然让汉族男子习惯于此而反以剪发为怪，这一切无不与清政府封建落后的统治联系在一起。因此，剪发就不仅是剪去辫子这么简单，它代表的是与封建制度的决裂，象征着现代文明，是革除陋习的革命性行动。民国初小国文教科书插图中，男孩们的发式发生了明显变化（见图 3.1、图 3.2）。身体束缚的解除昭示儿童个人生活的解放。

图 3.1　清末男性儿童发式

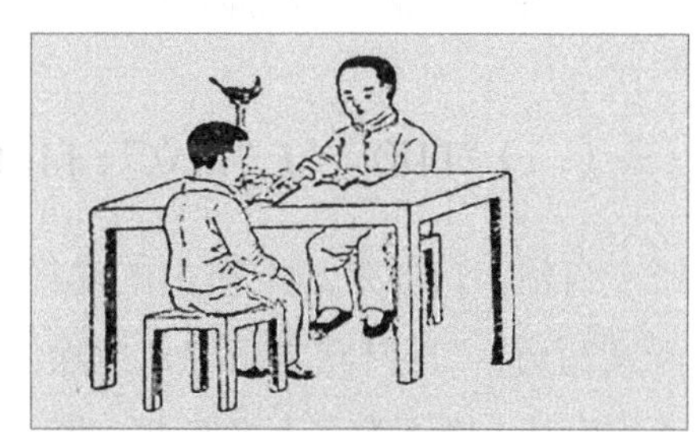

图 3.2　民初男性儿童发式

与男子剪发不同，民国初年女子的发式并没有发生太大变化（见图 3.3、图 3.4）。教科书插图显示，清末女子发式主要是盘发髻和编发辫，民国初年则以盘发髻为主。这是因为清军入关之时对男子剃发、蓄发要求甚严，至于女

① 胡香生，辑录．严昌洪，编．朱峙三日记（1893—1919）[M]. 武汉：华中师范大学出版社，2011：310.

② 《共和国（初小）》第五册 3 课《剪发》，页 1—2。

子发式则没有要求，同时民间流传有“男降女不降”之说。而女子缠足恰恰相反，完全出自汉族妇女的陋习。前文曾述，清末满族女子并无缠足之风，面对汉族女子甚为流行的缠足之弊，清政府曾多次下令放足，民间也多倡导放足，但效果均不明显，直到民国初年社会上缠足之风才稍有改善。清末小学国文教科书中已有多篇课文阐述“缠足之害”，而到民初多套小学国文教科书中仍有，说明此陋习之顽固。不过，由于各界志士不断提倡，到民国初年整体情况已有所好转，一些课文最后一段的阐述已有调整，如《订正女子（初小）》第七册《缠足之害》写道：“近年各省志士，多设会劝告，禁止缠足，至今其风稍戢矣。”[①]《新制单级（初小）》第六册有一篇课文论述道：“近时妇女，已缠足者，渐次解放，年幼者，多不缠足，其弊渐除矣。”[②]女子身体上的束缚也渐趋解除。不过，女子个人生活的解放却没有来得那么快。

图 3.3　清末女性儿童发式

图 3.4　民初女性儿童发式

（二）“自治”与“自立”：自由生活之准备

自治、自立是通向自由的途径。《新编（高小）》第三册第 19 课《自由》一文写道：“具自立之精神，力除依赖，则不为今人之奴隶。抱独到之见解，不屑盲从，则不为古人之奴隶，此自由之真谛也。”[③]《中华女子（高小）》虽无此课，但在《阅报》一课中的最后一段表达了人应当独立思考这层意思：“虽然，古人有言：尽信书，则不如无书。况如报纸之有闻必录，成于仓猝者乎？传闻有虚实，何者可信？何者可疑？见解有异同，何者为非？何者为是？又在

① 《订正女子（初小）》第七册 19 课，页 15—16。
② 《新制单级（初小）》第六册 13 课，页 6—7。
③ 《新编（高小）》第三册 19 课，页 12。

阅者中有所宰，善为衡量，庶辨别正确，而不为所眩。否则丹素杂陈，东西易位，甚且不知适从，报岂任其咎哉？”[①]“自治”与“自立”所强调的核心是儿童作为“社会人”的自制力与独立性。儿童不可能像成人那样完全成熟且能自食其力，但是可以为将来的生活做好准备。民国初年各套小学国文教科书通过课文内容与主旨、叙述视角等途径构建儿童“自治”“自立”的生活。

1.从“勤事父母”到“自治”“自立”

有关“自治”的课文，在清末教科书中也有，不过大多为论述文，而民国初年的小学（特别是初等小学）国文教科书中则用叙事方式展现具体的儿童生活。如儿童在日常生活中能照料自己的生活、能勤学并管理好自己的物品等等，这不能不说是一大进步。

好童子，能作事。朝起，自着衣履；夜眠，自铺被褥；当食，自取碗箸；入学校，又能勤读。[②]

王儿晨餐毕，整理书包，应用之物，皆置包中，然后入校。及功课完，又取各物置包中，然后回家。[③]

谢生初至校，每日功课，不能及人，心耻之。乃益勤学，虽遇日曜，温习不辍。及考试时，谢生功课最熟，师大奖之。[④]

有些课文还通过描述两个儿童一正一反的不同行为表现进一步说明“自治”与“懒散”的区别，引导儿童认同并模仿好的行为，劝诫儿童摒弃不良行为。

于生性懒，书籍纸笔，随意抛散。其友陆生则不然。阅书毕，必置原处。习字时，笔墨纸砚，陈列有序。唾涕必向痰盂。师谓于生曰：“若陆生者，可谓能自治矣。”[⑤]

与民初不同，清末初小国文教科书更倾向于描述儿童“勤事父母”的

① 《中华女子（高小）》第二册15课，页11—12。
② 《共和国（初小）》第二册47课，页24。
③ 《新制单级（初小）》第四册11课《整理书包》，页4。
④ 《共和国（初小）》第四册53课《勤学》，页29。
⑤ 《共和国（初小）》第五册第1课《自治》，页1。

表现：

黄儿，孝子也。其父年老，侍奉甚勤。朝起，为父取衣履；夜眠，为父铺被席；当食，为父设杯箸。父命入学，又能勤读。故人皆称之。①

阅读本文，我们可以发现课文的结构与前文提及的《好童子》一课非常相似，但儿童行为的对象与目的发生了根本转变——从“为父”转变为“为自己”。这一重大转变可以说具有历史转折意义，反映了教科书编写者对儿童作为独立个体价值的尊重与张扬。

在民初小学国文教科书以及教育者的阐述中，“自立”常和“自治”混用，因为两者都是反映人的独立性的重要方面，但深究后发现两者在侧重点上略有差别：“自治”更倾向于自我管理，而“自立”更倾向于自食其力。崇尚实利教育的陆费逵指出：“教育宗旨，以养成‘人’为第一义。而人之能为人否，实以能否自立为断。所谓自立者无他，有生活之智识，谋生之技能，而能自食其力，不仰给于人是也。”②民初各套小学国文教科书中大量关于实业知识的课文就是为培养自立的人做准备的，而一些叙事课文则告诉读者作为儿童可以如何自立地生活。

黄儿种豆园中。未几，发芽。大喜。遂按时培养。数月后，开花结荚。摘而煮食之。曰：“此吾劳力所得者，故觉味美逾常也。”③

院中有鸡，或鸣或走。一儿取米，撒地上，以饲群鸡。呼曰：“鸡来鸡来。”群鸡闻声，咸来争食。④

上述两篇课文不仅带有浓浓的生活气息，而且所表现的儿童勤于劳动、乐享劳动果实的心情让阅者感动。

与此同时，教科书插图中的儿童在体态上也发生了变化，清末小学国文教科书中的儿童含胸、低头，显得温顺（见图 3.5），民国初年小学国文教科书

① 《最新国文（初小）》第二册第 5 课《孝子》，页 3。

② 陆费逵．民国教育方针当采实利主义 [M]// 吕达．陆费逵教育论著选．北京：人民教育出版社，2000：119.

③ 《共和国（初小）》第三册第 18 课《种豆》，页 9。

④ 《新制单级（初小）》第四册第 26 课《饲鸡》，页 10—11。

中的儿童挺胸、头微抬，显得独立、自信（见图 3.6）。

图 3.5　清末儿童体态

3.6　民初儿童体态

2. 守规则与自由之真义

本章前言曾提到民国初年学校风潮频繁，从袁世凯政府到教育界普遍认为重要原因在于学生误解自由真义，以为自由就是“为所欲为”，于是，民国初年小学国文教科书中出现了多篇展现儿童遵守规则的叙事课文和阐述自由真义的论说课文。

> 小学生，集操场，分排两队，同习体操。先生发令，曰行则行，曰止则止。[①]
>
> 唐生性粗浮。师戒之曰：“学生在校，无论何时，不可妄言妄动。授课之室，体操之场，憩息之所，皆有规则。汝宜谙习之。”唐生守师训，渐以谨慎闻。[②]
>
> 褚女常晏起，不能依时入学。师责之。乃嘱其姊曰：“明晨必促吾起。”及时，姊唤之。妹曰：“时尚早，盍稍待？”姊曰：“学堂功课有定时，晏起必误时刻。且昨宵之言，岂忘之耶？”女闻言大愧，遂整衣起。早餐既毕，从容赴学。归谢姊曰：“今日入学，能不后时者，姊之力也。”[③]

上述课文无不涉及学生在校秩序，可见当时对于学生守规则的重视，因为在教科书编写者看来，自由首先以法律为范围：“自由云者，非率意迳行之谓也。一举一动，随在以法律为范围。法律之所许者，吾则行之；法律之所禁者，吾则戒之。自由之真义如此。如以违背法律，为实行自由，是则野蛮之自由也。”[④]其次，以不侵犯他人自由为限。课文引东西哲人所言加以证明：“东

① 《共和国（初小）》第二册 28 课，页 14。
② 《共和国（初小）》第四册 56 课《守规则》，页 31。
③ 《订正女子（初小）》第七册 6 课《守时刻》，页 4—5。
④ 《新制单级（初小）》乙编第七册 40 课《自由之真义》，页 19。

哲之言曰：‘我不欲人之加诸我也，吾亦欲无加诸人。’西哲之言曰：‘不侵人之自由，乃为自由。’”[①]而法律是保障所有人之自由的规范，因此总而言之，个人要获得自由必然要遵从法律。叙事课文提及的学校规则即是类于法律的一种制度化规定。

不过，《中华（高小）》和《新制（高小）》曾收录章炳麟的《说自由》，其观点则与上述观点有所不同，他认同“天下无纯粹之自由”，但同时认为“天下亦无纯粹之不自由”，因为“苟欲自由，任受苛罚，亦何不可？今自愿其自由，而率从于法律，即此自愿，亦不得不谓之自由”。[②]因而，就其观点来说倾向于人的自由意志而不是仅以法律为依归，这反映了革命党人的慷慨之志。这篇课文到《新编（高小）》时不再收入，这是迫于时势压力，但《新编（高小）》中另一篇课文《自由》隐含了这层意思。

3.叙述视角与儿童主体意识的凸显

民国初年小学国文教科书叙事课文还通过叙述视角隐性地建构儿童的主体意识，在塑造儿童独立性方面极大地超越了清末教科书，并丰富了儿童“自治”“自立”生活的内涵。有研究者指出，所谓叙述视角是一种叙事话语，指“叙述时观察故事的角度”[③]。如果按叙述时的人称加以区分，教科书中聚焦儿童的叙事课文主要采用第一人称叙述和第三人称叙述两种视角。在第一人称叙述中，“我”往往既是叙述者，又是故事中的人物。第一人称叙述一般采用的是人物体验视角，这就不可避免地涉及“我”的所感所思。在第三人称叙述中，叙述者讲述的虽然是别人的故事，但当其采用全知视角或选择性全知视角观察故事时，同样能揭示人物的所感所思。这里所说的“所感所思”可称为故事人物的主体意识。

民初初小国文教科书中第一人称叙述和独白类型的课文常常反映儿童的自我意识。

① 《共和国（初小）》第七册 6 课《自由（二）》，页 3—4。

② 《中华（高小）》第四册 1 课《说自由》，页 1；《新制（高小）》第四册 15 课《说自由》，页 14—15。

③ 申丹，王丽亚. 西方叙事学：经典与后经典 [M]. 北京：北京大学出版社，2010：88.

梅花盛开。我折两枝，插瓶中，置案上。瓶中花香，时时入鼻。[①]

该课文不仅叙述"我"折梅花的行动，还叙述"我"对梅花的感知——"我"看到"梅花盛开"、闻到"瓶中花香"，短短两句话便展示出"我"对自然之美的感知力。

一些课文还涉及儿童的"主我"和"客我"意识。

我家至学校，有二路可通。一路近，一路远。近路狭而秽，远路广而洁。我宁走远路，不走近路。[②]

该课文中的"我"能依据一定价值标准给出判断并做出决断，其积极的"我想要……"的"主我"意识非常强烈，不容置疑。

下面这篇独白类型的课文则反映儿童的"客我"意识。

母亲，我能舞，我能唱，请看，请听。[③]

该课文中的"我"能充分意识到作为客体的"我"的能力——"能舞""能唱"，并积极向母亲进行自我表达，展现的是一个活泼自信的儿童形象。

和第三人称叙述相比，第一人称叙述不容读者置身事外，读者只能随人物的行动而行动、体验而体验。这限制了读者的视野，但也更容易使读者产生认同与共鸣。如在阅读上述三篇课文的过程中，读者会在不知不觉中受人物主体意识的启发和感染，积极思考"我"感受到了什么、"我"想要做什么，"我"能表现什么，从而认同与人物既相似又有区别的独特的自我。这无疑能强化读者的主体意识。

第三人称的叙述视角呈现多样化的特点。民初初小国文教科书叙事课文中有一部分采用戏剧式或摄像式视角进行叙述，如下文中描写的"诚实童子"。

卖柑者担筐入市，数柑落于地。一童子在后见之，急拾柑以还卖柑者。卖柑者曰："童子诚实，可嘉也。"取二柑报之，童子不受。[④]

---

① 《共和国（初小）》第二册 11 课，页 6。

② 《单级（初小）》第四册 34 课《走路》，页 33。

③ 《单级（初小）》第二册 2 课，页 2。

④ 《共和国（初小）》第三册 37 课《诚实童子》，页 18—19。

叙述者身处故事之外，只客观地陈述了事情的经过、童子的行为，至于童子在行动过程中的心理状态如何读者无从知晓。这种叙述方式有利于创造客观真实的效果，也有助于读者模仿其良好的行为，但是因为没有展现人物的内心世界，难以使读者从中获得主体意识方面的启发。

不过，当叙述中涉及儿童的语言时，则可体现儿童某些主体意识，如下文中的学生。

学生入校。先生曰："汝来何事。"学生曰："奉父母之命，来此读书。"先生曰："善。人不读书，不能成人。"①

对先生所问"汝来何事"的回答，课文中的儿童是有意识的："奉父母之命，来此读书。"不过这样的回答说明其意识来源于父母，而不是他自己。先生后面的补充——"人不读书，不能为人"——进一步向儿童揭示读书的意义，有助于加强儿童的主体意识。

采用选择性全知视角叙述故事时，叙述者能透视某个人物的内心活动，如下文中的吴儿和庄儿。

吴儿往邻家，见邻母年老。母取物，儿代之。母坐，儿陪之。母行，儿扶之。归而自思曰："邻儿事母甚孝，我欲学之。"②

庄儿习业于舅肆。距家百里，数月不归。欲问家中安否，苦不能作书。后得家书，亦不能解。觅人代读，仓促不可得。庄儿悔曰："不识字之害如此乎。"乃请于舅，以作工之暇，进夜学校肄业。③

吴儿的"自思"和庄儿的"悔"都是内心活动，按理别人是无从知道的，但是课文采用全知视角和选择性全知视角来叙述，则叙述者便成为无所不知的"上帝"，将人物的主体意识清晰地呈现在读者面前。不过，这两篇课文与前面所举的"读书"不同，吴儿的"自思"发生在自己观察邻家孝子的行动之后，庄儿的"悔"发生在因不识字遇到重重阻力之后，他们的意识不是来源于

① 《共和国（初小）》第三册第1课《读书》，页1。
② 《新制单级（初小）》第四册29课《孝子》，页12。
③ 《新制单级（初小）》甲编第七册33课《不识字》，页15。

他人，而是来源于自己，这里所展现的儿童主体意识更高一层。需要指出的是，这两篇课文均出自《新制单级（初小）》，我们可以认为中华书局在组织编纂国文教科书时更注重儿童主体意识的挖掘。

从上述分析来看，不管采用第一人称叙述还是第三人称叙述，叙事课文都在借助叙事话语——视角的变换，努力塑造儿童的主体意识，与此同时，读者的主体意识也受到引导。

强调儿童的“自治”“自立”与“主体意识”代表共和时期教育界在儿童观念上的进步：儿童不再只是作为成人的附属，而是拥有自主意识的积极个体。这是对儿童具备独立人格的肯定，也是对儿童作为独立自主的个体价值的肯定，是“现代伦理精神的启蒙”①。

（三）务本：儿童私德的传统追求

儒家传统对于为学者首重德次重学，而在道德方面追求的即是“仁”“义”“礼”“智”“信”五德，这在清末小学国文教科书中已充分体现。那么，进入民主共和时代，儿童道德生活目标发生彻底转变了吗？按照蔡元培的观点，道德教育所培养的人应具备“自由”“平等”“亲爱”三大德性。这三大德性源于法国革命精神——自由、平等与博爱，而蔡元培将之与中国传统道德建立了联系。他认为：所谓自由，即古之所谓义；所谓平等，即古之所谓恕；所谓亲爱，即古之所谓仁。②但事实上，中国传统文化中“义”“恕”“仁”的内涵与法国革命精神实在差别甚大。本书对此不展开阐述，单就教科书中所崇尚的私德加以分析。

《务本》为《新编（高小）》和《中华女子（高小）》所录，其所阐明的道理可以说代表了民国初年小学国文教科书编写者对于儿童道德修养的根本观点。《务本》一文说道：“生今之世，知识技能，诚不容或缺，然不若本之尤可贵也。盖大本无亏，虽碌碌无长，尚不失为自好之士。根本一误，则终其身将流入歧趋。就令知识宏深，技能出众，亦适足以肆恶而害群，国家社会，何

① 吴小鸥．中国近代教科书的启蒙价值 [M]. 福州：福建教育出版社，2011：171.

② 蔡元培．对于教育方针之意见 [M]// 璩鑫圭，唐良炎．中国近代教育史资料汇编・学制演变．上海：上海教育出版社，2007：618.

必有是人哉。"《务本》一文旋即以孔子及其门生之说来阐述："孔子曰：弟子入则孝，出则弟，谨而信，泛爱众，而亲仁，行有余力则以学文。又曰：志于道，据于德，依于仁，游于艺，其先力行而后学文，先道德仁而后游艺者，即谓本之当务也。有子曰：其为人也孝弟，而好犯上者鲜矣。不好犯上，而好作乱者，未之有也。君子务本，本立而道生。孝弟也者，其为仁之本与，亦谓人必先端其本也。"于是作者建议"循颂斯言，可恍然于本之所在，与其当务之故矣"。[①]读完全文就可以明白，教科书所崇尚的"孝弟为本"是儒家构建伦理和个人道德的出发点与根本，编写者希望儿童所务之本与清末教科书所倡导的完全一致。

《新编（高小）》和《中华女子（高小）》还同时收录《庸德》一课，文章认为强调道德不同方面的各方观点究其根本无非一个"德"字，而"德"之中"习见""永存""泛应"者分别是"爱敬孝弟""仁义礼智""信实诚恳"，此三者即为普遍适用的"庸德"。君子不必好高骛远及外求，笃守庸德即是最好的修养，好的生活与学问即有赖于此。其阐述与《务本》一文并无二致。《共和国（高小）》《中华（高小）》《新制（高小）》《新编（高小）》所收马援的《戒兄子书》表达的也是类似观点。龙伯高和杜季良都是深受马援敬重之人，但马援告诫两个侄子做人要学龙伯高而不要学杜季良，这是为什么呢？马援说："龙伯高敦厚周慎，口无择言，谦约节俭，廉公有威"，"效伯高不得，犹为谨敕之士，所谓刻鹄不成尚类鹜也"；"杜季良豪侠好义，忧人之忧，乐人之乐，清浊无所失"，但若"效季良不得，陷为天下轻薄子，所谓画虎不成反类狗者也"。[②]

将三篇课文连贯起来看，则民国初年小学国文教科书对于儿童私德的构建就非常清楚了，整体希望儿童追求的仍然是儒家传统所崇尚的伦理与德性。在教科书编写者看来，至少从个人私德修养角度来说，儒家传统已足以应对儿童所面对的各种生活。然而对照前文阐述的儿童"自治"与"自立"，其中的矛盾又是不可调和的。这一点将在儿童与父母的关系中详细阐述。

① 《新编（高小）》第四册 7 课，页 5；《中华女子（高小）》第四册 35 课，页 27—28。

② 《共和国（高小）》第四册 27 课；《中华（高小）》第一册 30 课；《新制（高小）》第一册 14 课；《新编（高小）》第一册 26 课。

（四）时间飞逝的焦虑感与儿童个性改造

对于时间快速流逝的感知与焦虑始于清末。《新订蒙学课本》三编中的《世界变迁说》反映了身处繁华通商口岸——上海的教科书编写者对于时势变迁之速的敏感：

年幼之人，见闻尚浅，必以为昔日之世界，常如今日之世界也，其实不然。即以上海言之，昔日之黄浦，隔江而望，甚为辽阔，今则对岸之房屋树木，历历可数矣。咸丰以前，上海无外国人，今则碧眼虬髯，往来租界矣。十数年前，以大袍阔服为美观，今则易而为短衣窄袖矣。十年前之虹口及西门外附近，地多荒僻，今则屋舍毗连矣。此犹近事之易见者耳。若尔身与尔之父母及尔之祖父母，未生以前，近则数十百年，远则数千年以上，世界中土地人物之变迁，其尚可计乎。[①]

《初等女子国文》中《惜阴歌》一课反映了编写者对时间流逝的焦虑及寄予儿童的殷切期望：

一寸光阴一寸金，寸金难买寸光阴。百年三万六千日，一日驹光转瞬沉。大禹惜寸阴，吾辈惜分阴。莫道青年富，伤感白头吟。时哉时哉不可失，光阴一去何处寻。劝我女同胞，趁此青春苦用心。[②]

这样的感受在民国初年《新编（高小）》《惜阴》一课中也有，甚至更为突出，其主要原因在于对时间认识的精确化以及与列强高度发达的文明对比后的落差感。在清末小学国文教科书中对于时间的介绍还与中国旧时的时辰相对照，而到民国初年小学国文教科书中则只介绍时、分、秒。

一日之间，操作游息，均有定时，则学业渐进，而身心不劳，此两利之道也。欲守定时，当用钟表。其制，以六十秒为分，以六十分为时，以二十四时分配于一昼夜间。吾人得此，则按时作息，自无迟早之弊。[③]

---

① 《新订蒙学课本》三编 115 课《世界变迁说》，页 177。

② 《初等女子国文》第四册 56 课，页 28。

③ 《新制单级（初小）》乙编第七册 25 课《钟表》，页 12—13。

时间不仅与学校纪律相关，更关键的是与儿童学业进步、国家富强相关。在对时间之焦虑感的支配下，民国初年小学国文教科书编写者着力于改造儿童个性，"迟缓""少待"便是其中急需改造的不良甚至是有害的个性特点。

戒迟缓[①]

翟女性迟缓。一日，母闻灶屋火燃声，呼女视之，女应而不即往。母急入视，则灶屋火起，延烧几及屋宇，急沃以水，火乃熄。母谓女曰："此汝迟缓之害也。幸我速来，否则火灾成矣，不亦危乎！"

少待之患[②]

幼女某者，聪慧纯洁，人咸称之。顾秉性迟缓，凡父母有命，未尝急起为之，必应曰少待，盖习以为常矣。

一日，女方观书室中，有小鸟飞鸣案侧，固女所深爱者也。时其姊外出，户未阖，母乃呼之曰："趣闭户。"女曰："少待，吾方治课未毕也。"观书如故。

俄顷，有猫突入，攫鸟而逸，女亟掷书逐猫。猫被逐，行益速。狂奔及之，于其口中夺得鸟，则已毙矣。女乃泣。

母戒之曰："汝知今日之患，咎在少待二字乎？苟闻余言而阖户，何至有此。天下事欲为则立为之，偶一迟迴，往往贻误。鸟之毙，其小焉者也。"

女瞿然悟，自是有所事，辄迅速，少待二字，不复出诸口云。

上述两篇课文均以"迟缓将带来祸患"告诫儿童勿重蹈覆辙。有意思的是，两篇课文的主角均为女性，意味着在教科书编写者心目中女子容易出现这类个性问题。

与西方强国相对照，中国的差距是明显的，教科书编写者因此产生更为强烈的焦虑："泰西近百年来，进步甚速，说者谓二十世纪，当更有新发明出见，然反观我国，果足与之颉颃乎？不自奋，何以争存？愿学者之努力也。"[③]他们以西方强国之国民特性为榜样，期望改造中国儿童个性。《新制（高小）》中的

① 《新制单级（初小）》乙编第七册 33 课，页 16。
② 《中华女子（高小）》第三册 37 课，页 30—31。
③ 《新编（高小）》第一册 17 课《进步》，页 9。

《英国人之品性》就是一例。[①] 课文介绍英民“好勤戒惰”，“平时常为种种运动，以求自适”；“国无游惰而百废俱兴”，“又能辅之以信义”，“营业无往非宜”；力保生命财产名誉言论自由，“然富于自制力，能服从国家之法令，故虽自由，而无非法之行为”；“待人皆平等，自视亦尊严”；“又富于保守性，常尊重己国之文物制度”，“亦各守其固有之国语风俗习惯”；以上种种“皆其品性中之最优美者”，值得我国国民学习。[②]此外，各套小学国文教科书中很多人物故事展现其特有个性也为儿童树立了榜样，如亚衣丹的智勇、爱提森的研究精神与创造力、哥仑布的冒险精神、哥白尼追求真理的精神等等。于是，在一些介绍理科与实业知识的课文末尾经常会有希望学生立志发明、勇于冒险之类言辞。

（五）超越现实的审美生活

如果说“自治”“自立”是儿童获得现实世界自由的必要途径，那么审美就是儿童获得精神世界自由的必要途径。蔡元培非常强调美感教育，他认为“美感者，合美丽与尊严而言之，介乎现象世界与实体世界之间，而为津梁”[③]。美感教育是使儿童经由现象世界而达实体世界的重要途径。正是蔡元培的倡导，民国初年的教育宗旨中将“美感教育”列为重要的一项。通过美感教育，儿童具备了审美能力，就能透过现实世界中美的因素（包括道德行为的美）获得精神上的愉悦，从而不仅有助于儿童情感发展，还有助于其道德养成。

获取美感的途径主要有三个方面。一是欣赏自然界的美，如花鸟草虫和自然风光，比如下面两篇课文。

日曜日，学校休假。先生偕学生，出游郊外。仰望青山。俯观流水。学生

---

① 《中华女子（高小）》第二册31课《英民之特性》（页23—24）由该课改写而成，表达有所不同，但涉及英国国民个性的核心成分一致。

② 《新制（高小）》第七册23课，页15—16。

③ 蔡元培．对于教育方针之意见[M]// 璩鑫圭，唐良炎．中国近代教育史资料汇编·学制演变．上海：上海教育出版社，2007：621.

曰："乐哉此游，非校内所能得也。"[①]

尹儿从父游海岸，遥见黑烟袅袅，自南而北。未几，汽船一艘，现于海面，向北而去，杳不复见。又见渔舟数叶，出没波涛汹涌间，首仰则尾俯，尾仰则首俯，几没于水。舟人曳网出，大鱼小鱼，跳跃网中，鳞白如银。诚可乐也。[②]

二是从周围普通环境中发现美，如这一时期小学国文教科书普遍收录的陶潜的《桃花源记》和刘禹锡的《陋室铭》。三是从想象世界中体验美，如戴名世的《意园记》等等。这些课文的收入无疑能激发儿童的审美情趣，丰富儿童的审美生活。

三、儿童游戏的价值转向

游戏作为儿童生活的重要组成部分，在民国初年的各套初小国文教科书中仍有较多篇幅的展现，但是相较于清末《蒙学课本》以及《最新国文（初小）》，其在游戏种类以及课文数量上偏少，而且在游戏价值方面出现转向。至于高等小学，《中华》《新制》《实用》中竟无一篇有关儿童游戏生活的课文，到《新编》《中华女子》《新式》时开始有几篇课文涉及儿童游戏，《新式》出版时才明确在编辑大意中提到要收入游戏事项。同时，收入的几篇关于儿童游戏的课文所强调的也主要在其教育意义，而非娱乐价值和审美价值。

（一）自由游戏：走向学习与生计的对立面

李文炤的《勤训》几乎被民初所有高小国文教科书收入（仅《实用》未收），课文主旨在于强调珍惜时间、勤恳劳作的重要性，与此同时，"博弈樗蒲之类"的游戏在作者看来则是毫无意义的，尤其是与劳作、生计相对立："他若博弈樗蒲之类，昔人所谓牧猪奴戏耳。劫创攻杀之称，不绝于耳，非所以养德。扰攘孤注之状，不绝于目，非所以惜财。祁寒盛暑，日夜流连，徒足

① 《单级（初小）》第四册 32 课《出游》，页 31。

② 《新制单级（初小）》甲编第八册 23 课《海边风景》，页 13。

以失时而废事，亦何乐而为之耶？”[1]博弈樗蒲之类的游戏既不能“养德”（特别是因为沉迷游戏而忘了孝顺父母），又不“惜财”，还“失时”“废事”，实在与古人所谓“玩物丧志”没有差别，于是即使玩的人“乐而为之”也不能代表它有意义。《新编（高小）》中的《惜阴》一课也有类似阐述：“世之人，闲居荒宴，习为常事，其甚者耽于博弈，日晷忘移。推其心，固曰偶然消遣，无害也。不知人生只此百年，求学问，建事功，尚虞不给，何暇为无谓之周旋，作无益之游戏乎？”[2]《中华女子（高小）》中也有《惜阴》一课，不过主要讨论学校生活：“学校之中，某时授何书，某时习何事，固预定之矣。然度一日之光阴，宜增一日之智识，必求其相当，始可无憾。否则日日在校，口讲、耳听、目视，而心不在焉，将与戏游废学，相去不能以寸，仍未免负此日也。”[3]课文所认为的“戏游废学”与《勤训》一文的主旨如出一辙。将游戏与学习、生计对立，这在民国初年各套高小国文教科书中是一个基调。

不过，这并不代表教科书编写者否定所有游戏，如果儿童所玩的游戏具有他们所看重的价值，那么这些游戏就应当玩、值得玩。比如，《新编（高小）》第一册的《运动》言：“运动之法，不胜枚举，击球、蹴鞠、驰马、试剑，少壮之人，皆所当为。至野外散步，尤易而有益，盖平野广阔，空气清洁，偶一俯仰，心神泰然，人生至佳之境也。”[4]《中华女子（高小）》中的《运动》一课还提到荡秋千有益于身体健康。此外，儿童应当玩、值得玩的还有集体游戏，因为其中蕴含群体合作、遵守规则、竞争等成人看重的价值。如此，儿童个人或伙伴自由选择、自发进行的游戏，如果其中没有成人所看重的价值，或与那些价值相背离，那就要退出儿童生活。《斗蟋蟀》一文是这一观念的体现。

秋夜月明，败垣丛草间，虫声唧唧，终宵不断，盖蟋蟀鸣也。

蟋蟀善跃，遇同类则斗，游民或假之为博具，而好弄之童，亦捕其一二以为玩物。

---

① 《共和国（高小）》第一册18课；《中华（高小）》第五册25课；《新制（高小）》第五册17课；《新编（高小）》第五册28课；《中华女子（高小）》第六册36课；《新式（高小）》第三册1课。

② 《新编（高小）》第四册16课，页11—12。

③ 《中华女子（高小）》第一册29课，页19。

④ 《新编（高小）》第一册11课，页6。

宝儿捕得一头，短小精悍，状甚雄健，乃畜之于缶。锉粟粒，注清泉，以济其饥渴。欲试其能，苦于无由。

适邻儿亦畜一蟋蟀，宝儿于是约之与斗。各取蟋蟀，合置一缶，拈草触之使怒。蟋蟀果大启其牙，互相啮噬，或却或前，坚持不放。久之，邻儿之蟋蟀，忽跃出缶外，急掩捕间，而缶中蟋蟀，振羽长鸣，若自矜其获胜。宝儿乐甚。

邻儿因蟋蟀逸去，欲宝儿偿还，颇有违言，几以嬉戏之细，失朝夕相处之欢。

后宝儿知悔，取己所有归之，且恍然于无益之举，必不可为，不复捕蟋蟀云。①

玩蟋蟀是儿童非常喜爱的游戏之一，清末《蒙学读本全书》曾有多篇课文反映儿童捉蟋蟀、养蟋蟀、斗蟋蟀，《蒙学读本全书》的编写者是站在理解与支持的立场上的，有时课文会涉及儿童由于草率而导致不良后果，但是编写者并不否定玩蟋蟀本身，而是希望儿童于游戏中分辨其行为的好坏以及存在的危险因素，做出正确选择即可。而上文所反映的则是斗蟋蟀本身的问题，斗蟋蟀不仅是“无益之举”，而且是两儿不和的根源，于是，文中的“宝儿”做出“不复捕蟋蟀”的选择，表现出更强的成人建构意识。

为什么到民国初年教科书编写者对于儿童自由游戏的态度会出现这样的转变？分析起来，原因主要有两个方面：一是编写者对于时间的紧迫感；二是其对于儿童作为共和国民责任的强调。中华民国初建时仍然处于列强的包围、瓜分之中，讲到通商、我国地图、科学发明、惜阴，教科书编写者对于时间的紧迫感感知更加强烈。在此情形下，作为未来共和国民的在读学生当然要将大好光阴用在提升道德修养、掌握各类知识上。“人生之境地不同，责任亦异，而责任之宜尽，初未尝因所处而殊。年幼之时，其责任在就学，则各种学科，必一一融会贯通，倘作辍相参，毫无进步，放弃责任之咎，将无可辞矣。”②而游戏是什么呢？游戏是让人沉浸其中而忘记了时间、忘记了学习的活动，这就意味着大好光阴的白白浪费。在这样的理解之下，除了那些在教科书编写者看来具有价值的游戏，其他各种自由式的游戏都要退出儿童生活，特别是高等小学

① 《新编（高小）》第二册 26 课，页 18—19。

② 《新编（高小）》第三册 35 课《责任》，页 24。

儿童的生活。于是，游戏之于儿童的精神自由、平等体验、情绪愉悦等重要发展价值被忽视了。

（二）"乐"之式微：儿童游戏价值的转向

同时被《新编（高小）》《新式（高小）》收入的课文《钓鱼》，文字内容仅有细微变动。细读这篇课文并与清末小学国文教科书中的类似课文进行比较，会发现其中对于儿童游戏价值强调方面的转变。

钓鱼[①]

兄弟检弃物，得铁丝寸余。兄曰："是可屈为钩，作钓鱼之具。"弟乃以指力屈之。丝颇劲，不能屈。兄炙以火，果成一钩。于是弟取竿，兄系线，又捕虫为饵，同往池边。时宿雨初晴，水清如镜。弟欲持竿先钓，兄乃为之钩饵，垂于池中。注目视之。一鱼掉尾来，将及饵，弟急举竿，鱼惊而逸。

兄曰："弟不善钓，必待鱼吞饵，方可举竿也。盍让我为之？"弟不肯，遂又下钩。良久，一鱼至，弟持竿不敢稍动。移时，询兄曰："可举竿未？"曰："可。"及举竿，仍不得鱼。盖鱼已食饵去矣。

弟乃愿作旁观，请兄垂钓。兄置饵如前，持竿静俟之。须臾，见钩丝动，而鱼来食饵。急掣起，果得一鱼。弟乐甚。

兄曰："向使弟谙钓法，今已得三鱼。可见事必有法，钓其小焉者也。"

可以说整篇课文对钓鱼过程描写细致入微，兄弟二人形象生动活泼，生活气息浓郁，颇有《蒙学读本全书》中那篇兄弟二人捕蝉课文的风范（课文内容参见前一章儿童游戏部分《捕蝉》）。不过，细细对照就会发现明显不同。《蒙学读本全书》中的《捕蝉》只客观呈现兄弟二人捕蝉细事，没有明显的评价和教育意图，而《钓鱼》的教育意图在最后一段一览无余："向使弟谙钓法，今已得三鱼。可见事必有法，钓其小焉者也。"结果比过程重要，方法、技能比乐趣重要，这是课文意图所在。

初小国文教科书中也有类似情形，比如关于猴戏的课文，《共和国（初

---

① 《新编（高小）》第二册 27 课，页 19—20；《新式（高小）》第一册 6 课，页 4—5。

小)》是这样描写的:

广场中,锣声起,群儿往观。一小猴,披红衣,戴假面,骑羊背上,东西往来,状如走马。[①]

课文语言简练,侧重描写小猴,但少了对群儿的描写和场面的趣味。《新制单级(初小)》多了对弄猴者的描写以及猴的动态描写,有观者的描写,但同样缺少情趣。

弄猴者,携猴至广场,鸣锣集众。取红衣,披猴身,植竿场中。举鞭一喝,猴攀竿上升。既至其巅,复倒垂而下,动作敏捷。四围观者,无不称奇。[②]

对比《最新国文(初小)》,其所描写的场景中多了一些乐趣。

空旷之地,锣声大鸣,群儿环观之。场中,猴一,绵羊一。猴顶冠,披红衣,戴假面具,骑羊背,东西往来,如走马。群儿皆大笑。[③]

上述纵向对比可以发现,民国初年各套小学国文教科书对于儿童游戏乐趣的渲染明显减少。当然,部分原因在于编写者追求语言的浅显易懂。从横向对比来看,中华书局所出初小国文教科书对于儿童乐趣展现相对较多,与清末《蒙学读本全书》《最新国文(初小)》较为接近。

民国初年各套小学国文教科书对于儿童游戏价值的追求侧重"尚智""争胜""合卫生与美感体验"几个方面,中间稍带"审美"价值之追求。清末侧重的"乐"的地位下降,"德"则很少涉及。[④]

1. 尚智

"尚智"价值的追求侧重在儿童从游戏中获取知识和方法,发展技能。如关于荡秋千的课文:

秋千架,高丈余。柱上架梁,梁上悬绳,绳端系小板。人立板上,两手握

① 《共和国(初小)》第二册 48 课,页 24。
② 《新制单级(初小)》第六册 14 课《猴戏》,页 7。
③ 《最新国文(初小)》第二册 25 课《猴戏》,页 22—23。
④ 仅有《新制单级(初小)》第四册 37 课《抛球》(页 15)涉及游戏时勿伤鸟雀。

绳，渐荡渐高，空中往还。[①]

秋千架，竖二木为柱，高丈余。上架横梁，梁下垂二绳，绳端系小板。人立板上，两手握绳而荡之。渐荡渐高，往还不已。[②]

秋千架，悬小板。兄与弟，对立板上，两手握绳，一往一来，渐荡渐高。[③]

对比清末《初等女子国文》中“宕秋千，正在晚风前。紧握索儿稳踏板，一高一低随意牵。同学女，拍手笑声连”[④]的描写，上述几篇课文侧重于荡秋千的方法，没有场面和儿童动作、情绪描写，因而显得乏味得多。相比较而言，《订正女子（初小）》这篇课文因有生动的插图（见图 3.7）而显得更有趣味，而《共和国（初小）》连插图（见图 3.8）都显得缺少生气。

图 3.7 荡秋千（一）

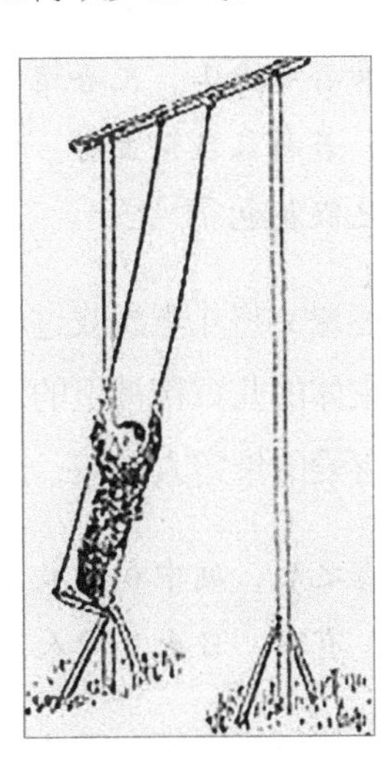

图 3.8 荡秋千（二）

在关于跳绳、击球等的几篇课文中，上述特点更为突出。

范生取一绳，执其两端，向上掷之。绳自顶过，将及地，跳而跃之。且掷且跳，旋绕不已。既毕，更选二人，分立左右，持长绳而转之。绳至地，则一人跃入，渐增至三四人，同跃同止。足不蹴绳，至数十次乃已。[⑤]

① 《共和国（初小）》第二册 58 课，页 29。
② 《订正女子（初小）》第三册 34 课《秋千》，页 23。
③ 《新制单级（初小）》第三册 29 课，页 15。
④ 《初等女子国文》第二册 23 课《秋千》，页 11。
⑤ 《共和国（初小）》第五册 38 课《跳绳》，页 21。

冯儿善击球。欲高则高。欲低则低。进退俯仰，可连击数百次。又能向壁横击之，不落地上。①

诸生为豆囊入笼之戏，立竿场中，竿杪系笼。诸生分列二队，首立者各持囊，背授后一人，依次递至末一人，乃持囊驰交首立者，急投入笼。以入笼之先后，决二队之胜负。②

艺术类的游戏活动也侧重在制作过程和操作的能力水平。

儿作叫笛，长寸许，一端少剖开，嵌入竹叶。吹时，竹叶振动，即能发声。③

窗外修竹几竿，红日初上，竹影满窗。一女坐窗前，取素纸，铺案上。濡笔和墨，画竹一枝，黏于壁间。母见之，称其能。④

魏女喜习手工，尤善造花。假日，其戚访之。见瓷瓶中，插梅花数枝，红白相映，若新采自树上者。讶曰："时已初夏，焉有梅花。"及审视之，方知为人造之假花也。⑤

上述课文将儿童游戏过程简化为一串程序化的操作，作为游戏重要特征以及作为主体的儿童精神上的愉悦则作为无足轻重的部分被舍弃。而一些原本儿童非常喜爱的堆雪人游戏，课文在描写时也把重点放在了科学知识方面。

大雪之后，庭中积雪数寸。群儿堆雪作人形，目张，口开，肢体臃肿，趺坐如僧。有顷，日出，雪人消瘦，渐化为水矣。⑥

放风筝游戏亦倾向于此，重点落在风筝的形状、放风筝的方法、名称由来等方面。

夕阳将下。童子数人，携纸鸢，至旷野放之。

纸鸢之状，有鸟，有鱼，有蝴蝶，有蜈蚣，有老人，系以长绳。风起时，一人持其尾，登高纵之。一人急振其绳，则纸鸢乘风而上。其大者，上缚弓弦，

① 《共和国（初小）》第三册 8 课《击球》，页 4。
② 《新制单级（初小）》甲编第七册 14 课《豆囊入笼》，页 6。
③ 《新制单级（初小）》第三册 31 课，页 16。
④ 《共和国（初小）》第三册 11 课《画竹》，页 5—6。
⑤ 《订正女子（初小）》第五册 25 课《造花》，页 20—21。
⑥ 《共和国（初小）》第四册 4 课《雪人》，页 2。

风激弦鸣，其声泱泱。故又名风筝。[①]

儿童游戏价值中侧重于知识、方法、技能的追求与民国初年小学教育重视知识传授有很大关系。

2. 争胜

“争胜”价值的追求重在激发儿童的竞争意识和尚武精神。这与民国初年进化论的宣扬以及军国民教育的强调密切相关。在几篇表现学校生活的课文中，儿童均表现出积极向上、乐于争胜的朝气，如下面三篇课文：

学生竞走，数人列队。先生执小旗，举手一挥，学生奋力前行。一人先至，众皆拍手。[②]

诸生分甲乙二队，为破敌之戏，各插旗为界。甲作敌军，乙踢球以攻之。未几，乙队胜，乃拔甲旗，改插乙旗，拍掌相贺。[③]

诸生分甲乙两队，为踢球之戏。甲队踢球攻乙队。乙队拒之，并还踢以攻甲队。往来数次，甲队偶懈，球突入队中。乙队皆拍手相庆。[④]

在游戏中培养儿童“争胜”之心，也是为将来“御外侮”做准备。

3. 合卫生与美感体验

“乐”之式微并不意味着这一时期课文中有关游戏的课文完全无视儿童自由、放松、愉悦方面的需要。一些课文，特别是初小课文中的一些课文还是展现了儿童课余及放假期间游戏的自由与愉悦的。

学生数人，在操场游戏，或唱歌，或踢球，或抽陀螺。[⑤]

午饭已毕，先生率学生，集于体操场。或唱歌，或击球，或抽陀螺，随意游戏。及闻铃声，排班入课室，无一后至者。[⑥]

哥哥弟弟，同来游玩。哥哥按风琴，我唱歌，弟听琴，学我唱。[⑦]

---

① 《共和国（初小）》第六册13课《纸鸢》，页7。
② 《共和国（初小）》第二册50课，页25。
③ 《新制单级（初小）》第四册36课《拔旗易旗》，页14—15。
④ 《新制单级（初小）》第五册25课《踢球之戏》，页12。
⑤ 《新制单级（初小）》第二册25课，页13。
⑥ 《共和国（初小）》第四册24课《游戏》，页13—14。
⑦ 《新制单级（初小）》第三册16课，页8。

公园内，桃花红，杨柳绿。春日放假，学生来游。①

支持儿童课余及放假期间游戏是出于儿童身心健康以及审美需要的考虑。相关论说文阐明了教科书编写者的意图。

……运动为卫生之要道。……善卫生者，随地随时，皆可运动。如野外闲游，室中缓步，兴之所至，习以为常。又若秋千蹴鞠，凡诸游戏，恒乐为之。虽不敢蹈于危险，而适当之运动，固无使或闲也。②

辛苦之余，继以游息，则心神为之一畅，身体因以健康。……此公园，以游鱼鸣鸟，奇卉名花，点缀而成美景。居民劳作之暇，散步其间，可领略天然之趣味，其有益公众卫生，非浅鲜也。③

注重儿童游戏过程中的审美体验应当是受蔡元培美育思想的影响。蔡元培于民国初年发表《对于教育方针之意见》，将游戏纳入美育范畴。

此外，教科书编写者也很重视儿童从出外游历中获得身心、知识以及审美诸方面的发展。如《共和国（初小）》中的《游历之乐》（课文内容参见本章第五部分“新型学校生活”之“学校外的求学空间”课例）。中华书局出版的《新式（高小）》中也有一篇类似的课文，名为《旅行修学记》，不过阐述的重点有所不同。课文前半部分讲述某小学校学生在老师带领下到野外旅行，制服、队形整齐，携国旗、校旗，奏乐曲而行，到达目的地后进行赛跑、掷球、运竿等游戏，引得路人围观赞叹。然而文章随后笔锋一转：“旅行郊野之旨，将使诸生揽山川之胜，察草木鸟兽之形态，与农牧之事业，所以修其天然之学术也，岂第为游戏而出，炫耀路人之耳目哉。”④可见，民国初年教科书编写者对于儿童游戏之事总体并不十分支持，除非这些游戏具有编写者所看重的价值。

从上述分析我们不难看出，民国初年小学教科书编写者并非全然不考虑儿童游戏之乐，因为一旦他们强调游戏对于身心健康、审美情趣的需要，其中就

① 《新制单级（初小）》第二册35课，页18。
② 《中华女子（高小）》第一册3课《运动》，页2。
③ 《新式（高小）》第一册19课《公园》，页10—11。
④ 《新式（高小）》第二册6课，页12。

必然会包含“乐”的成分。这一方面折射出编写者对于儿童游戏的矛盾心态，另一方面体现了编写者明显的倾向：正如前文所说，儿童游戏是否具有价值，其考察点不在儿童本身，而在于教育者所认可的价值。编写者支持儿童击球、荡秋千、唱歌，反对斗蟋蟀，支持从钓鱼中增长技能，反对为钓而钓，所有这些都是其注重游戏的外在教育价值，忽视儿童内在精神价值的表现。

四、传统家庭生活的延续与变化

（一）勤劳节俭、科学卫生的家庭日常生活

民初小学国文教科书围绕“勤劳”“节俭”“科学”“卫生”四大核心价值来建构儿童家庭日常生活。这四大核心价值中的“科学”主要蕴含的是西方启蒙精神，“勤劳”为东西方共同强调的品格，“节俭”主要来源于中华传统，“卫生”则结合了中华传统养生理念与西方科学精神。而这一切又是民国初年教育界实利教育思想倡导的结果。陆费逵认为实利教育的核心在于使人自立，即包含生活智识和谋生技能，而“其精神所在则勤俭也，耐劳也，自立自营也”[①]。

1. 勤俭：富足生活之追求

在中华传统文化中，“勤劳”总是与“节俭”相伴随，既“勤”又“俭”才能保障个体过上富足的生活。李文炤的《勤训》和《俭训》可以说是对“勤俭”二字最好的诠释。那么，民初各套小学国文教科书是如何构建儿童的“勤俭”生活的呢？在阐述儿童“自立”时本书已经谈及儿童辛勤劳动、自食其力的生活形象，此处不再赘述。在此主要讨论儿童“节俭”生活的构建。

节用[②]

甲乙二媪，比邻而居。甲家甚富，然习于奢侈，久之，家财渐匮。乙家贫，以纺织为业，而衣食恒足。甲怪而问之曰：“汝岁入远不及我，而用之若甚舒者，何欤？”乙曰：“持家之道，节用为贵。我所入诚寡，然常量入为出。衣

① 陆费逵．民国教育方针当采实利主义 [M]// 璩鑫圭，童富勇．中国近代教育史资料汇编 · 教育思想．上海：上海教育出版社，2007：888.

② 《订正女子（初小）》第八册第 27 课，页 23。

求称体，不必绮罗。食求果腹，不必珍羞。居求容身，不必华屋。故能常有余资，以备意外之用。汝岁入虽多，而用之无度，故常有不足之虑。”

故事虽然说的是妇人们的家庭生活，但是节俭的品质在儿童时期就应开始具备。

尹、邢二女，相邻也。邢女好妆饰，见衣饰有新异者，必仿制之。一日得新制金钗，以示尹女。曰：“此钗雕镂精巧，殆良工所制也。”尹女闻言，默然不应。邢女怪问之。尹女曰：“钗诚美矣。惟用财以节俭为本。衣饰之属，但求适用，不必华美。金钗为用甚微，而耗资绝巨，讵节俭之道欤。”①

实利教育思想自清末始，所强调的价值标准首先是实用。比如，在比较各种金属的价值中，认为铁比金更有价值，因为其“为用甚广”；在比较各类布料的价值时，认为棉布比丝绸更有价值，因为其价廉耐穿。这与上文讲到的“衣饰之属，但求适用，不必华美”是一个道理。节俭正是实用价值的体现。当然，节俭讲求的是适度，如果因节俭最终导致重大损失，那就成了吝啬，反而是有害的（《新制（初小）》乙编第九册第 14 课《戒吝》专就此问题加以阐述）。因此，节俭是价值对比之后所做的合理选择。

2. 科学：理性生活之崇尚

作为清末科学启蒙思想的延续，民国初年小学国文教科书中仍然注重通过叙事及论说教育儿童在日常生活中坚持科学、利用科学、摒弃迷信。

生活中处处是科学，云雨霜雪、水汽变换以至各种机械动力，无不存有科学道理。由此，世间并无鬼神、浮屠，吉凶、堪舆之说也是无稽之谈。各套小学国文教科书中此类课文非常之多，此处不一一罗列。这些课文一方面告诉儿童科学原理，另一方面劝诫儿童抛弃迷信，坚持科学唯物论，过科学理性的生活。

正因过科学理性的生活需要足够的科学知识，民国初年的小学国文教科书对于儿童缺乏知识的表现着力加以渲染，无知儿童的形象经常出现于课文中。

① 《订正女子（初小）》第七册 48 课《金钗》，页 39。《中华女子（高小）》第二册 19 课《俭妆饰》（页 14—15）则从论说角度阐述同样道理。

人影[1]

明月在天。儿行廊下，若有人蹑其后。大惧，奔告其姊。姊曰："此汝身之影也。汝立灯前，行日下，皆有影，岂忘之乎。"儿乃悟。

镜[2]

儿立镜前，见镜中有一人，向之笑，彼亦笑，招以手，彼亦招以手，立镜后，则不复见，大惑，走以告母。母曰："人不能自见其面，故当以镜照之。镜中之人，即汝影也。"

只要略读这两篇课文就能明白，故事旨在阐明科学道理。不过细读后会发现，在形容儿童面对未知科学现象而产生的心理状态时，两篇课文分别使用了"大惧""大惑"二词。这不免让人意外。作为初小的学生，他们对影子、镜像会如此困惑和恐慌吗？依据现代儿童心理学的常识，儿童天生好奇，一般来说他们会认为这些现象有趣从而产生探究行为而不是惧怕。而且，儿童心理学研究表明，正常儿童在 3 岁前就能发现镜子里的人是自己。更匪夷所思的是，《共和国（初小）》第二册已经出现过和影子有关的课文[3]，课文还配有图画（见图 3.9），展现的是一个在烛光下探究影子的儿童形象。这似乎明显不合逻辑。那么，为什么教科书编写者会不顾儿童年龄特点而夸大其无知呢？

图 3.9 儿童探索影子

① 《共和国（初小）》第四册 9 课，页 5。

② 《共和国（初小）》第四册 18 课，页 10。

③ 该课是《共和国（初小）》第二册 27 课，原文如下："取火燃烛，光照四壁，人坐烛旁，壁上有影。人坐，影亦坐，人行，影亦行。"（页 14）

《共和国（初小）》第六册的《鸦食贝》或许道出了其中的原因。课文先叙述鸦的行动，为了能吃到紧闭着的贝壳的肉，鸦“衔贝高飞，至三四十丈，乃坠贝于石上，破其壳而食其肉”，然后阐述物体下坠时越高力越大的科学道理，最后说“鸦殆知此理也”。[①]文章写到这里戛然而止，但话语意味犹在：要是连动物都懂的道理“你”（儿童）却不懂，“你”应该感到羞愧。至此，那些夸张的无知儿童的故事以及相关的说理课文建立起了一个连贯性——无知会带来困扰，更让人羞愧。在此，无知不仅不被接受，还被赋予道德评判意义。民国初年小学国文教科书编写者在儿童智识方面的高度期望可见一斑。

3. 卫生：健康生活之保障

卫生之道，既是中华优良传统，又合科学精神，可以说是科学、理性生活的延续。其中最为教科书编写者强调的是清洁，其次是运动与妆饰得宜之法。

“养生之道，清洁为要。污秽不去，则易致疾。”[②]《订正女子（初小）》第三册《清洁》一课中的这段话正说明了清洁对于人体健康的重要意义。而清洁主要包含个人清洁和居室清洁两大方面，个人常洗漱、衣服常洗晒、居室常洒扫，则可保证清洁卫生。

杨儿好洁。晨起之后，洗面理发，刷牙漱口。衣常换，鞋帽常拂拭。人皆称之。[③]

吕母启橱取衣，至院中晒之。女曰：“洗衣经水而湿，故宜晒。此衣不湿，何必晒乎？”母曰：“四五月间，气候无恒，时晴时雨，物易生霉，是为霉节。衣服之不用者，取而晒之，藏诸笥中，方免霉腐之虑。”[④]

房屋之中，污秽日积，不宜居人。故每日早起，必用帚扫地。扫时，先以水洒之，则灰尘不扬。[⑤]

儿方读书，群蝇飞集，驱之复至，甚厌之。父曰：“室中不洁，则蝇纷来。汝能勤洒扫，蝇自少矣。”[⑥]

① 《共和国（初小）》第六册 51 课，页 26。
② 《订正女子（初小）》第三册 37 课，页 25。
③ 《新制单级（初小）》第四册 2 课《清洁》，页 1。
④ 《订正女子（初小）》第五册 36 课《晒衣》，页 29。
⑤ 《共和国（初小）》第三册 15 课《洒扫》，页 8。
⑥ 《单级（初小）》第四册 13 课《蝇》，页 12。

下面几幅插图（见图 3.10、图 3.11、图 3.12）生动体现儿童注重清洁的良好习惯。

图 3.10 儿童拂尘

图 3.11 儿童洒扫

图 3.12 儿童洗晒衣服

民初小学国文教科书强调通过运动、游戏增进儿童身体健康，同时强调运动须得宜。

钟儿饭罢，跳跃为戏。未几，气喘汗出，腰腹作痛。父曰："运动失宜，有碍卫生。饱饭之后，当缓步院中，使所食之物，易于消化。今汝饭后跳跃，是失宜也。后当慎之。"①

对于女子来说，身体健康所涉及的范围稍广一些。女子有爱美之心，但与卫生之道相较取后者为上。

崔女晨至邻家，见邻女独坐窗前，对镜扑粉。崔女曰："人之美丑，出于自然，何必用粉。且粉中有铅，能伤皮肤，久用之，则面黄多斑，非卫生之道也。"②

上述有关"勤劳节俭、科学卫生"的几个方面，作为家庭生活中的重要内容将逐步拓展到学校以及儿童将来自己组建的家庭生活、社会生活中，对于整个中国的强盛具有重要意义。在民初小学国文教科书编写者看来，儿童时期打下良好的生活基础不仅是为将来幸福生活做准备，还是在承担社会责任、为社会做贡献。

（二）父母子女关系之变化

清末小学国文教科书所构建的家庭成员关系以"孝""悌"为核心，强调

① 《共和国（初小）》第四册 21 课《运动》，页 12。
② 《订正女子（初小）》第四册 49 课《粉》，页 35。

父母对子女的教导，特别强调长幼次序。到民国初年时，这一构建方式发生了某些变化。其中，教科书不再强调兄弟姊妹关系中的次序，减少了弟妹对兄姊的恭敬成分，删去了原来类似“兄弟争死”的沉重部分，而以“亲爱”为核心。不过作为兄长和姐姐的责任仍多于弟妹。相比较而言，父母子女关系的建构显得更为复杂，在此做重点阐述。

1. 慈母之爱

和清末重点建构作为教育者的母亲不同，民初小学国文教科书中增加了“慈母”形象。《共和国（初小）》第二册的一篇课文写道：“手有指，指有甲，甲过长，易藏垢。母执剪刀，为儿剪甲。”[①]课文主旨侧重于讲究清洁，不过结合课文与插图（见图3.13），母亲与孩子身体上距离的接近、母亲的慈爱溢于言表。类似的课文还有《新制单级（初小）》的《缝衣》。

冬日至，天气寒。母取布，为儿缝棉衣。有表有里，取棉花铺其中。衣成，儿穿之，一身温暖。[②]

和母子之间的关系相比，母女间的关系显得更为亲密。

晚餐之后，凉风入户。母偕女，院中乘凉。母讲故事，女在旁听之，手挥小扇，为母驱蚊，乐而忘倦。[③]

这篇课文虽然没有插图，但是从故事情节中可以感受到母女间的亲密以及当时气氛的轻松愉悦。和这篇课文非常相似的课文是《订正女子（初小）》第三册第46课《纳凉》，两篇课文文字上仅有几个字的差别，其配的插图（见图3.14）使得母爱女之情感和气氛的轻松愉快更易为读者感知。

① 《共和国（初小）》第二册13课，页7。
② 《新制单级（初小）》第四册39课，页16。
③ 《共和国（初小）》第三册4课《乘凉》，页2。

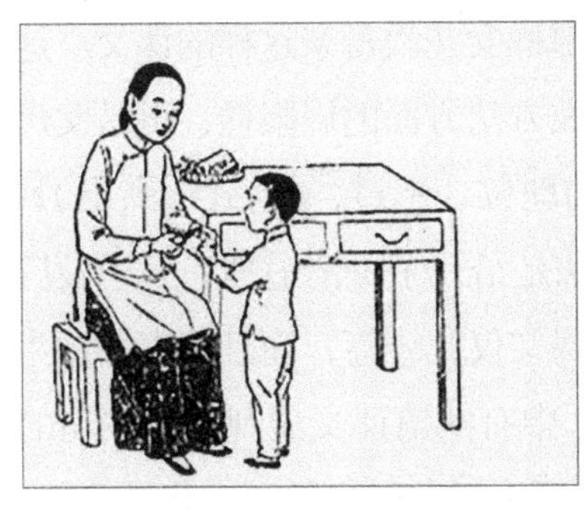

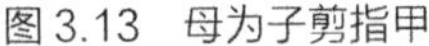

图 3.13 母为子剪指甲　　图 3.14 母为女讲故事

《共和国（初小）》中的《母鸡》一课用母鸡护雏来比喻母亲之爱子实在非常形象：

> 母鸡孵卵，数周成雏。随母出行，未尝远离。母鸡每得食，必先唤其雏。若遇猫犬，尽力护之。与父母之爱子无异。①

然而，课文中的“父母之爱子”似应改为“母亲之爱子”，这不仅因为课文所说的是“母鸡”而非“公鸡和母鸡”，而且因为民初小学国文教科书中主要展现的也只有无微不至照料子女饮食起居的慈母形象而几乎没有慈父形象。

2. 趋于单一的父母之“教”

民国初年各套小学（特别是初小）国文教科书中仍然有大量课文展现父母教育子女的生活场面，这与当时教育界重视家庭教育一脉相承。

> 冬日严寒，缸中水，结成冰。儿问母曰：“冰何自成乎？”母曰：“水性流动，冷极则凝。冬日天寒，故水凝为冰。”②

像上文这样的叙述父母通过与子女对话阐明科学与做人道理的课文很多，此处不再一一罗列。这里需要指出的是，相比清末小学国文教科书，这些展现“父母之教”的课文显得非常单一。从方法方面来说只有“告知”一种，即孩子问、父母答的方式或是父母直接告知的方式，已经看不到清末《新订蒙学课本》中父母所采用的间接故事法、建议点化法、观察实验法等等。此外，这

① 《共和国（初小）》第三册 24 课《母鸡》，页 12。
② 《新制单级（初小）》第四册 46 课《冰》，页 19。

一时期也不再出现像《初等女子国文》中那样女儿教母亲这样的课文。这不仅是民国初年小学国文教科书在建构父母之教方法方面的局限性，更是父母子女关系方面的局限性——子女总是处于被动地位。不过，《新式（高小）》第一册《荣誉》[①]一课中纳尔逊父亲采取的方法是给儿子讲清道理，至于最后做什么选择则任儿子自由选择。只可惜这样的课文仅此一篇，而且故事的发生地在英国。前文曾经提到《新制单级（初小）》中有两篇课文展现儿童主动的主体意识——“自思”和“自悔”，这是某种程度上对父母之教单一化缺陷的突破，非常值得肯定，只是这样的课文太少。

3.“孝”的延续及其与儿童“自治”“自立”间的张力

前文曾经提到儿童“从勤事父母到‘自治’与‘自立’”的转向，不过这并不意味着民国初年的小学国文教科书不再强调“孝”。“为子女者当孝父母”仍然是教科书编写者强调的核心，不过课文数量上有所减少，故事叙述方面发生了一些转变。

首先，“孝”从行动层面转向情感层面。

朱儿事亲孝。每得食物，必以奉母。一日，至姑家。姑给以果饵，儿不食。姑问故，对曰：“将携归奉母也。”[②]

李儿往姑家，姑留之宿。儿辞曰：“恐父母悬念，不敢留也。”姑曰：“汝读书将二年，倘能作书禀汝父母，则汝可留矣。”儿从之，遂留姑家，明日始归。[③]

朱女年十余，事母甚孝。母病初愈，不思饮食，女忧之，乃取牛乳，和糖煮之，盛于杯中，捧以奉母。母尝之，味颇适口。[④]

上述三篇课文都含有儿童体谅、关心父母之心，先是出于情感层面对于父母的关爱，然后才是行动层面。这是儿童对于父母之爱以及恩情的回报，感人之处颇多。

---

① 《新式（高小）》第一册 33 课，页 18—19。

② 《共和国（初小）》第三册 25 课《孝亲》，页 12。

③ 《新制单级（初小）》第六册 9 课《李儿》，页 4—5。

④ 《订正女子（初小）》第三册 41 课《事母》，页 29—30。

其次，“顺”被进一步强化。民国初年的小学国文教科书不再过分渲染父母与子女间的次序，注重儿童对于父母的情感，这是非常值得肯定的。然而，这是否就意味着新式学堂兴起时小学国文教科书中特别强调的“顺”到这一时期就完全没有了呢？如果我们深入文本内部就会发现事实并非如此：当儿童的“自治”“自立”及“主体意识”与成人意识冲突时，儿童需要做出让步。从这个意义上说，子女的“顺从”反而被强化了。

一方面，课文从叙述话语角度强化儿童对于父母之“顺”。这些意图往往潜藏于慈母关爱的叙事之中，非编写者刻意为之，也不易察觉。

庄儿将入学，母曰：“儿尚着单衣，不觉寒乎？人之衣服，因寒暑而异，今日天凉，可易夹衣。”儿曰：“诺。”遂易衣而出。[①]

这个故事发生在中国文化背景下，可能不会让人产生疑问，日常生活中孩子是否应该增减衣服多是成人提醒、建议的。但是，如果我们真正从儿童主体意识角度发问：“天凉”这一事实是否能被儿童意识到？回答当然是肯定的，但是，课文中的“儿”被假定为不能意识，需要母亲提醒。诚然，课文的主要意图在介绍衣服的种类以及适应的季节、温度[②]，但其叙事话语仍然透露出人际关系规则：儿童应当听从父母的建议而不是自主做出选择。还有一篇类似课文：

红日未下，我自学校归，出汗甚多。母亲取水，注盆中，唤我洗澡。[③]

课文中的“我”一开始能意识到自己的身体状况——出汗甚多，如果作为一个具有较强主体意识、独立且爱清洁的儿童，“我”接下来的行动应当是自己取水洗澡，而不需要母亲动手和呼唤。

或许，两篇课文都是为了渲染中华传统文化下母爱的温情表达，但它们打

① 《共和国（初小）》第三册 14 课《衣》，页 7。

② 这样猜测的依据一是课文后附有各类衣服的图画，二是《共和国（初小）》第四册 16 课《衣食》讲到衣服要随气候而易：“人之身体，以衣护之，以食养之。衣食不足，即有冻馁之虞。然过暖过饱，皆足致病。随气候而易衣，定时刻而食物，则身体自安。”（页 8—9）编写者将儿童置于无知、须受父母之教的地位是导致其构建“儿童顺从母意易衣”的原因。

③ 《单级（初小）》第三册 27 课，页 29。

破了教科书努力构建起来的儿童拥有主体意识的连贯性，儿童的主体意识让步于成人的主体意识，最终顺从成人的安排。

另一方面，教科书通过论说直接强化儿童对于父母之“顺”。《新制单级（初小）》中的《母恩》一文如此叙述：

儿违母命。父曰：“汝亦知初生时乎？汝母爱汝护汝，行则抱之，眠则伴之，饥寒则衣食之。其恩至矣。今汝稍大，应知母恩，安可违其命乎？”[①]

故事一开头便说“儿违母命”，但是没有具体事实。因为没有具体内容的支撑，仅看这句话，读者不禁会问：“母命”是什么？“儿”为什么“违母命”？因为没有具体事实说明，这句话便可以一般化：凡是没有按照“母命”行事的都是“违母命”。这就意味着不管“母命”是什么，不管“儿”有没有正当理由，只要是“违母命”都是不对的。不仅如此，父亲的教训接踵而来：因为母恩至深，所以要知母恩，不能违母命。如果说“母恩至深”与应“知母恩”之间带有逻辑性，“知恩图报”也属公正，那么因为“母恩至深”所以不能“违母命”却难以找出逻辑。事实上，建立起这样一种因果关系之后，母亲便因自小对孩子的养育之恩而拥有了特殊的权力，“母恩”变成了迫使孩子服从的压力，孩子因此失去了平等的地位。正如前文所分析的，在母亲的教导——“天凉需添衣”面前，孩子的主体意识必须让位，因为按照《母恩》的逻辑，不添衣便是“违母命”，便是“不顺”“不孝”。

一些论说课文阐述更为直白，如：“父母主持家事。为子女者，凡一言一动，当惟父母之命是从”，“不顺父母，是为不孝”[②]；“为人子者，务宜以孝事亲……顺其意旨，使无抑郁之境”[③]。在民国初年教科书编写者看来，“孝”的内涵不仅是“事亲”“报恩”，更是“顺从”，这也就是儒家认为的“孝”的最高境界——“养志”[④]，“顺”是“孝”最为核心的组成部分。

① 《新制单级（初小）》第五册 34 课，页 16。

② 见《共和国（初小）》第六册 55 课（页 28）、《订正女子（初小）》第七册 45 课《家庭》（页 36—37）。《单级（初小）》第九册 7 课《家庭》和前两篇相比只少了“凡一言一动”一句。

③ 《新制单级（初小）》甲编第七册 38 课《孝道》，页 17—18。

④ 《中华女子（高小）》收录孟子《养志》一文（第一册 11 课，页 7），所谓“养志”就是顺从父母的心意。

关于“孝顺”观念，民国初年教科书仍然遵从儒家孝道传统。这样一来，“顺”与“自治”“自立”之间就产生了不可调和的矛盾。教科书一方面强调儿童“自治”与“自立”，而且认为家庭教育中也要重视培养儿童“自立”[①]，然而在“顺”的强化下儿童的“自治”“自立”“主体意识”便不再成立。进一步对比有关儿童“自治”“自立”和有关“孝顺”方面的叙事课文，可以发现儿童的“自治”“自立”只发生在儿童独自一人的状态下，当儿童与父母在一起，特别是儿童的主体意识和父母的主体意识不一致时，儿童的“自治”“自立”就得让位，“顺”便理所当然地指导儿童的行动。在此，儿童需要遵循两套标准，这是民国初年儿童内心产生矛盾冲突的根源。因此，民国初年虽然将“自由”“平等”等西方价值引入国文课程，但教科书固守“孝顺”观念，使得“父为子纲”被保留了下来。事实上，在民国初年，“孝”的观念已成为束缚儿童自由、造成儿童与成人不平等的主要力量，这也正是1915年后新文化运动极力批判的。

值得一提的是，中华书局出版的《新式（高小）》中只有一篇白居易写的一首有关父母之爱的《燕诗》，没有其他涉及传统“孝顺”观念的课文。比《新式（高小）》早一年，由商务印书馆出版的《实用（高小）》中仍有不少关于“孝顺”的课文，如孟子的《事亲》（这篇课文题目即《中华女子（高小）》中的《养志》）、刘大绅的《记哑孝子》、彭端升的《曾孝女传》、宋濂的《危孝子传》等。因此，中华书局的观念变革更早一些。

4. 父母与儿童间的二元对立关系

进一步分析一些故事的叙事结构，会发现其中体现儿童与父母关系的结构范型非常有限，主要有以下四种：

①儿童对科学现象感到疑惑，提出疑问——父母解答；

②父母教导——儿童听从；

③儿童做出符合/不符合要求的行为——父母肯定/否定、劝诫；

---

① 《中华女子（高小）》第四册33课《家庭教育（二）》这样阐释：“子女服从亲命，此通义也，然不可渐流于依赖。儿童稍长，力所能胜者，宜听彼自为。例如偶尔仆地，当俟其徐起。若国事张皇，显示怜爱，则憨卧娇啼，非其母手援不可，他日长成，安望其能自立乎？”（页25—26）

④儿童做出不符合要求的行为——父母否定、劝诫——儿童听从、悔改。

基于上述故事范型，儿童与父母之间形成了两个完全不同、不可逾越的二元对立世界。表 3.1 反映的即是从故事范型中归纳出来的儿童与父母间的二元对立关系。

表 3.1　父母与儿童的二元对立

父母	儿童
全知	无知
完善	不完善
成熟	不成熟
教导	听从
评价	行动

从表 3.1 中可以看到，与完美、权威的父母相比，儿童是无知的、不完美的、服从的。父母是知识、评判标准的拥有者，是儿童世界中的权威。对于父母的教导，儿童没有对话的权力，只能无条件地接受。

课文插图从侧面强化了这一结论。我们可以发现，除了母亲在生活上照料孩子的过程中与孩子身体距离接近，在其他多数场面中，父母都处于高高在上的位置，主要有以下两种具体表现形态：

①儿童和父母都站立，儿童仰视父母，父母俯视儿童（见图 3.15）；

②父母坐，儿童站立或鞠躬行礼（见图 3.16）。

同时，插图中父母在身体上也和儿童保持较远的距离，儿童在身体姿态上显得紧张，远没有儿童间交往时的近距离和随意（见图 3.17）。这种位置和距离显示的是父母尊、儿童卑的关系，也即父母处于权威地位，儿童处于服从地位。

图 3.15　儿童仰视母亲

图 3.16　儿童向父母行鞠躬礼

图 3.17　儿童游戏时的放松体态

当然，民国初年小学国文教科书中的父母子女关系并不全是前文所说的二元对立关系，教科书中偶尔也会出现平等温馨的画面。

晚饭后，父母子女，围坐案旁。父写信，母记帐，子女温课。[①]

这个故事非常简单，全文总共不过21个字，没有描述性词语，但是故事所呈现的场景和氛围却给人平等、亲切之感，课文所配插图（见图3.18）更添温馨。除此之外，各套小学国文教科书中仅有前文提到的母女纳凉、父子海边观景（课文插图见图3.19）等故事属于这个范畴。

图3.18 父母与子女同做事

图3.19 父子海边观景

（三）亲朋交往之“礼”

民国初年小学国文教科书中，儿童与亲朋交往，少了“序”的成分，多了“尊重”和“情谊”，这是民国初年儿童人际关系构建中的进步之处。

1. 待客以礼

客来，我见客，鞠躬。[②]（课文插图见图3.20）

客来，父陪客，坐厅内。儿捧茶，先奉客，后奉父。[③]（课文插图见图3.21）

大门开，两客来，一老一少。我问客姓，客问我名。请客入，坐室中，我立几侧，捧茶敬客。[④]

钮儿在家，有客访其父。父适他往。儿邀客入，请客上坐，己在下位陪之。

① 《新制单级（初小）》第三册6课，页3。

② 《新制单级（初小）》第一册24课，页12。

③ 《新制单级（初小）》第二册21课，页11。

④ 《共和国（初小）》第二册51课，页26。

客有问，则谨答之。客去，儿送至门外。及父归，以客所言，告之于父。[①]（课文插图见图 3.22）

图 3.20　儿童见客鞠躬

图 3.21　儿童捧茶奉客

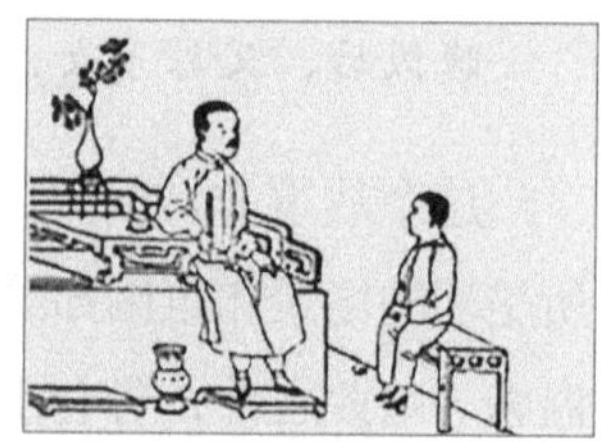

图 3.22　儿童陪客人

上述几篇课文均展现儿童见到客人时的礼貌行为，待客之礼随儿童年龄增长而渐趋复杂。与亲属见面时主要遵循的也是礼仪。

儿随母，往姑家。入门，见姑出迎，儿立姑前，敬问安否。[②]（课文插图见图 3.23）

图 3.23　儿童向姑姑行礼

不过，仔细观察图 3.20 和图 3.23 可以发现一个现象：当儿童向成人行礼时，成人仅以手示意接受和回应，身体姿态无变化，表现出成人与儿童地位上的差异。

随着年龄的增长，教科书对于亲朋礼仪的介绍逐渐增多，要求也逐渐提

① 《共和国（初小）》第四册 11 课《陪客》，页 6。
② 《新制单级（初小）》第三册 9 课，页 5。

高。如：《新制单级（初小）》乙编第八册向儿童介绍了“庆吊”礼仪[①]；《中华女子（高小）》第二册介绍了如何向亲朋好友馈赠，并引《礼记·曲礼》中的内容介绍《礼之用》[②]。可以说，民初小学国文教科书编写者非常注重对儿童进行传统礼仪教育，不失中华民族“礼仪之邦”的称号。

2. 重情薄侈

教科书编写者在课文中强调亲朋间交往重在联情谊，至于花费则讲求得宜。《中华女子（高小）》中的《馈赠》一文认为，戚族友朋之间有情谊，因此馈赠不可废，不过“物不在多，取足表示情谊而止”；对于家境贫困者，更“不以货财为礼”，“有事则躬往，先至后散，竭其所能，相助为理，较之勉具筐篚，尤足使人感其悃愊也”[③]。另一篇课文《宴会》所持的也是同样观点：“家宴之用意，所以联情谊，敦交际也，故非丰腆不足以速客，然尤贵以诚敬将之”；如果主妇讲求烹饪之道，调和五味，那么在家中招待客人“不特可崇俭德，益足征主人之情重也”[④]；中华书局所编之教科书对于亲朋交往间“重情薄侈”的强调即使在今天也是非常有价值的。这是民初教科书建构儿童家庭生活中的积极方面。

（四）女子家庭生活：“贤母良妻”之延续

按理，发端于清末的男女平等思想到民国初年即便没有更大的跨越也当有所传承，毕竟国家政体发生了根本性转变，真正走上了民主、共和的道路。然而，民国初年小学国文教科书中展现的女子家庭生活却并未发生根本性转变，而是延续了清末的“贤母良妻”主义。

1. 为人女：“贤母良妻”之预备

勤于家事与女工仍是女子生活的本分。从各套小学国文教科书中可以看到作为女子日常家庭生活的常态，帮助母亲做家事是其中的一项，比如照顾弟妹、淘米洗菜、煮饭烧菜。

① 《新制单级（初小）》乙编第八册 35、36 课《庆吊》，页 20—21。
② 《中华女子（高小）》第二册 25 课《馈赠》，页 19—20。
③ 《中华女子（高小）》第二册 25 课，页 19—20。
④ 《中华女子（高小）》第三册 29 课，页 23。

小弟弟，在母怀，见姊来，伸手向姊。姊抱弟弟，窗前徐步。①（课文插图见图 3.24）

日东上，人初起，姊抱弟，立凳上，代弟穿衣。②（课文插图见图 3.25）

掘地为井，凿石为井栏，中有清水。两女子，在井畔，取桶汲水，注盆中，一淘米，一洗菜。③（课文插图见图 3.26）

日暮客来，父出迎客。母偕女，入厨房，煮饭烧菜。父在堂前，留客晚餐。④

图 3.24　姊抱弟

图 3.25　姊代弟穿衣

图 3.26　女子淘米洗菜

上述四篇课文读来生活气息浓郁，让人备感家庭之温馨，不过，这些事情都是女子的家庭工作。有关烹饪的课文虽然初小男子也学，但这不是男子的本分。相对于家事，女子在家庭生活中更为重要的事情是做女工。

我姊姊，在房内，持剪刀，裁新衣。⑤

小室内，灯火明，母教女，取绒绳，学手工。⑥

这些都是教科书编写者认为女子应尽之本分，是我国的优良传统，“我们中国从前的女子，虽然没有进学堂，天天在家里帮着娘做针线、弄饭菜，却不失女孩子的本分”⑦。那么，如果不尽女子本分后果会是什么呢？《中华女子（高小）》收录宋若昭所作《学作》，前文列举女子须学之各种女工，如“车机纺织”“看蚕煮茧”“采桑摘柘”“刺鞋作袜”“引线绣绒”“缝联补缀”等等，

① 《共和国（初小）》第二册 17 课，页 9。
② 《新制单级（初小）》第二册 15 课，页 8。
③ 《新制单级（初小）》第四册 8 课《井》，页 3。
④ 《新制单级（初小）》第三册 23 课，页 12。
⑤ 《共和国（初小）》第一册 25 课，页码不详。
⑥ 《共和国（初小）》第一册 39 课，页码不详。
⑦ 见《订正女子（初小）》第八册 50 课后附的校长在毕业日上的演说稿，页 43—44。

如此必“衣不愁破，家不愁穷”。而后文章劝告女子：“莫学懒妇，积小痴慵。不贪女务，不计春冬。针线粗率，为人所攻。嫁为人妇，耻辱门风。衣裳破损，牵西遮东。遭人指点，耻笑乡中。”[①]文中所言集中强调的是女子不习女工、不尽女子本分会招来他人的鄙夷、耻笑，这与希望女子勤于女工、帮助家庭积累财富有极大差别，前者容易导致女子巨大的心理压力，后者则是积极的鼓励。可以说，民国初年中华书局的国文教科书编写者引用这篇文章带有较大局限性。

民国初年小学教科书编写者还强调女子勤学与修养，宜有求学之志：

我国旧俗，女子常居闺中，不求学问。非特古今大事，未尝闻知，即写信记帐，往往不能。非智力之不逮，盖失学之害耳。今女学渐兴，少年女子，亟宜求学，庶不为人轻视也。[②]

女子教科书中有多篇课文展现好学、有恒的女子形象。除了学校中的学习生活，教科书编写者还特别勉励女子善用闲暇时光。比如女子间闲谈的话题难免涉及“邻里亲属中，若者富，若者贫，若者美，若者丑，若者智，若者愚，辄为之品评衡度”，虽“与习熟者倾谈，固亦人情之常，无足深怪，然可谈之事，固甚多也。如学问，如女工，如家事，何一不可研究商量？以己之未知未能质诸人，或以人之已知已能证诸己，则有益于身心者甚大。乃必取他人之长短是非，促膝私议，不亦可惑之甚耶”。[③]他如利用闲暇阅读报章及翻译小说以增长见识，寄情于诗歌（比如可选学校中之唱歌，读本中之古诗歌等），“则不仅助文字之进步也，明处世之常道，慰寂处之幽思，其获益有非片语所能尽者”[④]。另外，《中华女子（高小）》还向女子介绍读书方法，鼓励女子在阅报过程中保持自己的独立主见，这些都是进步的方面。虽说当时提高女子的学识与修养主要为将来成为“贤母”做准备，但其在当时女子所处社会空间、女子个性特点基础上加以拓展非常具有建设性。

---

① 《中华女子（高小）》第四册 30 课，页 23—24。
② 《订正女子（初小）》第五册 1 课《女子宜求学》，页 1。
③ 《中华女子（高小）》第五册 23 课《闲谈》，页 17。
④ 《中华女子（高小）》第五册 22 课《诗歌》，页 16。

在女子品行修养过程中，民国初年小学教科书编写者也以“庸德”为目标，这在前文已述，此处不赘言。值得一提的是，教科书编写者不再提及女子贞节问题[1]，不过，他们很重视社会转型时期女子行为方面的一些不良变化，注重加以正向引导：“从前的女子娇养惯了，躲在房子里，偶然碰见男子就羞羞怯怯怕的了不得。这个固然不好。现在不好的，女子又变一个样子，成群结队故意混入男子里头，什么都不怕，动不动就开口骂人”，教科书编写者于是给予警醒，“劝诸生要晓得礼节，大大方方，不要学那羞怯的样子，更不要学那荒唐的样子”。[2]同时，教科书编写者强调女子平时自检品行，如下文的《镜》。

镜[3]

……

女子之于镜也，为妆饰所必需，故常不离左右。然可以自照者，岂独一镜乎？如之何可全道德？如之何可获令名？如之何可为良妻贤母？皆当取懿言嘉行，引以自照。庶几规仿有资，是读书为学，又无往而非镜也。镜之为义大矣哉。

课文的阐述有助于引导女子反思，加强其主体意识，不过，其所强调的目的仍然是传统意义上的“获令名”“为贤妻良母”。

对于女子之婚姻，民国初年小学国文教科书编写者却力主传统——父母之命，媒妁之言。

婚姻[4]

国家始社会，社会始家族，家族始婚姻，故中外咸重之，定为礼制，规为法典，以示准则。

中华国俗，子女嫁娶，父母主之。视年龄，察门户，求其相当，品行德性，

① 清末即便是最为激进的女子国文教科书，对于女子贞节方面的要求也仍然带有较强的封建色彩；在民国初年各套小学国文教科书中除了《中华（高小）》中有节妇事迹的课文（如《欧阳氏姑妇节孝家传》《陶节妇传》等），其他各教科书中不再出现。

② 《订正女子（初小）》第八册50课后所附校长在毕业日上的演说稿，页43—44。

③ 《中华女子（高小）》第二册29课，页22。

④ 《中华女子（高小）》第五册5课，页4。

学术好尚，皆征诸媒妁。两意既洽，六礼斯行。欧美之俗，择婿求妇，子女恒自为谋。然亦必请命于父母，受成于媒妁。其定约也，官吏监之，牧师证之。视诸我国，尤为郑重。

人方年少时，时间情伪，未及周知，贻悔受愚，往往不免。故婚姻一事，究以待命于父母为宜。盖男子生，愿为之有室，女子生，愿为之有家，父母之心，人皆有之，益以阅历之富，更事之多，其为子女择偶，必不轻率可知。若夫计聘奁之丰啬，惑星命之吉凶，旧时陋习，识者久已非之，岂今日所宜出此哉。

这篇课文有所进步之处只在于摒弃旧俗中的计较聘礼的丰啬及星命的吉凶，其停滞不前之处在于反对男女自由恋爱与自主婚姻。对于欧美婚姻习惯的介绍避重就轻，强调对于婚姻的重视，而对于其婚姻的自主性一笔带过。《中华女子（高小）》中还提供了家长所主之婚姻给女子带来幸福生活的例证，如《中华女子（高小）》第二册的《张负嫁女孙》[①]。相关课文未在其他高小国文教科书中出现，不过婚姻是男女双方之事，因而家长所主之婚姻也适用于男子。民国初年的教科书编写者仍然强调儿童在婚姻之事上对父母的顺从，维持着封建时代的家族秩序，与现代社会之“自由”“平等”大义相去甚远。

2. 为人妇：幸福家庭责任之重

女子成家后，成为贤妇——其核心是当好“贤母良妻”——便成为实际幸福生活的最高目标。《中华女子（高小）》中《家庭之幸福》《和睦》两文指出：“希望幸福，为人人心理所向，而其当前即是，无待外求，且最真切，最深长者，莫如家庭之幸福。”[②]“家庭间最完全之幸福，非可以徼幸求也，惟能和睦者得之。若何而后能和睦？恃有贤妇而已。”[③]可见女子婚后当好贤妇之责何其之重。

对于夫妻相处之道，民初小学国文教科书首先强调“相敬如宾”“举案齐眉”。《中华女子（高小）》中的《良妻》一文告诉女子如何成为一个好妻子：“夫而为乐羊子也，则当勖之力学；夫而为陶渊明也，则当助之养高；夫而为卡尼奇也，则当以筹策佐其进行；夫而为俾思麦也，则当以情爱慰其劳瘁。遭逢

---

① 《中华女子（高小）》第二册 11 课，页 8—9。

② 《中华女子（高小）》第三册 33 课《家庭之幸福》，页 26—27。

③ 《中华女子（高小）》第二册 6 课《和睦》，页 4—5。

各异，则所以处之者亦不同，甚矣良妻之未易为也。”[①]清末就已出现的关于梁鸿、孟光的故事在民国初年仍然是典范。夫妻之间相敬如宾、举案齐眉是非常融洽的一种关系，确实值得称道。然而问题是孟光的唯一志向就是能嫁梁鸿这样的丈夫，其志向只是追随丈夫的志向，这也正是《良妻》一课传达的观念。那么，作为妻子其自身没有志向吗？男子不应扶助女子的志向吗？可见，“女子出嫁从夫”的观念在民国初年的小学国文教科书中并未得到突破，在夫妻生活中女子的需求与发展仍然是不足道的。

其次是夫妻共同承担家庭责任、营造幸福之家庭，不过妻子的责任仍在家中。《家庭之幸福》中说，夫妻“各修其职者，当先明责任所在。男子主外，女子主内，古有明训。是以执业治生，以资事畜，男子之责也。一家庶务，处理攸宜，女子之责也。譬诸二手，左右相依，不容偏废。诚能各尽己责，使家计有丰腴之象，门庭呈整洁之观，则入此室处，身心泰然。幸福莫逾于是矣”[②]。“男子主外，女子主内”的夫妻分工不仅“古有明训”，如同清末教科书编写者阐述的，还因为“男子主持外事，不能常居家中。欲专于所业，而无家事之累，必有待于女子”。[③]《共和国（初小）》还通过木工与其妻子的一段故事给出了另一依据。

……有木工语其妻曰：“吾挥斧捶凿，用力既多，甚以为苦。”妻曰：“吾事炊饭缝衣，亦不堪其繁冗。”由是夫妻谋相助，俾剂于平。日则共往工场，食时同炊爨，夜亦同事裁缝。岂知妻就工终日，板不成斫，且毁刀斧，伤指，妨缝纫。夫对灶燃火，饭既焦不可食，剪裁终夜，屡误屡改，尽束布无一成者。彼此心力俱瘁，工作皆无效。乃大悟分业之便，更约如初，而工事、家事均就绪。[④]

课文一段总结性的话是这样说的：“一人各治一业，事似迂也，而成功甚速。一人兼治数业，事似便也，而操业难精。”[⑤]其主旨在于阐明分业的好处，

① 《中华女子（高小）》第五册 6 课，页 4—5。
② 《中华女子（高小）》第三册 33 课《家庭之幸福》，页 26—27。
③ 《订正女子（初小）》第八册 46 课《家政》，页 39—40。
④ 《共和国（初小）》第八册 25 课《分业之利益》，页 16—17。
⑤ 《共和国（初小）》第八册 25 课《分业之利益》，页 16—17。

不过其中对于男女各自不同擅长方面的介绍考虑到了男女个性特征的差异。以此为依据讨论“男主外、女主内”，其理由更为充分。不过可以进一步提出的问题是：所有的男子或者所有的女子其特征都是一样的吗？女子必定不适宜从事男子职业吗？男子不必承担家庭中的所有事务吗？教科书编写者没有回答这些问题，他们只建构了女子的家庭责任，可见其局限性。

对于为母之道，民初小学国文教科书提倡“教子有方”。既然家庭中的事务由女子负责，那么教育子女的责任也就落在女子身上。“……家庭教育，父母共负其责，而执其枢纽，为之斡旋者，母实专之。”[①]无怪乎教科书中会大量出现母亲教给子女正确科学知识的课文。民国初年的女子国文教科书不仅为儿童提供“良母”榜样（如自清末起就出现的孟母、民国初年出现的介之推之母等），还教给女子婴幼儿生长发育的知识和正确养育、教育子女的方法，避免出现偏差。《中华女子（高小）》中的《爱子》一课便是其中一例。

爱子者，天性也，而妇人尤甚，则以属毛离里，有血脉之关系，故亲爱之情，至深且切也。

虽然，人之爱其子也，宜务大者远者。抚兹弱质，悯其无知，但使饥寒是恤，衣食胥周，保抱提携，毋令陷入险危之境，斯亦可矣。若食必甘旨，饰必金玉，则肠胃薄弱，未必尽宜，慢藏诲盗，或多意外，爱之适以害之矣。

且儿童情态，喜怒无常，往往一不当意，哭泣随之，倘溺爱不明，顺从姑息，则少成若性，矫正为难。故真能爱子者，宜谨其言行，杜其邪僻，消其放纵，启其知能，俾异日得以处世立身。孔子曰：“爱之能勿劳乎？”石碏曰：“爱子必教以义方，弗纳于邪。”正此意也。[②]

另一篇课文还特别强调培养子女自立：“子女服从亲命，此通义也，然不可渐流于依赖。儿童稍长，力所能胜者，宜听彼自为。例如偶尔仆地，当俟其徐起。若国事张皇，显示怜爱，则憨卧娇啼，非其母手援不可，他日长成，安望其能自立乎？”[③]

① 《中华女子（高小）》第四册 32 课，页 25。
② 《中华女子（高小）》第四册 8 课，页 7。
③ 《中华女子（高小）》第四册 33 课《家庭教育（二）》，页 25—26。

上述知识在清末小学国文教科书中提及得还很少。进入民国时期，一方面是儿童身心发展知识不断从东西方引进，另一方面是教育界对于儿童发展更加重视，这些方面的介绍相对丰富。这对于女子将来成为一个好母亲确实大有裨益。只是，家庭教育责任只由女子承担是其局限之处。

除了上述“贤母良妻”角色，女子还须做好“贤媳”“贤妯娌”“贤主人”等等，即类似于清末所鼓励的那样，“他如洁肴馔、缝衣裳、洒扫门庭，整饬器皿，无一不待人而理”，于是，“任之者得其人，则家政自理，而家业自兴”。[①]女子对于家庭的重要性不言而喻。这里值得一提的是主妇与佣役关系的建构已基于商业关系中的“平等”原则：“仆劳其力，主偿以金，两处于平，事同交易，所异者名称耳。”[②]传统属于家庭“私领域”的“主尊仆卑”隶属关系开始转为社会“公领域”中的雇佣关系。

按照陆费逵的分析，民国初年社会上对于女子教育问题的争论已“甚嚣尘上”，激烈派认为男女应完全平等，顽固派则仍然认为女子无才便是德，能看家信已足矣，且不必谋生，完全不能为男子可为之事。[③]而教育界对于女子家庭角色与责任问题几乎是众口一词，商务印书馆认为：“女子之性质及将来之生计多与男子异，欲养成一般之贤妻良母，自宜与男子有别。”[④]“女子教育，吾国本以贤母良妻为主，而时人或有病其范围稍隘者，欧美女子教育，容有趋于实业政治之途，而施之吾国，于现在情势似未适宜，故编辑女子教科书不敢率尔倡导。”[⑤]而中华书局的观点从其高小女子国文相关课文中已显露无遗。由此可见，弘扬“自由”“平等”“博爱”精神的共和时代并没有迎来男女平等的曙光。从几套小学国文教科书所构建的女子家庭生活来看，女子从小所学所为还是为将来当好“贤母良妻”（事实上应该扩展为“贤妇”）做准备。相对于《中华女子（高小）》,《新制（高小）》《新编（高小）》《实用（高小）》《新式（高小）》四套教科书中没有一篇提及如何做丈夫、如何做父亲的课文。这

---

① 《订正女子（初小）》第八册 46 课《家政》，页 39—40。

② 《中华女子（高小）》第一册 39 课《宽待佣役》，页 26—27。

③ 陆费逵 . 女子教育问题 [J]. 中华教育界，1913（5）：57-60.

④ 《订正女子（初小）》第八册封底广告。

⑤ 商务印书馆 . 商务印书馆编辑小学教科书商榷书 [M]// 李桂林，戚名琇，钱曼倩 . 中国近代教育史资料汇编 · 普通教育 [M]. 上海：上海教育出版社，2007：685.

不能不让人感叹女子教育思想进步之缓慢与艰难。不过进步仍然是有的。首先，在舒新城看来，陆费逵从男女生理差异的角度谈男女教育的不同就是进步之一。[①]其次，个别课文在论述中鼓励女子争取权利。比如《中华女子（高小）》中的《退让》阐述女子与人交往以退让为本，但最后说："然人或有意相欺，外示谦逊，内当使之感悟，否则愈让愈欺，退无余地，必至诟谇争阋而后已，是又不可不知也。"[②]这篇课文未在其他高小教科书中出现，可以认为这是专为女子考虑而编。同时，因课文未指明欺者为谁，可认为这一交往原则适用于任何情境。这一情形则是非常值得称道的。只因这样的课文数量少，隐蔽性又比较强，难以成为整套教科书中的"强音"。

五、新型学校生活

民国初建，教育部颁发的《普通教育暂行办法》第一条规定："从前各项学堂，均改称为学校。监督、堂长应一律改称校长。"自此，"学校""校长"这类正规名称正式启用，以示与清末学堂相区别。而其后的一系列法令对学校生活的多个方面进行规范，使得学校教育自民国建立之日起有了更规范的身份，成为重要的公共事业。不过，如同清末新式学堂刚刚建立时将"塾"与"学堂"两个称呼混用一样，民初的一些教科书中有时也会出现"学堂"一词，这显然是过渡时期的一个特征。[③]

民国初期的小学校以及学校生活是什么样？《新编（高小）》给儿童描绘了一幅蓝图。

---

① 舒新城. 近代中国教育思想史 [M]. 福州：福建教育出版社，2007.

② 《中华女子（高小）》第三册 10 课，页 8—9。

③ 比如前文提到的《订正女子（初小）》中的多篇课文中仍用"学堂"称呼。另如商务印书馆于清末甲辰年初版的《最新国文（初小）》于 1912 年订正出版，使用对象改为"中华民国初等小学校用"，然而出现了目录与课文不对应的情况。其第二册 1 课，目录中课文名称为"学校"，而课文中出现的是"学堂"："学堂暑假，一月已满。今日早起，穿新衣，入学堂。先生授我新书，告我曰：'汝读此书，当比首册，更有味也。'"课文内容和清末《最新国文（初小）》第二册 1 课《学堂》一模一样。显然，这是商务印书馆为尽快将教科书投入市场，在不违背教育部法令下采取的简便处理。这样的情况到新出版的教科书中才不再出现。

……校舍整齐，庭除清洁。乍入校门，树木森森，夹临甬道，便觉空气新鲜，爽人眉宇。

正中为大讲堂，乃岁时开会、校长训话之所。两旁皆课室，约容学生五六百人。

其侧有操场，为带纵平方形，足供全校学生会操之用。更连草地，浅碧平铺，秋千、浪桥、木马之属俱备。

标本图书，应有尽有，别一室以庋藏之。而特别课室，为手工、唱歌等所用者，亦布置井然。

至于休憩、应接等室，整饬可观。宿舍、庖湢、厕所，离课室稍远，以时扫除，于卫生之旨尤合。

校后设学校园，中有池、亭各一，朴实无华。而园蔬山果，奇卉名花，及寻常植物，无不略备，足资教授时之参考，休息时之游观。

其教师皆学行兼优，饶有经验，而又不自满假，勤勤恳恳，有诲人不倦之风。

其生徒则活泼而不入于叫嚣，镇静而不流于拘束，动循规矩，自治有方。……①

课文描绘了一幅生动的、令人向往的理想小学生活之图，物质环境的最大特点是整洁美观、安排有序，师生行为均合尺度，相比清末小学国文教科书建构的学堂蓝图丰富精彩得多。其他一些课文还述及小学校对于当地社会的贡献。如下文：

村中有初等小学，校舍清洁，课程完备，教法颇良，故附近各村，多送子女，来学于此。久之，一乡之人，无不识字者。②

当然，上述只是教科书编写者描绘的一幅蓝图，当时现实中的小学校物质条件、师生品行以及社会贡献还远未达到这样的理想状态。那么，民国初年的几套小学国文教科书如何从各个方面构建儿童的学校生活？与儿童真实的学校生活相比较有何差异？各套教科书之间又有何差别？上述问题有待我们深入课文细细品读与分析。

---

① 《新编（高小）》第五册 1 课《记某小学校》，页 1。
② 《新制单级（初小）》第五册 36 课《学校》，页 17。

（一）变化中的学校生活

1. 初等小学男女共校

民国建立，《普通教育暂行办法》规定“初等小学男女同校”，这意味着女子开始享有和男子同样的受教育权利，是民国初年教育事业发展的重大进步。教科书插图中出现了男孩子、女孩子同坐一间课室学习的情景，现实中不少初等小学也依章实行男女共校。庄俞于 1914 年 4 月参观北京高等师范附属小学校和北京女子师范附属小学校，两所学校的初小段均同时招收男生和女生，前者男生 111 人、女生 51 人，后者女生 208 人、男生 31 人。[①]男女学生人数上的不均衡反映教育事业发展在民国初年还受到传统惯性的影响。

2. 服装的统一与正规化

清末小学国文教科书插图中，男女学生只在练习兵操时穿制服，其他时间均穿常服，而且不统一，女子在学堂中所穿衣服更是各式各样。在各套初小国文教科书插图中，男学生们穿上了制服，戴上了制帽（见图 3.27），女学生们仍然穿着和清末相似的常服，但衣服和发式趋于统一（见图 3.28）。这些图像与当时教育部的规定相吻合。1912 年 9 月 3 日，教育部公布《学校制服规程令》，规定：“男学生制服形式，与通用之操服同”，“制帽形式与通用之操帽同”，“各学校得特制帽章，颁给学生缀于帽前，以为徽识”。对女学生的制服要求则宽松得多：“即以常服为制服”，“女学校可特制襟章，颁给学生佩于襟前，以为徽识”。男女学生制服在寒季和暑季有规定可选的颜色，同时，“一校中不得用两色”。[②]

---

① 庄俞 . 参观北京师范附属小学校记略 [J]. 教育杂志，1914（4）：13-18.

② 教育部公布学校制服令 [M]// 中国第二历史档案馆 . 中华民国史档案资料汇编（第三辑·教育）. 南京：江苏古籍出版社，1991：61-62.

图 3.27　男学生着制服、制帽

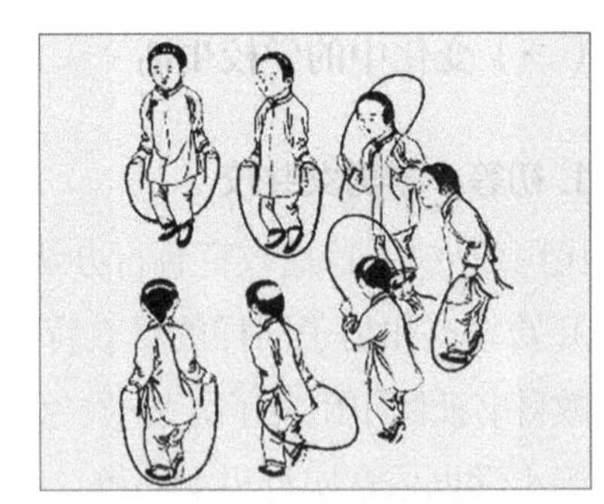

图 3.28　女学生着常服

虽然教育部不强制初等小学照令遵行，对于高等小学不能即时遵行的，也暂准变通办理，不过从此以后，在校学生的穿着以法令的形式规定下来。这不仅使民国学生在读书期间服装趋于统一，成为民国特有的一道风景线，也使得学生在外观上与普通社会儿童相区分，并逐步形成知识人与一般民众相区别的外部标识。女学生虽然以常服为制服，但因其式样和颜色的统一，同样具有区分度。学校、受学校教育之人的特色展现在公众面前。

3. 椅子的人性化

清末小学国文教科书插图中的椅子不是长条凳就是方凳，都没有靠背，而到了民国初年，椅子就有了靠背（见图 3.29）。这应当得益于民国初年教育界人士对儿童身体健康的关注。《教育杂志》第 8 卷第 6 号上登有署名为“希三”的一篇文章，题为《小学校儿童用之桌椅》。文章说：“桌椅为学校用具之一，无校无之。然欲求社会儿童身体之桌椅，遍观各校，百不得一。兹事于儿童身体之健康关系至巨，儿童之筋骨尚未强健，以适当之桌椅规范之，犹惧有不虞之患，岂可以不合之桌椅，贼害其身

图 3.29　学校课椅

乎？”[①]应当说，类似的阐述在陈子褒于清末撰写的《小学桌椅说》中就有，他称尺寸不合儿童身材的椅子为“野蛮之椅”。不过陈子褒只讨论椅子的高低，没有提及椅子的靠背。希三在文章中建议，椅子“必须有倚靠。倚靠之高，以腰椎末节之高为标准，而倚靠之长准椅板之长为合式”[②]。根据上下文理解，文中所称“倚靠”即为靠背，但其高度“以腰椎末节之高为标准”让人有些费解。相比较而言，倒是教科书中呈现的椅子靠背高度及一定的倾斜度更人性化。

4. 改行阳历后的学校假期

民国初年，孙中山下令全国改用世界通行的阳历，这一度导致人们生活上的混乱，教育界也因此受到了一些影响，这恐怕是始料未及的。首要的一个问题是传统节日的混乱。叶圣陶曾在日记中记载：“元月 15 日，元宵节补祝元旦。”[③]即当时人们一度将阴历与阳历混淆，阳历 1 月 15 日当成阴历的元宵节过，另外社会上还有所谓“五月初五已非蒲节，八月十五亦非月圆之夜”[④]的困惑。教育界为适应阳历制做相应调整，改革学期设置（1912 年 9 月教育部颁布的《学校系统令》将一年分为三个学期），改变假期安排（去掉清明、重阳等传统节日假期，阴历新年假期缩短为一周等等），并将有关阴历、阳历的知识通过课文传递给学生。《教育杂志》在 1912 年连续多期刊登有关行阳历后有助于教育界应对的解释和建议文章，如佛龛撰写的《民国元年新学历》依据 1912 年 1 月 19 日《普通教育暂行办法》规定的一年分两学期、3 月入学，做了一学年的学历安排建议，每月的第一天有阴历对照日期；则友撰写的《阳历与学校之关系》对改行阳历后学校可能面临的年月认识、节令与假期安排、教科书等做了解释和建议，还提供了阴历、阳历对照表；沈颐专门撰写《学校年假问题》一文阐明自己的观点。

改行阳历后，教育界人士普遍认为既然阴历节庆与阳历时间不合，而清

---

① 希三 . 小学校儿童用之桌椅 [J]. 教育杂志，1916（6）.

② 希三 . 小学校儿童用之桌椅 [J]. 教育杂志，1916（6）.

③ 商金林 . 叶圣陶年谱长编（第 1 卷）[M]. 北京：人民教育出版社，2004：80. 此处的元月指 1912 年的元月。——作者注

④ 民国元年新学历 [J]. 教育杂志，1912（1）：1.

明、重阳等节令已失其秩序。于是，民国初年小学国文教科书中的一个普遍现象是不再出现有关传统节日的课文，只有介绍春假游公园、放风筝、观走马灯，十月间登高等相关活动的课文。而对于假期，不管是长假还是星期假日，教科书编写者都倾向于要求学生好好利用，“光阴易逝，学问无穷，学者诚欲自修，则假日之光阴，颇宜珍惜”[①]，而不再像清末那样告诉学生可以随意休息。这是民国初年教育界的普遍观点，《教育杂志》多篇文章论及学生如何好好利用假期进行学习。当时教育者对于时间的焦虑感以及对儿童的较高期望再一次表现出来。

（二）仪式：从尊孔到尊师

民国初年的教育宗旨在“尊孔”一项上存在反复，这是众所周知的，不过这一时期的课文中不再出现尊孔祭孔仪式，代之以简便易行、尊重教师本身的鞠躬礼，形式上的变革首先开启。1912年9月，教育部公布《学校仪式规程令》，规定了“祝贺式”“始业式”“毕业式”“纪念会式”四种类型仪式程序。其中始业式、毕业式时学生须向教职员行鞠躬礼。[②]民初小学国文教科书中对此也有介绍。

悬国旗、校旗于校门，诸生着同色之制服，帽缀本校徽章，昂然鱼贯入，集于礼堂。见校长、教员，行鞠躬礼，聆训词而退。[③]

这是学校始业时的集会场面，日常课堂上教师与学生之间所行也是鞠躬礼。

铃声鸣，学生入课堂，各就己位。先生来，学生正立，向先生行礼。[④]（课文插图见图3.30）

---

① 《新制单级（初小）》乙编第七册45课《七曜日》，页22。
② 教育部公布学校制服令[M]// 中国第二历史档案馆. 中华民国史档案资料汇编（第三辑·教育）. 南京：江苏古籍出版社，1991：62-63.
③ 节选自《新编（高小）》第一册1课《学校始业》，页1。
④ 《新制单级（初小）》第三册28课，页14。

图 3.30 学生向教师行礼

课文没有说明教师在学生行礼时如何反应，不过插图告诉我们此时教师回以鞠躬礼。因此，教师与学生间的礼仪是双向的，这体现出师生关系趋向平等的一面，和这一时期儿童在家庭中与成人的关系很不同。

对教师的尊重之“礼”不仅在课堂上，还延伸到校外，儿童在校外遇见先生时也同样要遵循礼仪。

余儿行路中，遇先生。鞠躬行礼，正立路旁。先生有命，儿敬听之。先生有问，又敬答之。俟先生去，然后行。人皆称为知礼。[①]

不过，教育部公布的规程还是将孔子诞日列入纪念会式，虽然对具体程式不做规定，但指出“跪拜及其他宗教仪式不适用之”[②]。可见，当时教育部并不反对学校对于孔子的敬重与纪念，只是反对将其作为宗教偶像崇拜以及反映封建等级制的跪拜礼。而现实中尊孔仪式也并未取消。首先，一些学校仍然进行尊孔仪式。叶圣陶回忆其在民国初年担任言子庙小学教员一职时，学校于开学之日仍“对孔一跪而三叩”，他无奈地感叹“势使然也”。[③]可见在现实生活中学校管理者的观念一时难以转变。其次，教科书所呈现的学校生活虽然形式上没有尊孔的仪式，而实质上仍然将孔孟儒家学说作为务本之学。各套小学国文教科书中仍然保留介绍孔子、孟子及其学说的课文，连代表“教科书革命”的《中华》教科书也不例外，如《孔子》一课被《订正女子（初小）》《共和国

① 《共和国（初小）》第四册 7 课《路遇先生》，页 4。

② 教育部公布学校制服令 [M]// 中国第二历史档案馆 . 中华民国史档案资料汇编（第三辑 · 教育）. 南京：江苏古籍出版社，1991：62-63.

③ 商金林 . 叶圣陶年谱长编（第 1 卷）[M]. 北京：人民教育出版社，2004：87.

（初小）》《实用（高小）》《新制（初小）》《新制（高小）》《新编（高小）》《中华女子（高小）》收入，《孟子》《孔子之大》以及介绍孔林、孔子庙的几篇课文也被多数高小国文教科书收入，至于尊崇孔孟关于孝道、仁义学说的课文更不在少数。这些课文奉孔子为“圣人”，论述其伟大无人能超越。《孔子》一文开篇即说：“孔子者，我国大圣人也。”①《孔子之大》一文中子贡曰：“夫子之墙数仞，不得其门而入，不见宗庙之美，百官之富。”“仲尼，日月也，无得而逾焉。”“夫子之不可及也，犹天之不可阶而升也。”②这些对于孔子的溢美之词绝不逊于清末教科书。正如前文提及的，出现这样的状况除了缘于当时北洋政府强调“法孔孟”，也缘于思想界国粹主义的盛行。不仅倾向于保守的维新派人士（如商务印书馆的主要经营者张元济、高凤谦等人）尊崇儒家学说，不少脱胎于传统教育、受革命思想洗礼的革命党人（如中华书局的创办人陆费逵等）也推崇孔孟之说，他们力图保存国粹、保持国性。一些留学归来的知识人（如蔡元培等）倾向于用孔孟之说来诠释现代“自由”“平等”“博爱”之说，搭建中西思想文化间的桥梁，这也是保持传统的一种倾向。上述这些在新文化知识人看来是文化方面不能与传统彻底决裂、阻碍中国民主进程的表现，正因如此，新文化运动时期才有了对“孔家店”的严厉声讨。

（三）师生与同学：新型关系的建构

1. 师生关系：开始脱离传统

到民国初年的小学国文教科书中，师生关系不再从父子关系衍生，而是成为一种独立的、与父子关系平行的人际关系。《新制单级（初小）》这样阐述师生关系：“父母，生我者也。师，教我者也。故师恩之重，实与父母无殊。吾人童稚无识，得师教诲，则品性日高，学问日进，乃能立于世间，为有用之人。然则师恩乌可忘乎？”③这样的阐述与清末教科书中的建构方式大不相同。在此，师生关系不再依靠亲子关系推衍和确认，教师与父母处于对等地位，各

① 《新编（高小）》第四册 11 课，页 8—9。

② 《中华女子（高小）》第五册 11 课，页 8。

③ 《新制单级（初小）》第六册 28 课《师恩》，页 13—14。

司其职，而不是受父母之托，代替父母行使教育之责，两者共同之处是其对于儿童的恩情。显然，师生关系已从传统的家庭式的人际关系中分离出来，进入公共领域。联系前文所述学校礼仪，师生之间已超越儿童与其他成人的关系，开始建构平等的人际关系。这是教育现代化进程中的重要表现。

民国初年小学校中的教师确实素质参差不齐。一些教师态度和蔼，教法颇佳，另一些则学识无多，对待学生严厉有余和蔼不足，而自己却常常沉溺于樗蒲等游戏。教师素质低下也是民国初年学校风潮此起彼伏的重要原因之一，贾丰臻因此建议提高教师素质，改善师生关系。可以说，即便是现代化的学校，融洽师生关系仍然是重大课题。

2. 同学关系：友爱互助

民初小学国文教科书对于同学关系的建构重点落在“友爱互助”上，不再出现清末小学国文教科书中“勿交损友”一类课文。从有关同学关系的课文分析来看，同学是除兄弟姊妹外较为亲近的关系，他们不仅在校共同学习与游戏，而且因家住得近，平时也多有交往。一起上学以及放学后一起回家，不仅是儿童日常生活中常见的场面，也是教科书编写者提倡的。

东西邻，两学生，一姓张，一姓王。早餐后，同入学。功课毕，同还家。[①]

一起上学、放学还只是简单的交往，民国初年教科书编写者更倡导的是同学间的互相关心和帮助。

汪生好洁，访其友邓生，见痰涕满地，积尘满窗，谓之曰：“我闻师言，人之疾病，每起于不洁。今若此，非卫生之道也。”因助邓生扫地拂窗，一室之中，顿觉明爽。[②]

“好洁”的汪生不因邓生的不良生活习惯而疏远他，而是助其“扫地拂窗”，创造清洁卫生的环境，这样的情谊更显出同学间的平等与关爱。

① 《共和国（初小）》第二册 21 课，页 11。

② 《新制单级（初小）》第六册 12 课《洁净》，页 6。

（四）学校外的求学空间

在民国初年小学国文教科书编写者看来，儿童在学校中的学习并不足以应对将来的社会生活以及担负的社会责任，因此，充分利用闲暇时间进行学习、拓展学习空间成为他们倡导的重要方面。民初各套小学国文教科书鼓励学生阅报、到图书馆借阅书刊、参观博物院以及出外游历，认为这不仅能增进国民的常识和学术，更是使国家于世界竞争中立于不败之地的重要途径。《中华女子（高小）》第五册《常识之养成》一文论述的正是这层意思。

近世交通便利，各国往来，几如邻里，己国之与人国，其关系也至深，其竞争也至烈。为国民者，苟欲图生存，求竞进，则本国情形，及世界大势，固当了然胸中，视为不可缺乏之常识也。

何则同是国也，或富而强，或贫而弱，皆各有其因果所在，惟洞明时局，互相比较，斯能知己国所处之地位，而为损为益，孰因孰革，不失其宜。否则人已改良，己犹故步，人方急进，己尚徐行，势不受天然淘汰不止。故此等常识，不特男子宜具之，即女子亦未可忽也。……①

学校外的求学空间主要有报章、图书馆、博物院以及无所不包的大千世界。这些空间不仅使民国初年普及民众社会教育成为可能，也拓展了学子们的学习空间，这是中国教育事业超越传统、走向现代化的重大一步。这一号召起于清末，作为一种制度得以落实则是在民初。

“报章所以布告新闻，介绍学问者也。”只要“日费数钱，而五洲大事，毕呈座右”，使人“足不出户，而闻见所及，无远弗届”。由此，“智识以交换而完全，学术以切磋而进步”。②报章的作用即由此管窥一斑。自晚清印刷技术发生剧变以来，各类民间报纸层出不穷，新闻报道的增加、消息之互通，使得学者不再囿于家庭和学堂，见识为之开阔。图书馆、博物院等新式公共设施，则又为普通民众提供了求学的机会，为学者提供了进一步学习的机会。不过，在民国成立以前，图书馆大多为私有，民国初年始成为公共设施。蔡元培

① 《中华女子（高小）》第五册37课《常识之养成》，页27—28。

② 《新制（高小）》第二册17课，页14—15；《新编（高小）》第二册4课，页2—3。

担任民国临时政府教育部长时非常重视图书馆建设与服务的提供，他曾与蒋维乔一同考察南京等地的图书馆。

新媒介和图书馆、博物院毕竟只是在原地获取外界知识，与实地观看所得可谓天壤之别。

人处斗室中，郁郁无聊。一旦出里巷，则豁然开朗，胸襟为之一畅。无他，眼界骤扩故也。

平时得一邱一壑，徘徊其间，目眴而心赏之，以为天下之奇观也。及乎登高山，浮大海，始知前者所见小矣。

方读书时，于其所言胜境，所传都邑，或古人行军之地，鲜不心向往之。一旦亲临其地，则涣然怡然。他如禽虫之形态，花木之荣枯，以及农工商贾之器具，皆得一一目睹。较之观图画者，不尤确而有证乎。①

文中所言与古人所谓“读万卷书，行万里路”是一个道理，对于特别期望儿童学有所成、报效国家的民初教科书编写者来说，游历无疑具有其特别重要的价值。

当然，这样的游历限于男子。虽然编写者认为女子也宜通过阅读报章和书籍、参观博物院等方式增进常识，而且也介绍说欧美女子也通过交际游历的方式获取常识，但转而又说：“吾国女学初兴，交际游历，尚迟迟有待，自未易骤步其后尘。”对于女子求学总是保守得多。不过，编写者支持女子通过阅读译介的国外小说增长见识：“近日出自译籍……风俗事物，皆与我迥别，不免使阅者驰情异域，侈述创闻”，只是“玩物丧志之讥，又在所宜防”。②

报章、图书馆、博物院、游历等在启迪民智方面发挥着重大作用，民国时期很多文人志士就是通过这些途径获取知识，激发改良社会、推翻清政府的热情，参与辛亥革命与新文化运动。

---

① 《共和国（初小）》第八册 57 课《游历之乐》，页 37—38；《新编（高小）》第五册 4 课《学问与游历》（页 3—4）主旨相近。

② 《中华女子（高小）》第五册 37 课《常识之养成》，页 27—28。

六、“共和国民”的社会生活

民国建立，五族共和。为成为合格之“共和国民”，儿童需要逐渐在家庭、学校和社会中培养起社会责任、尚实和尚武精神并成为放眼世界之民，为将来真正走上社会做好准备。

（一）“共和国民”之社会责任

1. 公德：自由之限度

“社会者，以共同生活为目的者也。”[①]要得人人自由之生活，必得尊重人人之权利，这就构成了社会公德。自由生活既要求儿童“自治”“自立”，也要求儿童具备公德心。民国初年小学国文教科书延续清末对于公德的强调，进一步从不同角度阐述、表现儿童有公德的生活。如在公园游玩当知公德：“不特器具陈设，不可毁伤，花木敷荣，不可攀折也，即涕唾之微，亦必力防任意，勿使不洁之习，取厌于人。否则公众之所经营，将为一人之所败坏，就令不为人所指摘。”[②]《共和国（初小）》中《旅馆》[③]一课涉及的是作为旅客对于旅馆环境的保护责任。上述均是在公共环境保护方面的公德。下文是尊重他人自由之公德。

甲生性坦率，高谈大步，旁若无人。乙生屡规之。甲曰：“此我自由，无与他人事也。”他日，二生乘舟赴某地。舟人喧哗，对语不相闻。甲生恨之。乙曰：“子亦知喧哗者之为侵人自由乎？然则子之高谈雄辩，宁异于是。”甲曰：“吾知过矣。”

无何，二生游公园。甲生引吭高歌，手舞足蹈。乙生曰：“子之高吟，不扰人之对语乎？子之舞蹈，不妨人之散步乎？舟中之事，岂遽忘之？”甲生立自责。

自是刻自检束，于大庭广众之间，无大言，无剧笑。见离坐离立者，不敢

---

① 《新编（高小）》第三册 17 课《尊重劳动》，页 11。

② 《新式（高小）》第一册 19 课，页 10—11。《实用（高小）》第 2 册 29 课《爱护公园》（页 19-20）所述内容与之相似。

③ 《共和国（初小）》第八册 28 课，页 18—19。

参于其间。遂以恭谨闻。[①]

不过，这里的公德似乎与传统道德中的“恭谨”混淆了。传统道德中的“谨”有遵从上下次序、不逾矩之意，与西方现代文明中平等原则下的遵从共同规范其实不是一回事。传统与现代之间的矛盾在此又一次显现。

2. 从“泛爱众”到“思天下”：公德之拓展

清末小学国文教科书中就有很多“泛爱众”的“仁”者儿童形象塑造，民国初年小学国文教科书继承了这一传统，不仅塑造了很多爱人之人（如爱父母、老师、兄弟姊妹、同学、老人等），而且塑造了很多富有同情心、爱护生物的儿童形象（如救蚂蚁的古代儿童宋郊[②]，救小羊[③]、救蜻蜓[④]、救小鸟[⑤]、爱护花木的童子等）。这与近世人道主义在本质上非常接近。

尊重人道[⑥]

人，群动之最贵者也，具智能，识理性，远非禽兽所及。中有共由之道焉，是曰人道。人道者，谓不容以非人之道相待也。是以倚势凌人，设计陷人，固为人道所不容。即或见饥困而不救恤，见危难而不扶持，亦非人道正则也。然则吾人欲自保人格，固应自尊重人道始矣。

同时，教科书编写者将“泛爱众”进一步拓展，塑造关爱社会、富有社会责任感的儿童，如《中华（高小）》《新制（高小）》《新编（高小）》《中华女子（高小）》《新式（高小）》共同收入的《仁侠之母女》，《实用（高小）》还收录了清末《最新国文（初小）》中的《童子障堤》。

此外，教科书还通过多篇课文讲述贤者“思天下”（如禹稷、颜子的故事[⑦]，押忽大珠的故事）、“思后人”（如下文的《种树》），引导儿童进一步拓展公德之心。同时，教科书还通过《饥民惨状记》《慈善事业》等课文激发儿童

① 《共和国（初小）》第八册 27 课《戒轻率（二）》，页 18。
② 见《共和国（初小）》第三册 23 课《宋郊》，页 11—12。
③ 见《共和国（初小）》第四册 28 课《母羊求救》，页 15—16。
④ 见《共和国（初小）》第三册 7 课《蜘蛛结网》，页 3—4。
⑤ 见《订正女子（初小）》第四册 27 课《小鸟》，页 19—20。
⑥ 《新制单级（初小）》乙编第八册 27 课，页 14—15。
⑦ 《新制单级（初小）》甲编第九册 1 课《公德私德》，页 1。

同情弱者、帮助弱者之情感和行动。

种树[①]

一老人种树，勤劳不辍。或谓之曰："树之生长不易。此树甚小，翁年已老，翁今种树，尚望食其果耶？"老人曰："昔人种树，吾食其果。今吾种树，亦使后人食之耳。"

3. 共和国民之社会责任

民国初年，教育界对于"国耻"的宣扬不像清末那么强烈，更多的是承认国家存在的不足及与强国之间的差距，积极地、建设性地激发作为共和国民的儿童的爱国心，鼓励儿童承担起共和国民的社会责任。

我国昔时，声名洋溢，约举之，如秦之播威于殊俗，汉之通道于大秦，唐之化行于日本，皆历史所艳称。曾几何时，趑趄不进，反蒙老大之称，殊可耻也。然亦何足为患乎？一国之转移，初无一定，昔既由盛而衰，今岂不能由衰而盛？道在自强而已。

且以吾国地位论之，欲强其国，更有不必自馁者。譬诸一家，凭藉既优，则家虽中落，一经整顿，自不难连云连陌，田舍复完，美奂美轮，门庭如昨。较诸草创，自易见功。但补救支持，非特赖有贤父兄，尤赖有佳子弟。果使通国中人，于国家事业，积极进行，举前此委靡因循之习，一扫空之，则国势勃兴，将无异旧家重振。夫孰敢以门衰祚薄相轻耶？[②]

"供求无缺，受社会之恩；欺侮不乘，托国家之庇。身蒙其利，当思所报。"[③]现在国家要图强盛，就有赖于所有共和国民的共同努力、补救支持。那么，共和国民应承担哪些责任呢？《新编（高小）》中的《责任》一课做了阐释。

……

人生之境地不同，责任亦异，而责任之宜尽，初未尝因所处而殊。如年幼

① 《新制单级（初小）》第六册 7 课，页 3—4。
② 《新编（高小）》第三册 3 课《我国之今昔》，页 2—3。
③ 《新编（高小）》第三册 35 课，页 23—24。

之时，其责任在就学，则各种学科，必一一融会贯通，倘作辍相参，毫无进步，放弃责任之咎，将无可辞矣。

进而上之置身社会而就职业，即当善其事以供众用；效力国家而为公仆，即当守其官以保治安。推之士必明学术以济时，兵必奋忠勇以卫国。盖无论何人，断无食息天地间，而不负责任者。……[①]

民国初年各套小学国文教科书中都有很多关于缴纳赋税、服兵役等内容的叙述和论说，它们共同教育儿童做好将来承担实业、军事方面社会责任的准备。下文便是一例。

范君有子，年二十，已毕业于中学矣。会其地设征兵局。范君谓其子曰："兵以卫国。凡为国民，苟非残废及被刑者，皆宜当兵。汝盍往就征乎？"其子从之。在军三年，奉公守法，未尝懈怠。[②]

但是，各套教科书显然强调儿童的社会责任过多，而强调其权利过少了。

（二）"尚实"与"尚武"：谋生、强国之道

"尚实"和"尚武"是民国初年普通教育的两大宗旨，是有关国家富裕、强盛的重要方面。民国建立之初，内忧外患仍然不减，作为有责任心的教育家，自然希望通过教育培养合格之共和国民，使其担负国家富强之责任。

1. 勤俭守信："共和国民"之实业精神

秉承清末实利教育传统，民国初年教育界继续大力倡导实利教育，目的是通过培养具有实利精神的共和国民，发展国家财力、武力，以便和世界强国抗争。这是立足民国建立之初的国际、国内形势所做的选择。蔡元培指出："今之世界，所恃以竞争者，不仅在武力，而尤在财力。且武力之半，亦由财力而孳乳。""我国地宝不发，实业界之组织尚幼稚，人民失业者至多，而国甚贫。实利主义之教育，固亦当务之急者也。"[③]教科书编写者认为，为儿童提供各类

① 《新编（高小）》第三册 35 课，页 23—24。

② 《新制单级（初小）》乙编第七册 9 课《征兵》，页 4。

③ 蔡元培．对于教育方针之意见 [M]// 璩鑫圭，唐良炎．中国近代教育史资料汇编·学制演变．上海：上海教育出版社，2007：618.

实业知识，“如农业、工艺、商情以及交通诸端，俱述概要，以殖学子自营生计之基础”[①]。因这一时期国文教育同时承担普通知识传授的任务，因此有关实业方面的知识非常之多。不过，对于儿童“尚实”精神的培养来说，勤俭、守信是其最为核心的部分。

对于勤俭守信生活的构建，民国初年小学国文教科书秉持的是清末的传统。从儿童个人生活、家庭生活中的勤劳与节俭递进到社会生活中勤俭品质，其发展一以贯之，这是教科书编写者在“未来生活预备观”指导下的构建。至于守信，其内涵包括儒家文化中的“义”，主要是诚实、守义，以及日常生活和商业领域中的信用。讲述儿童诚实、守义故事的课文有《诚实童子》《不苟取》《守义》《许儿》《戒诳语》等。其次，教科书中的一些实用文体，如借书条、契约的写作方法间接传递了信用这一价值观。有关成年后职业生活中的商业信用故事，主要是刘基写的《漆贾》，这篇课文被反复收录，说明教育者对社会信用的重视。[②]

2. 勇武：“共和国民”之尚武精神

民国初年，国家进入共和时期，按理“与社会主义僢驰”的军国民教育应该“消道”，但是蔡元培分析当时国情“强令交逼，亟图自卫，而历年丧失之国权，非凭借武力，势难恢复”，且要使军人不“永为全国中特别之阶级”，需“行举国皆兵之制”，“以平均其势力”，因此“不能不采”军国民教育以培养儿童尚武精神。[③]

小学国文教科书通过以下途径振奋儿童尚武精神、爱国情感和卫国志向。一是展现儿童兵队游戏、体育活动等；二是讲述动物争斗故事；三是讲述历史上与近世的国内外战争故事；四是讲述历史上及近世国内外军事人才与英雄人物的故事。下面以商务印书馆的《共和国（初小）》《实用（高小）》和中华书局的《新制单级（初小）》《新式（高小）》四套教科书为例，梳理民国初年高

① 《新编（高小）》第一册编辑大意。

② 《中华（高小）》《新制（高小）》《新编（高小）》《新式（高小）》和《实用（高小）》均收录这篇课文。《实用（高小）》中这篇课文的名称为《虞孚》。

③ 蔡元培．对于教育方针之意见 [M]// 璩鑫圭，唐良炎．中国近代教育史资料汇编·学制演变．上海：上海教育出版社，2007：617-618.

小国文教科书通过故事开展尚武教育的概貌（见表 3.2）。

表 3.2 四套小学国文教科书有关尚武课文汇总

故事类型	教科书名称	课文名称
兵队游戏、体育活动	《共和国（初小）》	《击球》《兵队之戏》《运动》《习体操》《夺旗竞走》《笼球》《跳绳》《体操》《掷环》
	《新制单级（初小）》	《竹马》《习武之戏》《体操》《驰马》《拔旗易旗》《抛球》《击球》《踢球之戏》《运动会》《豆囊入笼》
	《实用（高小）》	无
	《新式（高小）》	无
动物争斗故事	《共和国（初小）》	《蚁斗》《驴遇虎》《枭》《蝙蝠》《群蚁》
	《新制单级（初小）》	《猫捕鼠》《鹬蚌相争》
	《实用（高小）》	《蚁说》
	《新式（高小）》	《蚁战》《鸡助》
战争故事	《共和国（初小）》	《夫人城》
	《新制单级（初小）》	《夫人城》《昆阳之战》《鸦片之役》《洪秀全之役》
	《实用（高小）》	《记普法战争》
	《新式（高小）》	《渑池之会》《赤壁之战》《塞木披来之战》
军事人才与英雄人物故事	《共和国（初小）》	《汤武》《华盛顿》《汉武帝》《马援》《班超》《诸葛亮》《唐太宗》《岳飞》《明太祖》
	《新制单级（初小）》	《秦始皇》《汉高祖》《汉武帝》《诸葛亮》《唐太宗》《张巡》《岳飞》《商汤》《周武王》《赵武灵王》《张骞》《班超》
	《实用（高小）》	《岳飞》《孟尝君将入秦》《司马穰苴》《张骞》《秦良玉》《关羽》《班超》《周亚夫》《俾斯麦》《费宫人》
	《新式（高小）》	《晏子使楚》《勃罗斯》《郭子仪单骑见回纥》《罗马武士》《拿破仑》《俾斯麦》《唐且使秦》

从表 3.2 来看，两大出版机构初小、高小国文教科书中有关尚武精神的故事总体非常相似，差别主要表现在以下几方面：其一，儿童兵队游戏、体育活动出现在初小国文教科书中，高小没有。其二，动物争斗故事，初小国文教科书中稍多一些，但与清末《蒙学读本全书》《最新国文（初小）》相比数量上少

得多。其三，对于战争故事，中华书局的国文教科书选录稍多一些。其四，在军事人才与英雄人物故事数量上，各套教科书非常接近，而且岳飞、班超、诸葛亮、俾斯麦等人物的故事不同教科书均有收录；商务印书馆出版的教科书中女英雄形象较多；中华书局出版的《新式（高小）》选取的军事人才及英雄人物和其他教科书差别较大。由此可见，民国初年各套国文教科书都非常重视儿童尚武精神的激发。

民国初年虽然仍有不少女子参与战争的故事，但是教科书编写者认为女子不适宜参与战争，女子卫国责任在这一时期弱化了。《中华女子（高小）》中《爱国》一课即阐明这一观点："女子体质，异于男子，不宜战陈，然其他责任，与男子无殊。且杨氏勖夫婿以守城，立那代父老而侦敌，古今播为美谈。值有事时，固可间接以行爱国之志也。"[①]除了"间接行爱国之志"，妇女还可以通过"产育强敢国民"达成其卫国责任。《中华女子（高小）》中的《斯巴达妇女之美谈》介绍了古代斯巴达的经验：斯巴达妇女以"产育强敢国民为其责任。……由此观之，斯巴达妇女，殆无不以国事为前提者，其立国于群敌之中，版图日拓，狎主齐盟，即谓妇女与有力焉可也"[②]。从这个角度来说，教科书关于女子在产育"强种"方面负有重大责任这一点与清末教科书没有区别。

（三）男女有别的职业空间

对比各套小学国文教科书不难发现，男子与女子的职业生活空间存在较大差异，显示民国初年国文教科书编写者对男女儿童生活空间建构存在明显的性别化倾向。在此以《新编（高小）》和《中华女子（高小）》两套教科书为基础进行对比。选取这两套教科书作为对象，原因有两个方面：一是在民国初年，高等小学实行男女分校，这就意味着教科书内容的对象性非常明确；二是两套教科书编写时间前后相差一年，多篇课文完全一样，一些课文名称一样但最后的阐述略有差异，通过对比不同的课文以及阐述有差异的课文容易发现编写者对于男女儿童职业生活空间建构的意图。

① 《中华女子（高小）》第六册 1 课，页 1。
② 《中华女子（高小）》第六册 38 课，页 32—33。

1. 学习内容方面的差异

《新编（高小）》和《中华女子（高小）》两套教科书有很多课文是一模一样的，比如前文提到过的《务本》《庸德》，其他如《中华民国成立记》《小孤山》《我国地图》《热与色关系之发明》《物质之文明》《印刷术》《我国之交通》《缠足之害》《卖油翁》《赋税》《爱国》《苏彝士巴拿马运河》等有关修身、历史、地理、理科、实业、人事的知识和国民知识、世界知识。这也就是说，在培养男女国民方面，其中一些内容是共通的。不过，两套教科书中还有很多内容完全不同的课文。表 3.3 有助于我们了解差异所在。

表 3.3 《新编（高小）》与《中华女子（高小）》涉及知识领域对照

知识领域	《新编（高小）》	《中华女子（高小）》
历史、军事	禹治水、良马对、管仲、子产、渑池之会、田单以火牛破燕军、勃罗斯、旧华侦敌、邹文季节、吴士、我国之今昔、克虏伯、弦高、郭子仪单骑见回纥、李愬雪夜入蔡州、罗马武士、对楚王问、孙子兵法、庞涓马陵之败、塞木披来之战	韩世忠黄天荡之师、斯考夺、罗兰夫人
地理	黄土、孔林、海岛、出塞、蒙古沙漠、蜃说、苗族、桃花源记、游斯堪的那纳维半岛、南北极、卜来敦记、埃及、喜马拉亚之旅、冰橇、	右溪记、游珍珠泉记、地质、登喜马拉亚山观日出记、真州游桃花坞记、桃源行
理科	斑马、蚁战、动物之彩色、空气之自述、越巫、斯替芬孙、狮、望远镜记、果实、爱提森、蛙之自述、太平洋中汽船、斗狮、天文台、世界之二巨人	齿、蚁、磁、汽、火山、风、镜、祛迷信、辟浮屠、稻、麦、水火、传染病之预防、棉、鹰、银河
实业、职业	捕鲸、葡萄酿酒、漆贾、商战、猎熊、武器、贸易、观刈麦、航海术、专利、捕蝗、守约、樵夫陶匠、原料、广告、卡尼奇、昆虫之农工业、兴学、口技、捕虎、养蜂、鞭贾、题耕织图诗、核工记、南洋诸岛致富强说、用机器殖财养民说、考旧致新说、律师明训、叶成忠、杨斯盛、武训、托拉斯、利用外资、书吴道子画后	衣服、裁缝、食物、图画、造花、矿产、刺绣、女子职业、女工、看护妇、斯密亚丹、通商、国货、富、保险、火器、学作、蒙养园、纺织、养蚕、机器、毛织品、制麻、纺纱机之发明、人工孵鸡、曹大家、书陈怀立传神

续表

知识领域	《新编（高小）》	《中华女子（高小）》
人事	学校始业、记某小学校、择交箴、饥民惨状记	公园、交友、馈赠、礼之用、宴会、豢鸡妪、礼貌、闲谈、礼意
家庭、家政	居室记、别籍异财议	邹瑛、居室、宽待佣役、杨万里妻、和睦、乐羊子妻、介之推之母、敬姜、家计簿记、家庭之幸福、惜物、爱子、教子、家庭教育、家族之制、家规、婚姻、良妻、孟光、舅姑、婴儿之保育、种痘、针之自述、补衣、居处之卫生、烹饪
国民知识	人群、进步、国性、自由、征兵、内治、外交、责任、民权与国权、殖民、种族、地方自治、政党、宪法、我国之约法、司法	国旗、合力、政体
世界知识	和平与战争、美禁华工、世界之航路、海权与海产、文明国之战例	英民之特性、鲁滨孙、达尔文

注：此表所列为两套教科书不同课文，相同课文未列入。

表3.3显示，男女儿童在学习知识的领域方面有很大差异。男性儿童学习更多的历史、军事、实业（包括发明）方面的知识以及国民知识（包括政治、外交、法律等）、世界知识，而女性儿童学习更多的人事、家庭、家政方面的知识，实业知识主要集中在女工方面，国民知识则非常简单。这些不同领域的知识也就意味着将来职业领域选择上的重大差异。在女性职业方面，教科书中提到的有纺织、制衣、刺绣、制花等女工[①]，以及幼稚园教师、看护妇等职，而没有提到诸如政界、商界、法律界职业。这些观念与陆费逵《女子教育问题》中的观点基本一致。陆费逵认为，女子职业“以女子性质能力可胜任又不为社会所障碍者为断，如农家之养蚕，工业之裁缝、刺绣、纺纱、缫丝、订书，学校之教员，以及图书家、著作家等。不能为政客，不能为军人，不能为工程家，以女子性质能力不宜也。不能为商业家，以吾国社会习惯不宜也”[②]。《中华女子（高小）》中的《女子职业》一课介绍了欧美女子从事的职业，她们

① 《中华女子（高小）》第三册6课《女工》，页4—5。

② 陆费逵．女子教育问题[J]. 中华教育界，1913（5）：57-60.

除了当教员、保姆、医生、宣教师，亦参与商家贸易、报馆主笔、邮务电话等局之执事，教科书编写者认为那是因为她们“学问既进，品格既高，凡诸职业，为其才力所胜，自不妨参与其间也”[①]。这篇课文一方面介绍西方女子任职范围的扩大，认为可为中国女子效仿，但其中也暗含了另一层意思，即欧美女子的学问和品格达到了这样的水平才使她们可能承担这些工作，而中国女子还没有达到此水平，因此无须考虑这些职业。

女子职业选择被局限，看似受当时女子知识和能力水平的局限，事实上主要来自社会上男子主导的观念。一方面，是对女子个性存在认知上的局限，把女子作为群体看待其个性；另一方面，是传统“男主外，女主内”的不平等观念使得教育内容的选择出现重大差异，从而导致“女子能力不适宜这些职业”的预言成真。因此，女子知识与职业空间的拓展有待于女子受教育权利和机会的进一步拓展，女子学识与能力的进一步增强，更重要的则是社会中男女平等观念的进一步改善。

2. 学习榜样的差异

两套教科书中有很多人物故事，他们作为儿童的学习榜样出现。对这些榜样所处职业领域，也即其职业身份进行进一步考察，整理得到表 3.4。

表 3.4 《新编（高小）》与《中华女子（高小）》中榜样所处职业领域对比

职业领域	《新编（高小）》	《中华女子（高小）》
政治	大禹、管仲、子产、宋玉、赵威后（女）	罗兰夫人（女）、赵威后（女）
军事	田单、勃罗斯、旧华、郭子仪、李愬、罗马武士、沈云英（女）、秦良玉（女）、花木兰（女）	韩世忠、沈云英（女）、秦良玉（女）、花木兰（女）
经济		斯密亚丹
工业	克虏伯、朱恕、韩贞、卡尼奇	

① 《中华女子（高小）》第二册 39 课，页 30。

续表

职业领域	《新编（高小）》	《中华女子（高小）》
商业	卖油翁、弦高、叶成忠、杨斯盛	卖油翁
科学技术与发明	斯替芬孙、爱提森	奈端（即牛顿）
文化与教育	孔子、福泽谕吉、武训	孔子、曹大家（女）
艺术	吴道子、伶人、口技者	陈怀立
家庭、无职业或不明	亚衣丹（女）、仁侠母女（女）、侠妇（女）	邹瑛（女）、亚衣丹（女）、杨万里妻（女）、鲁滨孙、乐羊子妻（女）、介之推之母（女）、敬姜（女）、海伦（女）、李侃妻杨氏（女）、孟光（女）、立那（女）、侠妇（女）、盲女（女）、斯考夺（女）、斯巴达妇女（女）

从表3.4中可以发现，女性榜样集中在家庭或无职业这一区域，说明民国初年小学国文教科书编写者总体希望女子做好家庭中的分内事。不过，《中华女子（高小）》为女性提供罗兰夫人、赵威后、沈云英、秦良玉、花木兰等榜样仍然是进步的，至少在局限的职业选择空间之外开辟了一些生活领域。另外值得一提的是，“海伦”这一人物形象虽然职业身份不明，但讲述的是其运用法律争取权利的故事，在女子利用法律维护权利方面也做了开拓，值得肯定。

3. 课文阐述方面的差异

同一课文后的不同评论建构起不同的空间。最有代表性的是《新编（高小）》和《中华女子（高小）》都收入的《慎微》一课。《新编（高小）》第一册《慎微》的最后一段论述是这样的：

> 夫一虫之细，一工人之不谨，其为祸也者若此，天下之患，每起于甚微，而发于所忽，信夫。①

《中华女子（高小）》所收《慎微》则是这样结尾：

> 由是观之，天下之患，每起于甚微，而发于所忽。吾辈居家，如门庭锁轮、

① 《新编（高小）》第一册3课，页2。

爨室刍薪，在在有利害切身之处，不可不慎也。[①]

显而易见，《新编（高小）》论述的落脚点在“天下”，而《中华女子（高小）》论述的落脚点在“家庭”，两者空间相差之悬殊足可见矣。

从上述分析我们不难看出，教科书虽然在某些方面对于女性职业身份、生活空间有所拓展，但其总体上限定了女子生活空间以及发展的可能是不争的事实。可以说，民国初年的女子虽然逐步解除了束缚身体的裹脚布，却还无法解除束缚其生活与职业空间的“裹脚布”。

（四）“世界之民”

作为“共和国民”，教科书编写者希望儿童记住国耻、奋发图强，通过发展实业与军事达到与世界强国抗争的目的。但作为“世界之民”，又需要有更为宽阔的胸怀才能适应世界不断沟通交流的局面。

1.“世界之民”之礼节与胸怀

《新制单级（初小）》甲编第九册中的《待外人之道》向我们呈现了作为一个独立主权国家的一分子对待外国人应具备的礼节，也是“世界之民”胸怀的展示。

有客至，主人出迎客。及至，则敬之以茶。其出也，送诸门外。致拳拳之意。或有无礼于客者，则主人引为大耻，必逊谢引咎焉。非畏客也，敬客之礼宜然也。

国与国相交，其理亦然。吾国与各国订约通商，外人之来我国者，皆客也，必宜敬礼有加，指其迷而恤其困。若强者谄之，弱者侮之，非待客之道，即非待外人之道也。[②]

《共和国（初小）》第八册中的《待外国人之道》中蕴含着人道精神，也可以说是传统“泛爱众”观念的进一步拓展。这一传统始自清末，民国初年继承并发扬，成为“世界之民”教育的重要组成部分。

① 《中华女子（高小）》第一册 28 课，页 18—19。
② 《新制单级（初小）》甲编第九册 36 课，页 19—20。

待外国人之道[①]

虎、狼，至暴也。鹰、隼，至鸷也。然不闻有自相食者，何也？爱其类也。今夫人可以不爱其类乎？一家之人，吾类也，吾爱之。积家而成国，则一国之人，皆吾类也，吾亦爱之。积国而成世界，全世界之人，独非吾类乎？吾奈何独不爱之乎？

未开化之民，往往以他国之人，言语、服饰之不同，风俗、礼貌之各异，以刻酷轻薄之行遇之。及交通既盛，文明大启，始知同为人类。则无论肤色如何，程度如何，皆当待之以道。即不幸两国开战，互相攻伐，然侨寓之商民，宜保护之，被伤之俘虏，宜疗治之。夫两国开战之时，而国人之互相待遇，犹宜如此，则平日可知矣。

此外，对于红十字会的介绍则进一步凸显了此阶段小学国文教科书对于人道主义精神的颂扬。

两国人民，从事战斗，常相仇视。然若已死或伤，失其战斗之力，自不当仍行仇视。死者瘗之，伤者医之，乃人道之当然也。红十字会者，于战争之时，专以救死扶伤为事，始创于瑞士，今则各国多赞同之。吾国入会，在民国纪元前七年，此后遇有兵事，不论本国外国，苟力所能及，无不尽救助之责也。[②]

2."世界之民"的国家保护意识

虽然教科书论及融入国际社会，但相当注重保护古物、保持国性和国民性，以避免被强国同化的危险。这是教科书编写者通过考察英国社会国民特性获得的启发。[③]下面两篇课文是这一观念的集中反映。

国文[④]

今人之言曰：不习外国文，无以周知世界情状，为直接研究科学之需。固也。

① 《共和国（初小）》第八册56课，页37。

② 《新制单级（初小）》甲编第九册35课《红十字会》，页19。

③ 《新制（高小）》第七册23课《英国人之品性》与《中华女子（高小）》第二册31课《英民之特性》两课内容有所不同，但主旨相同。本章第二部分的"时间飞逝的焦虑感与儿童个性改造"小节曾提及。

④ 《新编（高小）》第一册29课，页15—16；《中华女子（高小）》第一册2课，页1—2。

然本国文尤当注重。盖国文者，国粹之一也，相传至四千余年，通行及二十二省。苟国文不达，微特国中应用，扞格滋多，抑且蹈忘本之讥矣。

俄裂波兰，禁用波文。英亡印度，专教英文。……推其用意，无非因国亡而文尚存，则一国遗民，虽屈伏于势力之下，而眷怀故国，耿耿不忘，终难泯独立恢复之想也。然则求国之强，而先弃其文，有是理乎？

国性[①]

国之为国，其能根本深固，历久不敝者，必有其特具之要素，所谓国性是也。

国之有性，犹人之有性然。人性与有生以俱来，国性亦开国而已具。其遗传也，历千百世；其广被也，达亿兆人；其强而有力也，甚于有形之政令。故国性亡则国随以亡，国性裂则国随以裂。征之前代，如辽、金、元、清，一入中原，即失其故俗；印度、波兰，一经摧挫，即不克图存，皆国性未臻充足，或充足而不能保守致之也。

我国为世界古国之一，其并我而建国者，今皆澌灭以尽，惟我国岿然独存，是非国性养之久，积之厚，足以优胜于他国耶？不然，一读世界史，如马其顿、罗马等国，其疆宇之大，人民之众，曷尝让我？何一旦衰落，遂不克复振耶？是可知国性之与国家，实有相为终始者。

虽然，吾国国性，果何物耶？果何自而见之耶？论其全体，则无往不在，不得而名；论其要端，则相得益彰，自有可指。试举其著者言之，则一曰语文，一曰教化，一曰礼俗。三者相合，而国性之梗概可睹焉。

之三者，民生日用之间，习以为常，无足奇异。然一则互传思想，一则育成道德，一则沿为习惯，实足陶镕全国人之心性，而归于一范，完固其独立之质，不容外力之侵损。先民之肇造国性，使多数人民，永联一体，而固结于无形，正不知几经惨淡经营，始克臻此境也。发挥而光大之，则群益强；芟夷而蔑弃之，则群日涣，其效果固有必至者。

今正西方文物盛入吾国之时，势厚力雄，目眙心眩，其将扩张固有之国性，消纳之以助我进化耶。抑忍弃置本来之国性，盲从之以促我沦胥耶？吾人当知所择矣。

① 《新编（高小）》第三册 1、2 课，页 1—2。

在社会转型期，中国处于强国林立之中，是全面吸收先进文化还是保持本国传统，这对于一个国家来说是至关重要又相当有难度的一件事，或许其关键在于审时度势、权衡利弊，为本国的发展之路做出明智的选择。民国初年国家以及教育者做出保存国粹、维持儒家传统等选择确实有其深层次的考虑，未来的“世界之民”也需要深刻思考这一问题。

第四章

新学制时期启蒙教科书中的儿童生活世界（1919—1927）

近代启蒙教科书中的儿童生活世界

1919 年发生在中国的最有影响的事情恐怕是两件：一是五四运动爆发，二是杜威访华。1919 年爆发的五四运动从其源头可以追溯到 1915 年。那一年，陈独秀创办《新青年》杂志，一场以“白话文取代文言文”的新文化运动就此拉开序幕。这次运动首先从文学革命开始。鲁迅、周作人等率先用白话文创作小说和诗歌，胡适、陈独秀更是大力倡导用白话创作新的文学作品，并以此确立标准国语。胡适在《建设的文学革命论》一文中直言文言文是“已经死了的语言文字”，他指出：“我的‘建设新文学论’的唯一宗旨只有十个大字：‘国语的文学，文学的国语’。我们所提倡的文学革命，只是要替中国创造一种国语的文学。有了国语的文学，方才可有文学的国语。有了文学的国语，我们的国语才可算得真正国语。国语没有文学，便没有生命，便没有价值，便不能成立，便不能发达。”他极力主张“要使国语成为‘文学的国语’。有了文学的国语，方有标准的国语”[①]。

这场起始于语言文学方面的革命内在包含着对于儒家传统文化的否定，特别是强调以儿童为中心，要求彻底打破以“孝”为核心的不平等父母子女关系，构建以平等的“爱”为基础的关系。从前一章的阐述中我们发现，进入了共和时代，小学国文教科书虽然强调儿童自治和主体意识，但是由于保守势力的主张和复辟势力的控制，课文从故事叙述到话语方式仍然延续着“父尊子卑”的观念，使得儿童的地位和价值不能真正得到认可。这也就是说，从清末到民初，启蒙思想虽通过各种途径传入中国，但仍无法打破传统的人伦观念，尤其是最基础也是最核心的父子人伦关系。陈独秀于 1915 年创刊《新青年》，并于 1917 年陆续发表《敬告青年》《新青年》等文章，指出青年之于人生、之于社会的价值：“青年如初春，如朝日，如百卉之萌动，如利刃之新发于硎，人生最可宝贵之时期也。青年之于社会，犹新鲜活泼细胞之在人身。新陈代

① 胡适 . 建设的文学革命论 [M]// 胡适 . 胡适文集（3）. 北京：北京大学出版社，1998：59-75.

谢，陈腐朽败者无时不在天然淘汰之途，与新鲜活泼者以空间之位置及时间之生命。”他激励青年做“自主的”“进步的”“进取的”“世界的”“实利的”“科学的”人，[①]当明“人生归宿问题”“人生幸福问题”。[②]这些观点实与清末梁启超撰写的《少年中国说》非常相像。不过，经历了民国初年的复辟，这些呐喊之声又以革命性的姿态出现于社会舆论之中。然而，当时中国社会的问题不仅需要青年认识的革命性转变，更需要对传统父子尊卑关系的革命。1919 年，知识界开始将矛头直指束缚青年的“孝道”。《每周评论》《新青年》《浙江潮》等杂志上刊登的几篇文章振聋发聩，在当时社会上引起轩然大波。其一是胡适于 1919 年发表在《每周评论》上的新诗《我的儿子》，其二是鲁迅于 1919 年以笔名唐俟在《新青年》上发表的《我们怎样做父亲》，其三是施存统于 1919 年发表在《浙江潮》的《非孝》。胡适与鲁迅运用的文体不同，但观点极为一致。他们均立足于人人平等的观念，指出父母生养孩子乃出自天性，并非因此即有恩于子女，更不能因此单方面要求子女报恩。施存统指出：“‘孝’是一种不自然的、单方的、不平等的道德，应该拿一种自然的、双方的、平等的新道德去代替它。”[③]他们三人都力图构建以平等之“爱”为核心的新型父子关系，侧重强调父母对于子女的责任和义务。这些颠覆性的声音不仅引起“圣人之徒”的恐慌，将他们视为“洪水猛兽”，就连倾向于改良传统父子关系的一些学者也无法理解，甚至误以为这是教社会上一般青年“任凭父母老病冻饿以至于死，却可以不去管他”[④]。由“非孝”引起的“一师风潮”更可见“孝道”问题上新旧文化博弈之激烈。破旧立新，在实用主义、工读主义影响下，知识界兴起关于新生活的思考与主张。胡适于 1919 年在《新生活》上发表《新生活》一文，蔡元培于 1920 年撰写的《我的新生活观》等是当时的典型代表。它们号召青年重新认识自己的价值，努力学习、做工，过进步的、有意义的新生活。以上种种与 1919 年杜威访华相对接，形成了整个社会对“德先生”“赛

① 陈独秀 . 敬告青年 [J]. 青年杂志，1915（1）：1-6.

② 陈独秀 . 新青年 [J]. 新青年，1916（1）：1-4.

③ 施复亮 . 我写《非孝》的原因和经过 [J]. 展望，1948（24）：13.

④ 王荣辰，庄慧琳 . 夏丏尊全集：第四卷 · 教科书（开明国文讲义）[M]. 杭州：浙江大学出版社，2021：124. 胡适发表《我的儿子》后，其好友汪长禄即写信与胡适讨论此问题，表达了这样的困惑。这封书信被夏丏尊、叶绍钧收入其编写的《开明国文讲义》中。

先生”的再次呼唤。五四运动“是继承着辛亥政治革命以后的思想革命。有了这一次的思想革命，便将民国初年反动的、守旧的、复古的思想加以肃清，从此再也不能抬头了”①。

新文化运动与教育内部变革的力量汇合，共同推动教育部出台了一系列新的政策。首先是要求初等小学改国文为国语。1916 年，北京教育界人士组织“中华民国国语研究会”，掀起了一个催促北洋政府公布注音字母和改学校“国文”科为“国语”科的运动，提出改称学校的“国文”教科书为“国语”教科书。在新文化运动以及五四运动的推动下，北洋政府教育部成立“国语统一筹备会”，训令全国各国民学校改“国文”科为“国语”科，同时通令修改原来的《国民学校令》，规定首先教授注音字母，改革教科书的文体和教学方法等。1919 年商务印书馆、中华书局、世界书局出版的国民学校国文教科书、读本均以“国语”命名，文体均为语体文（即白话文），高等小学教科书则兼有语体文和文言文。

新学制的颁布使得小学国文教科书编写有了更为直接、明确的依据。不过，社会实际的变革并没有思想、制度变革那样快。当时不少政府部门公文等仍然使用文言，而社会上一些保守人士对于国语仍然持有怀疑态度，因此对于学校教育只采用国语进行教育很不满意。于是，教科书编写与出版不得不考虑这一现实状况，当时出版的高等小学教科书中往往有以语体文为主的“国语”或“国语文”读本或教科书，有以文言为主或纯文言的“国文”读本或教科书，成为这一时期教科书出版的特殊现象。

这一时期非常值得一提的是小学国文教科书中文体的变革。文体的变革，从大方面来说是改文言为语体，就特殊方面来说是特别提出了“儿童文学”这一文类。最早提出“儿童文学”的是周作人。1920 年，周作人在孔德学校作题为《儿童的文学》的讲演，他依据人类学和儿童学理论，认为“儿童有独立的生活”，“儿童生活上有文学的需要”，小学校里应开展“正当的文学教育”，以“顺应满足儿童之本能的兴趣与趣味”，“培养并指导那些趣味”，“唤起以前没有的新的兴趣与趣味”。同时，他提出依据儿童年龄阶段提供适宜的文学

① 陈侠．近代中国小学课程演变史 [M]. 福州：福建教育出版社，2007：37-38.

类型，小学阶段可以提供如诗歌、童话、天然故事、传说、写实的故事、寓言、戏曲等。[①]这一观点在当时引起了很大反响，赢得了普遍认同。这在民国建立不久的1913年、1914年间还是不可想象的事。[②] 1919年，“国语统一筹备会”成立，要求改革教科书文体，之后出版的国语教科书就有了大量“儿童文学”，除保留原有的、属于儿童文学范畴的故事、寓言、科学童话、谜语等[③]之外，出现了白话诗（新体诗）、小说[④]、戏剧等新的文体，一些原先采用说明文方式介绍的知识到这一阶段开始采用抒情散文[⑤]和课文主人公口述[⑥]、对话、做游戏、写信等方式进行介绍，形式上更为生动，也更易引起儿童阅读的兴趣。然而直到1923年《小学国语课程纲要》颁布时，“儿童文学”才作为一种制度化的文类真正进入小学国语课程中。

一、新学制时期启蒙教科书的过渡与变革

本书将新学制时期小学国文教科书分为两个阶段：过渡时期（1919—1921）和变革时期（1922—1927）。1922年，民国政府颁布壬戌学制，小学国语课程纲要随之公布，小学国语科在目的、文体、内容等方面发生质的转变。以这一年为分界点，之前和之后的小学国文教科书存在一定差异。首先，前文已述，1920年民国教育部令各省小学改国文为语体文，然而商务印书馆已于1919年出版国语教科书《新体国语（初小）》。自此始，初小国文教科书全部

① 周作人．儿童文学小论　中国新文学的源流 [M]. 石家庄：河北教育出版社，2002：37-45.

② 周作人曾多次提到，他在1913年写成《童话略论》后将它投至《中华教育界》，过了若干天，原稿退回了，说是不合用。

③ 如中华书局的《新教育国语（初小）》中的多篇课文直接引自前一时期，只是将文言改成了白话，如故事类的《司马光》《文彦博》，寓言类的《守株待兔》《鹬蚌相争》，科学童话类的《煤炭谈话》《滴水旅行》。这也就意味着从清末到民初，小学国文教科书中并非没有儿童文学，而是有，目的也是引起儿童学习的兴趣，但是总体分量不多，而且当时用的是文言，不易于儿童理解，也还没有“儿童文学”这一概念。吴研因在其《清末以来我国小学教科书概观》一文中所持的就是这样的观点。

④ 有些小说相当幽默，如《新教育国文（高小）》第五册19课《太多心了》（页29—33）。

⑤ 如中华书局出版的《新教育国文（高小）》第一册1课《海洋的可爱》（页1）。

⑥ 如《新教育国语（初小）》第五册27课《南京》（页14）中主人公－做布店买卖的骥云从南京回来后和大家讲南京的形势就是一个典型代表。

改用语体文，在文体上与民初小学国文教科书有了本质区别，而且出现了新体诗体裁的课文。其次，杜威进步主义教育哲学及五四新文化运动的影响已在教科书内容上留下痕迹，比如《新体国语（初小）》中出现讲述“共同生活”的课文，《新教育国语（初小）》中出现有关学校商店的课文，等等。最后，这一时期的小学国文教科书仍随壬子癸丑学制，小学高段为 3 年，因而高小国文教科书均为 6 册。但这一时期的教科书与新学制颁布后出版的小学国文教科书仍有较大差异，主要表现在：一方面，新学制颁布后的高小国文教科书随学制缩短而减为 4 册；另一方面，依据 1923 年小学国语课程纲要要求，这一时期的初小国文教科书中大量出现儿童文学，如童话故事、儿童生活故事、谜语、诗歌等，这是 1922 年之前的教科书所没有的。这一特征一直延续到 20 世纪三四十年代。从上述分析来看，1922 年之前的小学国文教科书虽有变化，但存在时间不长，可视为过渡阶段，而之后可称为变革阶段。

两个阶段有代表性的小学国文教科书见表 4.1 和表 4.2。

表 4.1 1919—1921 年初版的部分小学国文教科书

出版社名称	教科书名称	适用年段	册数 / 册	编写者	初版年份
商务印书馆	《新体国语》	初小	8	庄适	1919—1920
	《新法国语》	高小	6	刘大绅、戴杰、庄俞等	1920—1921
	《新法国文》	高小	6	许国英、范祥善、庄适等	1921
中华书局	《新教育国语》	初小	8	杨达权、张杏娟、李廷慧等	1920—1921
	《新教育国文》	高小	6	朱麟、潘文安、任镕等	1921—1922
世界书局	《新时代国文》	高小	4	秦同培	1922

注：《新时代国文》供高小教学用的共 3 册，第四册为补习读本。

表 4.2　1922—1927 年初版的部分小学国文教科书

出版社名称	教科书名称	适用年段	册数 / 册	编写者	初版年份
商务印书馆	《新法国语文》	高小	4	方宝观、庄适、顾颉刚等	1923
	《新学制国语》	初小	8	庄适、吴研因、沈圻	1923
		高小	4	庄适、吴研因、沈圻	1924
	《新撰国文》	初小	8	胡怀琛、庄适	1925
		高小	4	缪天绶	1924
中华书局	《新小学国语》	初小	8	黎锦晖、陆费逵	1923
		高小	4	黎锦晖、陆费逵、易作林	1923
	《新小学国文》	高小	4	褚东郊、刘佩琥、朱文叔等	1924
世界书局	《新学制初级国语》	初小	8	魏冰心	1924
	《新学制高级国语文》	高小	4	魏冰心	1925
	《新学制高级国文》	高小	4	秦同培、陈和祥	1925

二、儿童的自我解放

（一）儿童之独特价值

真正把儿童视为独立于成人的“人”来看待始于新文化运动。传统儒家文化置儿童于被动、服从地位，这不仅导致儿童自身价值的丧失，更导致社会进步的滞缓。新文化运动从本质上来说要改变的就是这一状况。新学制时期的小学国文教科书中儿童服饰、对自由的认识以及儿童个人修养方面的转变，都表明教科书编写者对于儿童作为独特个体和群体的价值的重视。

1.“蝴蝶结”“海军衫”

1919年前后的小学国文教科书插图中最大的一个变化表现在儿童服装和发式方面。这一时期的插图中儿童很少穿着制服（只偶尔出现在体操课、日常生活中），而是以常服（普通长衫或两件套便服）为多。到新学制颁布后的小学国文教科书中，开始大量出现改良服饰和新服饰。服装的改良主要表现在不论男孩或是女孩，衣袖、裤腿都比以前短了很多，特别是女孩的上衣，长短已与男孩无异（见图4.1）。女孩的发式也发生了较大变化，她们不再盘发髻，代之以两条小辫、齐耳短发、一条长辫或披肩长发（见图4.2、图4.3、图4.4、图4.5）。儿童穿的鞋子也有了变化，从以前的布靴、布鞋变成皮鞋或是轻便的松紧带跑鞋。新服饰包括一些女孩穿的花衣服、连衣裙，开始扎蝴蝶结，一些男孩穿海军衫、戴着新式的帽子（见图4.2、图4.6）。这是之前两个阶段的小学国文教科书没有出现过的。这些形象应当来源于当时儿童实际的服饰和发式。服饰的改良和创新意味着一个新的时代的来临——儿童已经被作为一个特殊的、不同于成人的群体来考虑，成人开始专为儿童设计服饰，依据他们活泼、好动的特点而设计，而不是像清末那样完全是大人衣服的翻版。美国传教士何德兰曾这样描述中国孩子的着装：“他们穿的衣服全都是同一种样式，与他们父母或祖父母的衣服没什么两样。没有短裙，没有短裤，没有涎兜，使他们看起来缺乏孩子气。”他由此总结：“中国的孩子都是小大人。他们从小就熟悉那些塑造他们的品行和规范、他们日后生活的各种行为准则。”[①]民国初年兴起的学生制服虽然能满足便于活动的要求，但是与儿童活泼的性格并不相符。

图4.1 穿短衣裤的男孩女孩，扎两条小辫的女孩

图4.2 穿海军衫的男孩，穿连衣裙的女孩

① 泰勒·何德兰，坎贝尔·布朗士．孩提时代：两个传教士眼中的中国儿童生活[M]．魏长保，黄一九，宣方，译．北京：群言出版社，2000：38-39.

图 4.3　剪短发、扎蝴蝶结的女孩

图 4.4　扎一条长辫的女孩

4.5　烫发、扎蝴蝶结、扎一条长辫的女孩

图 4.6　戴礼帽的男孩

关于女孩子头发上扎蝴蝶结的问题还需进一步探讨。如果说从清末到新学制时期，儿童的衣袖逐步变窄、变短是出于做事便利而对传统服饰不断改良的结果，特别是非常适合儿童活泼好动的天性，那么蝴蝶结则与中国传统服饰没有关联，纯粹是舶来品了。自从留洋归国的学生日益增多，蝴蝶结作为外国儿童的时尚饰品传入中国，成为女孩子们的一种时髦的装饰品。不过，大大的蝴蝶结配上传统的服装，看起来并不是那么协调（见图 4.7），如同西方的价值观嫁接到中国传统文化中一样。比较商务印书馆、中华书局、世界书局三家出版社出版的初小国文教科书可以发现，中华书局出版的教科书中的儿童服饰更传统，商务印书馆和世界书局出版的教科书中的儿童服饰显得更新潮。

图 4.7　穿传统服装、扎蝴蝶结的女孩

2. 属于儿童的名字

从清末到民初，小学国文教科书中的儿童基本只有姓而没有名，大多被称呼为“张生”“王儿”“董女”“吴女”之类，甚或连姓都没有，只称为“某儿”“某女”“甲女、乙女”“甲、乙、丙”等。这意味着什么呢？我们知道，姓是家族的代表，名则是个人的代表，“有姓无名”从某种意义上说明儿童被看重的是隶属于家族、家庭的身份，至于个人是谁并不重要。有所例外的是《新订蒙学课本》，虽然大多数课文中的儿童同样被冠以上述称呼，但是间或有几个主人公有姓有名，这些名集中为两个字——“贤”和“慧”。这一现象说明的是教科书编写者对儿童修养的期待，因而不能算是对儿童独特性的认可。从1919年编写的教科书开始，情况有了重大转折，课文中的儿童拥有了自己的名字，而且名字相当多样。如《新教育国语（初小）》中的“明晖”“文华”“素馨”“柔生”，《新小学国语（初小）》中的“君哲”“阿寿”“梅丽”“小兰”，《新学制国语（初小）》中的“爱芳”“菊秋”“文九”“爱群”，《新学制初级国语》中的“春生”“汪四”“壮志”“彩珠”，等等。相比较而言，《新体国语（初小）》中的儿童姓名绝大多数还沿袭清末民初时的惯例，有名字的儿童少得多。在取名字方面最用心的当数中华书局出版的国语教科书，它不像其他书局的教科书那样用“某三”“某四”之类的便利的姓名，而是有的用大名，有的用小名，《新教育国语（初小）》甚至把前五册课文中的儿童——钱明晖、郑康、李菊生、郑超贤、孙日新、周觉——前后联系起来，到第六册时让他们同时出现在同一个班级里开谈话会，构建起一个班集体的情境，体现出教科书编写者对于儿童的重视和课文编写的别具匠心（课文参见本章第五部分“没有围墙的学校生活”中的“社会实验场”）。

3.“无知”的儿童

如果以民国初年小学国文教科书中的成人眼光来看待，这一时期儿童表现出的最大特点就是所谓的“无知”。自新学制颁布后，各书局出版的初小国语教科书中都有类似的儿童。以下两篇课文是其中的典型。

胡须和牙齿[①]

爱芳问爹爹:"外公嘴上怎么有胡须?"爹爹说:"老了自然有胡须了。"爱芳说:"咦!很小的小猫,怎么也有胡须呢?"

爱珍问爹爹:"外婆嘴里怎么没有牙齿?"爹爹说:"老了自然没有牙齿了。"爱珍说:"咦!很小的弟弟,怎么也没有牙齿呢?"

这不是多了一个吗[②]

先生对学生说:"我国有四万万个同胞。"一个学生急忙立起来说道:"先生!现在有四万万零一个了。"先生很诧异,忙问道:"为什么呢?"学生道:"昨天晚上,我的妈妈,生了一个小弟弟,这不是多了一个吗?"

新学制颁布前出版的《新体国语》《新教育国语》中没有类似课文,而到新学制颁布后类似的课文变得很普遍,其他如《新学制国语(初小)》中的《洗泥人》[③],《叫不倒翁睡觉》[④],《太阳胆子最小》[⑤],《耳朵没有睡》[⑥];《新小学国语(初小)》中的《给他一个父亲》[⑦],《泥小妹洗澡》[⑧],《一只黑一只白》[⑨];《新学制初级国语》中的《替黑猫洗洗白》[⑩];等等。如果以民初教科书中的观点来看待,这些儿童普遍欠缺科学常识,故事发展到最后,成人基本上会给予纠正或是告诉儿童正确的科学原理或结论。而在这些课文中,当孩子提出问题时,成人并没有给予回答。这里包含两层意味:首先是不否定儿童提出的问题,其次是期待儿童自己寻求答案。事实上,根据现代儿童心理学研究结论,这些儿童

① 《新学制国语(初小)》第二册19课,页20。与这篇课文几乎一样的课文有《新小学国语(初小)》第二册26课《弟弟并不老》(页35)、27课《胡子》(页36);《新学制初级国语》第二册47课《小猫怎么会生胡须》(页47)、48课《小弟弟怎么没有牙齿》(页48)。

② 《新学制初级国语》第三册50课,页52。《新小学国语(初小)》第四册4课《多了一根骨头》(页3)与该课文非常相似。

③ 《新学制国语(初小)》第二册16课,页17。

④ 《新学制国语(初小)》第二册17课,页18。

⑤ 《新学制国语(初小)》第二册35课,页38。

⑥ 《新学制国语(初小)》第三册16课,页21。

⑦ 《新小学国语(初小)》第三册7课,页9—10。

⑧ 《新小学国语(初小)》第三册22课,页30—33。

⑨ 《新小学国语(初小)》第四册2课,页1—2。

⑩ 《新学制初级国语》第三册49课,页50—51。

的言行生动展现了皮亚杰所说的前运算阶段儿童“泛灵论”、不守恒等思维特征，与成人的逻辑思维具有本质差异，但又是思维发展必经的阶段。虽然这一时期儿童尚未掌握科学知识，但是这种探究的过程和精神对儿童的认知发展来说具有重要意义。基于这样的理解，读者在阅读课文时所感受到的就不再是儿童的无知，而是天真、可爱，作品也显得更有趣味了。

一个疑问是，这些课文会不会被当作笑话来讲给儿童听？如果单看这几篇课文，则存在这样的可能性，但是看了下面这篇课文恐怕情况就不同了。

可怜的钟[①]

书房里的壁上，挂着一口时辰钟。这天，馨儿站在钟旁，一声不响，望着那摇来摆去的钟摆。爸爸走进房来，馨儿忽然叫道：“爸爸！这可怜的，可怜的时辰钟！”爸爸说：“怎么？……”馨儿说：“你没有看见吗？这口时辰钟，整天整夜的走个不停，从来不见他休息过。爸爸！你让他今晚睡一夜何如？”爸爸听得这个话，忍不住大笑起来。他一看女儿，眼皮包满了眼泪，忙握着他的小手说：“好！今晚我就让他休息一夜，明早再放他走罢。”爸爸立刻把钟摆停住，哄着馨儿睡觉去了。第二天一早，爸爸走到馨儿的床前，向馨儿说：“你起来罢！我们去看看时辰钟，睡得怎么样了。”馨儿连忙跳下床来，赤着脚，跟着他爸爸走到书房里；一看那时辰钟，静悄悄的睡得一动不动。馨儿说：“钟儿！你快起来罢，天亮了！”爸爸便把钟摆摇了一摇，时辰钟仍旧“的得，的得”的响起来，他好像对着馨儿不住的说：“多谢，多谢，多谢，多谢……！”

课文中的爸爸在一开始听到女儿要求让时辰钟睡一夜时的反应是“忍不住大笑起来”，显然，爸爸在当时觉得女儿的想法是幼稚可笑的，但当他看到女儿委屈的神情、认真的态度时，他转而理解并同意了女儿的要求，真的让时辰钟休息了一夜，并在第二天早上和女儿一起“唤醒”时辰钟。由此可见，新学制颁布后的初小国语教科书是站在理解儿童思维特点的立场上的。儿童时期的独特性被摆在非常重要的位置。作为教育者的任务不是把现成的知识直接教授给儿童，而是尊重、顺应儿童的认知发展规律。丰子恺曾于1927年撰写《从孩子得到的启示》一文，他从四岁的华瞻欢喜逃难一事中领悟到儿童的认识

① 《新小学国语（初小）》第四册34课，页53—56。

和成人认识的巨大差异，最后总结说："他[①]能撤去世间事物的因果关系的网，看见事物的本身的真相。他是创造者，能赋给生命于一切的事物；他是'艺术'的领域的主人！"他发自心底地感慨："我要向他学习！"[②]这一儿童观已超越了对儿童心理上的认识而达到哲学的高度，是新文化运动后知识人儿童观念的代表。

4. 主动性、个别性与复杂性：儿童成长规律之发现

与民国初年不同的是，本时期小学国文教科书认为儿童成长既来自成人的教育，又受到个体能动性、个别性的影响，其成长不是单一的、直线式的过程，而是具有复杂性。同时，教育不是即时发生作用，而要通过人的自我体悟、自我教育才能发挥效用。《新教育国文（高小）》第五册《忏悔》一课表达的正是对个人成长复杂性的理解：主人公萨姆年轻时自大，不愿意帮年老体衰的父亲去卖书，虽然当时心中也有些懊悔，但终究没有行动，等到他年老时才从良心上深深地忏悔。[③]课文隐含着责怪萨姆年轻时不懂事的一面，同时也反映了一个人的成长过程中复杂的一面：父母的教导并不一定在当时就起作用，一个人的成长最终依靠的是他自己的经历以及由此发展的认识，即一个人的发展必有其主动性。由此，成人外部的教育只能构成个人发展中的一个因素，而不是决定性的、万能的了。

细腻刻画儿童的内心世界成为这一时期小学国文教科书叙事的一个取向，《一个初入学校的孩子》便是典型一例。课文通过大量对主人公——8岁的阿菊——心理的描写，刻画一个缺乏社会经验的孩子第一次离开家到学校读书时的紧张情绪。课文中的一段这样写道：

他被一位女教员抚着肩，很慈爱而且很委婉的问道："你知道你自己的名字么？"他从没有被一个不认识的人这般的询问过，这一来，竟使他全然无法应付。他瞪着一双黑白分明的眼睛，张开了鲜红可爱的小嘴，红着脸，仰着头，一句话也说不出。那位女教师也不再问，携着他的手走到运动场里。他的小手

---

① 他，此处泛指儿童。

② 丰子恺. 从孩子得到的启示 [M]// 丰陈宝，丰一吟. 丰子恺散文全编（上编）. 杭州：浙江文艺出版社，1992：122.

③ 《新教育国文（高小）》第五册 3 课，页 4—7。

感觉着温和的、柔的、爱的接触，和母亲的温、柔、爱一样，不免引起了他的怀疑、恐怖、怅惘，使他的脚步格外迟缓，似乎他在那里揣想道："除母亲外，别人待我也有这样浓厚的爱情么？"①

如此细腻地描写一个孩子的心理状态，这在清末、民初两个阶段的小学国文教科书中是绝没有的。如果不是出于对儿童深深的理解和关爱之心——对于从未离开过家的阿菊来说，一开始到学校的不适应是如此自然，——作者不可能写出这样的作品。这反映教科书编写者儿童观、教育观的重大转变。

联系民初小学国文教科书中对于不同个性儿童的认识，我们会发现很大差异。前一章曾述及中华书局出版的《新制单级（初小）》中一篇名为《戒迟缓》的课文，课文的主旨在于强调迟缓可能带来的严重后果，而不理解这是某些儿童的个性特征，如同前文中的阿菊一样。《新教育国文（高小）》第一册《广益子的笔记——燕和竹的谈话》一文最后总结说："燕有燕的习性，竹有竹的特质，他们都是能够适应环境的。"②在此，儿童作为同样平等的"人"以及多样的、个别的"人"的价值得到了肯定。

以上种种所反映的是同一个问题，即新文化运动使得知识界对儿童的看法发生本质性改变，他们终于真正发现了儿童是一个独立且独特的、不同于成人的存在，成人并不优于儿童，相反，儿童在很多方面优于成人。由此，实现了五四运动之后教育领域由"成人中心"到"儿童中心"的"哥白尼式的转变"。

（二）自我解放："自由"之再认识

停留于概念性解释以及过于强调遵守规则的"自由"一词在新文化运动时期再一次被热议。自由到底是外界赋予的还是个人自决的呢？如果是外界赋予的，那么，就要通过抗争获取自由；如果是个人自决的，那么，关键是要找到达成自由的途径。选入《新教育国文（高小）》第一册的《燕子》一课是由胡怀琛撰写的新诗，抒发的即是对自由的感慨。

① 《新小学国语（高小）》第四册 12 课，页 34—41。
② 《新教育国文（高小）》第一册 4 课，页 6—7。

燕子[①]

一丝丝的雨儿，一阵阵的风；
一个两个燕子飞到西，飞到东。
我怎不能变个燕子，自由自在的飞去？
燕子说："你自己束缚了自己，怎能望人家解放你？"

燕子的话发人深思：自由原本并不受外界的束缚，而在于个人的自我解放。这与民国初年选入《中华（高小）》《新制（高小）》中的章炳麟《说自由》一文的观点非常接近："苟欲自由，任受苛罚，亦何不可？"自由，完全在于个人自由之选择：既接受法律作为社会管理的合理性，又不放弃追求更高层次的理想。这也就是革命党人为追求真理和理想，即使身陷牢狱、"把牢底坐穿"也不放弃的力量，其意志之自由、崇高如此。

1. 个人自治

《新教育国文（高小）》第五册有一篇题为《一个睡着过渡的人》的课文，其文如下：

咿呀咿呀，许多人摇橹。
一个人却在船里昏沉沉的睡着，橹声也摇不醒他，浪花也打不醒他。
索郎索郎，好容易船到岸，预备下锚了。
睡着的人居然不费一手一脚的劳力，也身随着人渡了过河。
括达括达，一齐在岸边大道上往前走。
好梦初醒的人，今番再不使出一点腿脚的本能来，可就要落后了。[②]

课文以诗歌的形式含蓄地阐明作为人应当自立而不依赖他人的道理，从含义上来说，与民初小学国文教科书中强调个人自立的叙事文、论说文一致，但因诗的描写生动形象，其更有感染力，意味也更深远。

有自己的主见、不为旁人所左右也是自治、自由的重要方面，在这一点上从清末民初到新学制时期的小学国文教科书都是一致的。新学制时期有个"乡

① 《新教育国文（高小）》第一册 6 课，页 8。
② 《新教育国文（高小）》第五册 16 课，页 26—27。

人卖驴”的故事比较引人注目：里乡人和儿子一起到市上去卖驴，因为路上不同人的评头论足，他们从一开始赶着驴走换成儿子骑驴，又换成父亲骑驴，之后两人一起骑驴，到最后索性放了缰绳任驴子自由地走，结果过一座桥的时候驴子滑了一跤，掉进河里淹死了，父子俩只得没精打采地回去。[①]这是《新教育国文（高小）》里的版本。课文最后一句点评——咳！这乡人自己抱不定主见，随着旁人说短就短，说长就长，所以弄到这样的下场呀！——非常到位。这个故事一再被选入，故事内容和语言表述略有差异，最后的评论也不一定有，但是表达的主旨没有变。[②]

当然，个人的自由并不是没有限制的，毕竟人是社会中的一员。一方面，人处于社会之中，必然要受到法律和道德规范的制约，作为现实社会中的人，守规则仍然是必需的。另一方面，作为国家的一员，人就有了担负国家发展与建设的责任。这两层意思在这一阶段小学国文教科书课文中均有体现。

2. 插上想象的翅膀

处于现实世界里中的儿童，在自治之外还有没有其他通往自由之路？事实上，民国初年蔡元培提出的美育就在为儿童提供达到精神自由的途径，即借助艺术活动，通过想象，使儿童获得情感上的愉悦、精神上的满足。

世界书局出版的《新学制初级国语》在编辑大纲撮要中说：“材料选择，处处顾到儿童生活，低年级供给儿童想象生活的材料，高年级供给儿童现实生活的材料，内容又多可以表演的以助儿童兴趣，并使他的观念确实。”认可、尊重儿童的想象生活是新文化运动中观念上的一大特征，儿童文学正是在这一观念的指导下确立其地位的。可以说，为儿童提供童话故事、满足儿童想象的需要、发展儿童的想象，不仅是理解儿童心理特征的需要，更深层次的是理解儿童自由的需要并为其创造条件。联系本章第三部分关于游戏价值的阐述我们也会发现，儿童，甚至是成人，在游戏过程中能获得充分的自由体验，感受到

① 《新教育国文（高小）》第一册 18 课，页 22—25。

② 《新小学国语（高小）》（第一册 7 课，页 10—12）、《新学制初级国语》（第七册 13 课，页 16—17）都有这篇课文。《新小学国语（高小）》所收的这篇课文语言上精炼了些，没有最后一句评论。《新学制初级国语》所收的这篇课文角色改为磨夫和儿子，路上遇到的人稍有变化，故事语言更加通俗简练，情节方面稍有变化：到后来父子俩是听人劝扛着驴子走，结果过桥的时候绳子断了，驴子掉进河里淹死了。这篇课文最后也没有评论。

莫大的愉悦，这使得游戏具有了审美价值，同时使其成为儿童获得自由的重要途径。

插上想象的翅膀，还有什么能阻挡儿童的自由呢?

（三）个人修养之转向

1.“好小孩”标准之转变

受第一次世界大战以及国内军阀混战带来创痛的刺激，知识界开始顺应世界潮流，倡导世界和平。同时，杜威的学生胡适、蒋梦麟等人留美回国，大力宣传杜威的实用主义哲学，加之杜威本人访华，使得实用主义哲学、进步主义教育哲学风行全国，以儿童为中心、注重生活教育等理念渗透进学制系统。1922 年教育部颁布的《学校系统令》中“只有教育标准而无教育宗旨。……这是此时理解杜威所谓‘教育自身无目的’（Education as such has no aims）一句话所致，所以把国家教育宗旨和各级学校教育目标都废弃了”[①]。七条教育标准包括：适应社会进化之需要；发挥平民教育精神；谋个性之发展；注意国民经济力；注意生活教育；使教育易于普及；多留各地方伸缩余地。虽然新学制没有规定教育宗旨，但是其中的“谋个性之发展”对于明确培养目标还是具有指导意义的。本阶段小学国文教科书对于“什么样的儿童是‘好儿童’”仍然有一些探讨，试图勾画新时期儿童的新形象。《新学制国语（初小）》第四册《我愿做个好小孩》就是典型的一篇。

我愿做个好小孩，身体清洁，性情爽快：无论走到那里，使得人人爱。
我愿做个好小孩，举动文雅，说话和蔼：无论走到那里，使得人人爱。
我愿做个好小孩，读书认真，做事不懒：无论走到那里，使得人人爱。
我愿做个好小孩，诚实勇敢，有过能改：无论走到那里，使得人人爱。[②]

在其他有关“好学生”的课文中也能发现对于儿童的要求，如《新学制初级国语》第一册的一篇课文：

---

① 陈侠. 近代中国小学课程演变史 [M]. 福州：福建教育出版社，2007：39.
② 《新学制国语（初小）》第四册 24 课，页 26。

好学生，好学生，身体强健，读书认真，处处有精神。①

《新学制初级国语》第三册《我愿做个好学生》写道：

我愿做个好学生，读书写字，样样都精；扫地揩台，件件都能。
我愿做个好学生，手面清洁，衣服齐整；性情直爽，说话公正。
我愿做个好学生，身体强健，心思灵敏；待人和气，做事谨慎。②

上述三篇课文共同提到的标准只有读书方面，或认真或有精神；两篇课文提到的标准有身体清洁、身体强健、性情爽快、说话和蔼或待人和气、做事不懒或能做事、诚实（或公正）几项；只有一篇课文提到的有举止文雅、勇敢、有过能改、有精神、心思灵敏、做事谨慎。不过，课文中未提及的并不是整套教科书不注重的方面。比如，《新学制初级国语》中未提到勇敢和有过就改，但《新学制高级国语》中有《除三害》《勇敢的母女》《勇少年》等课文。与前两个时期相比，身体清洁、诚实、勇敢、认真学习、勤劳都是沿用下来的，性情爽快、举止文雅、说话和蔼则是新增的。新增的这些部分是对儿童个性方面文明性的要求。和清末民初小学国文教科书中提倡的传统道德修养相比，孝悌、谨言慎行等项除了在《新体国语（初小）》《新时代国文（高小）》中仍作为儿童个人修养的方面外，其他教科书均未涉及。自治自立、勤俭、坚忍、诚实、智慧、责任感等仍然作为品行的重要方面被强调，《勤训》《俭训》《诚实童子》《司马光》《文彦博》等故事到新学制时期仍为多数教科书选录。由此可见儿童个人修养的核心方面在教科书中得以不断传承。

对于儿童个人修养目标需要特别加以阐述的有两个方面，一是活泼、有精神，二是勇敢。

强调儿童活泼、有精神，是新文化时期将青少年的朝气重新挖掘的一个反映。由于重视儿童心理特点，儿童时期活泼好动的特点得到鼓励，这也是本阶段教科书中儿童游戏再次大量呈现的一大原因。（关于儿童游戏问题本章第三部分还将进一步探讨）这是新学制时期儿童修养的新内容。

① 《新学制初级国语》第一册 29 课，页 29。
② 《新学制初级国语》第三册 21 课，页 21。

各教科书的插图强调身体动态，《新学制国语（初小）》编纂大要提出："（插图）多画连续的动作图，减少静止的景物。"儿童游戏、运动时的动态特征所凸显的是儿童活泼好动、朝气蓬勃的个性（见图 4.8、图 4.9）。

图 4.8 儿童形象（一）

图 4.9 儿童形象（二）

这些体态自然、活泼的儿童与清末小学国文教科书中低眉顺眼的儿童、民初小学国文教科书中过分建构的抬头挺胸的儿童形成鲜明对照。几套小学国文教科书插图相比较，《新制国语（初小）》及《新学制初级国语》中两套教科书的画风比较接近，儿童形象活泼、自然，有朝气（见图 4.10、图 4.11），而《新小学国语（初小）》中的插图显得较为粗糙，儿童形象呆板，缺少生气（见图 4.12）。将儿童画得活泼、自然，非有一颗童心不可。

图 4.10 儿童形象（三）

图 4.11 儿童形象（四）

图 4.12 儿童形象（五）

"勇敢"这一品质自清末新式小学国文教科书就开始强调，本书第二章曾提到《蒙学读本全书》《最新国文（初小）》中很多动物争斗故事强调的是"英勇"，目的在于激发儿童的尚武精神。到了新学制时期，勇敢依然是教科书强调的方面，但更注重从儿童的年龄特征、生活实际出发。《新学制国语（初小）》第六册《哭小孩》[①]、《谁是勇敢者》系列故事[②]向儿童诠释“什么是勇敢”“怎样才算勇敢”。对于小学阶段的儿童来说，四篇课文中涉及的不怕痛、不怕黑、不怕狗等就是勇敢的表现。此外，不怕困难[③]、有错就改[④]等也是勇敢的表现。前文提到的那些能向成人提出问题的儿童也属勇敢者表现之列。

这里值得一提的是母女二人冒雨救火车的故事。这个故事自清末起就收入小学国文教科书[⑤]，几乎没有中断。不过，除课文名称不断变化外，课文宣扬的核心价值也有所转变。故事讲述的是美国某地母女二人发现铁路桥因大雨坍塌，于是冒雨燃火向火车司机发出警告，最后挽救了一车人的性命。这篇课文在民初的小学国文教科书中均以《仁侠之母女》为题[⑥]，价值在仁慈、侠义两个方面。到了新学制时期，课文名称就变得非常多样化，如《仁勇之母女》《勇敢的母女》《冒雨救危车》《速停车》《救了不少的性命》等。这些课文名称有的突出核心价值——仁慈和勇敢或单纯勇敢或是人道主义精神，有的描述母女二人的行动或结果。课文所强调的核心价值从新学制前较为集中的仁慈、侠义到新学制颁布后的多样化：侠义被排除在外，仁慈被保留，并且更倾向于勇敢，同时强调其舍己为人及人道主义精神。

2. 自我修养之方法

基于儿童自治的主张，本阶段小学国文教科书中为儿童提供了品格自我修

① 《新学制国语（初小）》第六册 33 课，页 50—51。

② 《新学制国语（初小）》第六册 34—36 课，页 51—57。

③ 如《新小学国语（初小）》第六册 17 课《一个不畏难的孩子》（页 49—54），讲述的是一个孩子去一个商店应聘做助理店务的学习生，店主给十几个孩子出考题：只要能用手杖在三次中有两次击中钉在柱子上的钉子，就可以成为学习生。所有的孩子都不能完成，只有一个孩子不怕困难，在家中苦练，等到能准确击中时再去店里应试，最终成功了。店主感动于他的不畏难，招收他做学习生。这个孩子后来当了店里的经理，他的忠实、能干、不畏难得到很多人的赞美。

④ 周处的故事被多套教科书选录，如《新学制高级国语文》第一册 15 课《除三害》（页 19—20），《新法国文（高小）》第四册 5 课《周处之改过》（页 6—7），《新撰国文（高小）》第四册 1 课《周处之改过》（页 1—2）。

⑤ 商务印书馆出版的《最新国文（高小）》首先选录此课，课文题目为《两女救汽车之难》（第三册 15 课，页 17—18）。“火车”在清末及民初小学国文教科书中均称“汽车”，因其以汽力为动力。－作者注

⑥ 这篇课文一直被中华书局的高小国文教科书选录，《新制（高小）》《新编（高小）》《中华女子（高小）》《新式（高小）》中均有，课文名称均为《仁侠之母女》。

养的方法。

其一可称之为“放豆子法”。如出自《新体国语（初小）》第五册的《自修的故事》。

赵某自修的工夫很好。他预备三只罐子，一只放着黄豆，一只放着黑豆，一只是空的；做一件善事，就丢一颗黄豆到空罐子里去；做一件坏事，就丢一颗黑豆。起初黑豆比黄豆多；后来黄豆比黑豆多；不到一年，只见黄豆，不见黑豆了。[①]

这一方法将所做好事和坏事及其相应数量用不同颜色的豆子直观呈现出来，适合初小儿童用以自我修养。不过，这一修养法仅出现这一处，其他初小国文教科书中没有出现。

其二是日记法。如商务印书馆《新法国语（高小）》第一册的《日记》。

什么叫做日记？把每天说的话，做的事，记在簿子上，这就叫做日记。还有国家的政事，社会的新闻，也都可以记载的。就是天时的阴晴，气候的寒暖，也不妨记上，可以备日后的考查。

日记最大的用处是什么？是为着一个人生在世上，他的言行得失，学业进退，境遇盛衰，不可没有一种惩前毖后的法子。没有日记，就是记忆力最好的人，也不能不忘记的。有了日记，不时的翻开来看，以前的是非，“一目了然”，那么以后的立身处世，就可以有些警觉了。[②]

该文的观点重在记“言行得失，学业进退，境遇盛衰”，以“惩前毖后”，这便是使个人修养趋于完善的方法。这与民国初年中华书局出版《新编（高小）》所选清代唐秉钧撰写的《日省簿记》[③]意图相近，将日记作为君子修身的重要载体，重在检点自己的言行。不过唐秉钧所述范围更为广泛，把饮食、出入[④]方面的自我反思与控制也囊括其中了。

《新法国文（高小）》第一册《日记之功用》则又借用苏子由的观点，以

① 《新体国语（初小）》第五册 14 课，页 14—15。
② 《新法国语（高小）》第一册 22 课，页 27—28。
③ 《新编（高小）》第四册 17 课，页 12—13。
④ 出入，原文指财物方面的出和入。

“可记”“不可记”作为区分“可为”“不可为”的标准来修身。

苏子由有云：“案头置一卷历，旦昼之所为，幕夜必记之；不可记者，其事不可言，即不可为也。”此修身之良法。近人作日记，谓可备查检，可练习记事文；以此言日记，不足尽其用。盖凡事不能出诸口者，始不能笔之于书；苟以其不能书而遂不敢为，则日记之有关于人品者，岂浅鲜哉！①

文中提及的“近人作日记，谓可备查检，可练习记事文”，所指似乎是中华书局出版的《新教育国文（高小）》提及的观点，其第一册《日记》一课这样写道：

我们现在所做的事，过了许多日子，就要记不清楚，这是很不便利的。倘使把所做的事，逐天记出，——就是做成日记——遇着记不清楚的时候，就可以检查；并且借此可以练习缀法，增进学问：岂不是“一举两得”的么！

但是一个人的事情很多，究竟哪些是应该记的呢？约略说说：和别人重要的说话，要记的；有益于品性的事情，要记的；心里有疑惑，要记的；和朋友交际，及书信往来的日子，要记的；总之不论看着什么，听着什么，只要是有益，都可以记的。……②

确如《新法国文（高小）》中所言，其认为日记的主要功能在于检查和练习缀法两项。在此，日记主要是作为练习写作的方法，“不论看着什么，听着什么，只要是有益，都可以记的”。这样的说法对于儿童写作上的畏难情绪来说是一剂良方。不过，我们也可以注意到，文中提到的“只要是有益”一句说明编写者对于日记的功用还是有价值倾向的，而这一建议，在不经意中提示了儿童通过日记来修身的方法。

上述两种方法均为商务印书馆出版的小学国文教科书倡导的修养法，由此可见，商务印书馆的编写者更多地保留了儒家传统。

① 《新法国文（高小）》第一册 5 课，页 5。

② 《新教育国文（高小）》第一册 3 课，页 4—6。

三、儿童游戏的再发现

（一）游戏价值之再发现

民初的小学国文教科书过多强调儿童作为共和国民的责任，强调群体性游戏在培养儿童智慧（主要是知识和技能）、争胜、合卫生与审美体验等方面的价值，对儿童个人自由游戏在愉悦精神方面的价值加以弱化。同时，在高小阶段视游戏为与学业和生计的对立面。在新学制颁布前的《新体国语（初小）》中，儿童游戏仍然有强调知识的倾向。如第三册中的《兵队模型》《积木》《纸球、皮球》[①]等课文内容都在回答“是什么”“怎么样”的问题，并没有展现儿童游戏的过程以及体验到的快乐。到新学制时期，儿童游戏在精神层面的价值被再一次挖掘出来。[②]《新法国语（高小）》第五册31课《游戏》是最集中的表达。

人要身体强健，精神活泼，使两方面发达均齐，平时不可不有保养之法。怎样的保养呢？就是游戏。不见那呱呱的婴儿晓得要玩具；龙钟的老人，还要着棋栽花吗？实因游戏是一种自然的冲动，不可遏止的。人若长久不游戏，那身体必定衰弱，精神必定萎靡，做事也必定不能勇敢耐久。所以游戏一名词，表面好像是无益之举，实在是恢复疲劳、陶适性情的最良方法。

从游戏的性质上说，有动静两种：动的如踢球跑马等，静的如着棋奏乐猜谜等。

动的游戏，趣味浓厚，可以活泼身体，和悦精神。做惯了这种游戏的人，无论治事求学，必皆活泼泼的。但是这种游戏，多用体力，不能恢复疲倦。

静的游戏，大都属于精神一面；可以治粗暴，消烦闷。但因为多用脑力，不能恢复精神。

由此看来，少年人和劳心者，宜于动的游戏；老人、妇女和劳力者，宜于静的游戏。

从游戏的范围上说，也可以分为两种：一，公共的游戏，如看戏赛马等是；

---

① 《新体国语（初小）》第三册7课（页6—7）、8课（页7—8）、9课（页8—9）。

② 说“儿童游戏精神层面的价值被再一次挖掘出来”是因为清末《蒙学读本全书》就已经有对儿童游戏之“乐”的推崇。详细参阅本研究第二章儿童游戏部分。

一，个人的游戏，如赏花、钓鱼等是。

公共的游戏，可以养成社交、互助、守规律等习惯。

个人的游戏，可以养成独立不倚的性质和高尚的精神。但是趣味淡泊，容易生厌。

由此看来，事务繁琐的人，宜于个人的游戏；普通的人，宜于公共的游戏。

游戏的性质范围，虽然不同，如前所言抑且各有短长；但是他有益于人，无分彼此。要是沉溺不返，无论那种，都有害处，这却不可不知道的！①

从《游戏》一文的阐述来看，作者立足于人对于游戏的自然需要，强调游戏对于人的身体、精神两方面的价值，特别是突出强调了游戏在精神方面——陶冶性情——的价值，还游戏以正当地位，同时肯定个人自由游戏的价值。课文中提及的游戏范围很广，几乎所有可以愉悦身心的活动都被纳入游戏范畴。这与清末《蒙学读本全书》六编约旨中提到的“草虫花鸟”“鼠斗蚁争”“游戏精神”实在是如出一辙了。这篇课文的可贵之处在于，不但肯定儿童游戏的价值，而且认为就连老人、妇女、劳心者、劳力者等也需要游戏，游戏对他们也有益。这样的观点有助于加深对人的理解，进而加深对儿童的理解，因为儿童是“人”中的一类。作者总体上肯定任何一种游戏对于任何人的益处，最后提及的害处也只是在“沉溺不返”这一极端情形之下才会产生。

在这一时期，尤其是新学制颁布后，各初小国文教科书中涌现大量反映儿童游戏的课文，如儿童玩跳绳、滚铁圈、荡秋千、赏花等，如果把童话、歌谣、谜语等能引发学生阅读与思考乐趣的儿童文学算在内，几乎整套教科书都是游戏了。那么，为什么本阶段的教科书编写者会再一次强调游戏的价值呢？笔者认为出于两个方面的原因：一是教科书编写者对儿童独特性的认同，因为儿童需要游戏，游戏正符合儿童身体、精神发展的需要；二是教科书编写者对于培养儿童活泼个性的注重，儿童好运动类游戏，在此种游戏过程中，儿童活泼的天性得以保持和发扬。“孩子就应该有孩子的样”，这与新文化运动伊始所讴歌的“青年如初春，如朝日，如百卉之萌动，如利刃之新发于硎，人生最可宝贵之时期也”相吻合。

---

① 《新法国语（高小）》第五册31课，页49—51。

（二）游戏之传承与变化

从前文所引《游戏》一课，游戏所涉及的种类非常广泛，这与本书第二章对于儿童游戏的分类观点接近，大体可分为观赏休闲类、身体活动类两大类。新学制时期小学国文教科书中的儿童游戏种类与清末、民初小学国文教科书相比没有太大变化，但其中有一种游戏的数量大增，那就是供儿童欣赏、激发儿童想象的儿童文学（如动物故事、寓言、儿歌、童话等）。

本阶段出现了一些新的假想类游戏（如葬鱼）和建造类游戏（建造铁路玩火车游戏、堆小山），是前两个阶段没有出现过的，其他游戏基本上与前两个阶段相同。

四、快乐、民主的家庭生活

新文化运动后的小学国文教科书在儿童家庭生活构建方面呈现出新气象，清末或民初非常强调的“事父母”“为人子之礼”“悦亲”几乎不再出现，“父母之教”“孝顺”得到了很大程度的改良，快乐、民主的家庭氛围得到彰显，儿童在家庭中的地位得到认可，得到的父爱增多。在与客人交往中，儿童也显得更有主见。女子的家庭生活不再主要为婚后生活做准备，如何做贤妻、如何做贤母之类的教导不复存在。

（一）快乐、民主之家庭

1. 快乐的家庭生活

这一时期的小学国文教科书中，“快乐”是儿童家庭生活的基调。课文中的孩子们做着游戏，父亲、母亲在一旁看着，开心地笑着，甚至参与到孩子们的游戏中。

哥哥学飞鸟，弟弟学马跑，姐姐学猫叫，妹妹学狗跳，妈妈看见迷迷笑。①（课文插图见图 4.13）

① 《新学制初级国语》第一册 32 课，页 32。

弟弟穿了爸爸的马褂，挂了胡须，从房里走出来。姐姐笑着说：“你做甚么？”弟弟咳嗽一声，说道：“我是矮老头子。”爸爸从外面进来，看见这个形状，也笑起来了。①（课文插图见图 4.14）

现在天气还热；等到太阳下去了，就在院子里乘凉，大家讲讲有趣的故事，真快乐得很。②（课文插图见图 4.15）

姚文达的弟弟，只有三四岁的光景。有一天，姚文达和弟弟捉迷藏，姚文达叫弟弟躲开，自己去捉他。弟弟想不出躲的地方，急急忙忙跑到母亲身边，把头倒在母亲怀里。姚文达找来，喊着说：“弟弟躲好了吗？”弟弟回说：“躲好了，你来寻吧。”姚文达走来，把手在弟弟的头颈里一搔；弟弟跳起来说：“被你捉住了！被你捉住了！”姚文达哈哈大笑，母亲也笑，弟弟也笑。③（课文插图见图 4.16、图 4.17）

图 4.13 兄弟姐妹开心游戏

4.14 弟弟扮矮老头子

图 4.15 乘凉、讲故事

图 4.16 捉迷藏（一）

图 4.17 捉迷藏（二）

① 《新学制初级国语》第二册 49 课《弟弟做矮老头子》，页 49。

② 《新教育国语（初小）》第三册 3 课，页 1。

③ 《新学制国语（初小）》第四册 6 课《捉迷藏》，页 6—7。

读着这些课文，看着这些插图，任何人都会心情愉快，甚至开心地笑起来吧！多么可爱的孩子，多么快乐的家庭！

《新教育国文（高小）》第六册有一篇名为《早晨的家庭》的课文，该文为独幕剧，展现了从孩子起床到上学这个时间段中一家人的言行与互动。哥哥亨利按时起床，弟弟约翰因前一天踢球太累而不能及时起来；对于约翰的表现父亲有所责备，但不严厉，也没有当即惩罚不能吃早饭，而是告知利害关系，提醒下不为例；当约翰说爱吃肥肉时，母亲会开玩笑说："将来约翰有了媳妇，那就丈夫吃肥的，媳妇吃瘦的。但是倘使媳妇也爱吃肥的，那怎么办呢？"继而全家人都大笑起来。[①]课文描写的是国外的家庭生活，教科书中对于中国家庭的快乐气氛主要集中在游戏过程中，没有一篇课文涉及早餐生活，或许编写者意识到其中的差距，向往如此轻松愉快的氛围吧。

2. 父亲的"回归"

家庭的快乐，其中一大部分是父亲带来的，如前文提到的《弟弟做矮老头子》一课。描写家庭中父亲带来快乐的课文只在清末《蒙学读本全书》《新订蒙学课本》中出现过，清末以及民初其他教科书中都没有。在清末民初小学国文教科书所有叙述父亲或母亲和孩子之间交往关系的课文中，母亲出现的频率更高。这是清末民初"家庭教育为妇女之责"观念的集中体现。到了新学制时期，反映父亲与孩子交往关系的课文增多，也表现出一些变化。

父亲是否在家这一现象在之前的两个阶段中并未加以强调，我们只是看到有些课文讲到父亲在教育孩子，一些论说文说明了"男主外女主内"的家庭分工，男子出外工作是理所应当又是自然而然的，类似"父亲在外经商，一年没有几日住在家中"[②]、"父亲出门，好久没有信来"[③]的情形在清末以来的教科书中非常普遍。但是到了本阶段，父亲"在家与否"被当作一个家庭的重要事件来强调。如商务印书馆《新体国语（初小）》第一册中的一课：

我的父亲，我的母亲，都在家里。[④]

① 《新教育国文（高小）》第六册 12 课，页 17—22。
② 《新小学国语（高小）》第四册 12 课《一个初入学校的孩子》，页 35。
③ 《新体国语（初小）》第三册 35 课《写信寄父》，页 37。
④ 《新体国语（初小）》第一册 10 课，页 11。

这是一篇一句话的课文，“都在家中”所凸显的是父亲“在家”的重要意义。与此同时，“盼望父亲回来”也成为教科书强调的方面。

天晚了！父亲还没有回来；我站在门口，盼望父亲回来。[①]

没有多时，父亲远远的走来；我迎上去，他便拉着我的手，一同走进门。[②]（课文插图见图 4.18）

图 4.18 父亲牵着孩子的手进家门

从上述情况来看，《新教育国语（初小）》是几套教科书中更关心父亲是否在家的一套，这应当与教科书编写者关注父亲在家庭教育中的价值有关。

与“父亲在家”同时呈现的是“慈父”形象的回归。“慈父”形象曾在南洋公学的《新订蒙学课本》中出现过，父亲在教育孩子的过程中方法多样，即使在孩子犯错时会惩罚，但当孩子认识到错误并改正后又能带孩子们一起出门游玩。然而这样的父亲形象在民国初年的教科书中却没有了，总体代之以严肃教导孩子的父亲。到了本阶段，除了与孩子一起开心地笑的父亲，还有理解孩子“泛灵论”的父亲，连司马光的父亲发现司马光不说实话时的态度也不同了：商务印书馆《新学制国语（初小）》第三册、世界书局《新学制初级国语》第三册中都有《司马光剥胡桃》一文（该课在清末民初时为文言文《戒诳语》），课文编写者在描述父亲知道司马光没有说实话时只用了“说道”一词，

① 《新教育国语（初小）》第二册 22 课，页 10。

② 《新教育国语（初小）》第二册 23 课，页 10。

而不是像清末民初小学国文教科书中那样使用“呵斥”一词。[①]

与此同时，父亲和孩子的身体距离也发生了变化。牵手（见图 4.18、图 4.19）、身体俯向孩子（见图 4.20）等表现与孩子亲密联系的插图增多。

图 4.19　父亲牵着孩子的手

4.20　父亲身体俯向孩子

此外，教科书中还出现了父亲和母亲一同带孩子出门游玩的课文，这在前两个时期是不曾出现的。如中华书局《新教育国语（初小）》第二册一课中的文与图。

后来，小孩子病好；他的父亲母亲，带着他，出门游玩。[②]（课文插图见图 4.21）

图 4.21　父母亲一同带孩子出门游玩

① 《新体国语（初小）》中也有司马光剥胡桃这则故事（第四册 14 课《司马光》，页 17），文中仍用“呵斥”一词，可见《新体国语（初小）》虽然已将文言文改成了语体文，观念上却没有转变。

② 《新教育国语（初小）》第二册 13 课，页 6。这篇课文是前一课的延续，所以开头用了“后来”一词。12 课（页 5）内容为：“有一天，小孩子生病；他的母亲，煎药，给他喝。”

3.“有所不知”的父母

与清末、民初小学国文教科书中“百科全书”式的、有问必答的父母不同，本阶段小学国文教科书中的父母显现出非常相似的特点：有些问题直接回答，更多的情况是不回答。不回答的表现非常多样化。

一是父母自己也不知道。比如《新教育国文（高小）》第五册的《植物怎样传布种子？》中，母女二人去田庄，女儿看到农人在割蓟草，询问母亲为什么，母亲就代女儿询问农人，两人一起听农人解释原因。[①]课文没有直接说母亲不知道，但是从后面母亲回答女儿提出的其他问题推测，这个问题确实是母亲自己也不知道的。

二是父母即使知道也不直接回答。比如还是这篇《植物怎样传布种子？》中，母亲通过设问，让女儿先自思考“野樱桃一类的种子是怎样传布的”。当女儿回答“我想这类种子，大半是被鸟类吃了吧”之后，母亲再接着往下作解释。在此，母亲不是只把女儿作为一个完全被动接受的容器来看待，而是给予女儿思考的机会。《新教育国语（初小）》第七册的《邮务谈话（二）》中，当子女不断询问关于该贴多少张邮票的时候，母亲的回答及建议很具启发性：“寄衣服属于包裹类，寄银钱有汇兑法；邮费是看数量的多寡和交通的难易为标准。你们去查看邮务表，便可明白；连那寄明信片的邮费，也可明白；若是看不明白，就可以亲自去问邮政局。”[②]这里，母亲眼中的孩子具有学习的主动性，也更希望孩子通过“看邮务表”“问邮政局”等方式主动接触社会、主动学习，因此并不一一回答孩子们的问题。

三是父母没有反应。这是新学制颁布后的小学国文教科书中更为特殊的一种父母回应子女的方式。比如前文曾经提到的有关老年人的胡须、婴儿的牙齿等课文中，孩子提出很多困惑的问题，但到课文结束时只留下了问题，而没有成人的回应。正如前文分析的，这一时期的教科书编写者不仅认为儿童是一个积极主动的问题探究者，能大胆质疑成人的回答，同时也希望成人在面对儿童的疑问时能鼓励他们进一步探究，而不是提供现成的答案。

“有所不知”一方面反映了当时知识人对于“知识掌握在谁手中”这个问

① 《新教育国文（高小）》第五册13课，页21—23。

② 《新教育国语（初小）》第七册9课，页5—6。

题的理解，肯定不同阶层的人拥有各自的专长，肯定大众在知识面前的平等性；另一方面反映了当时知识人对教育艺术的提倡和重视——在某些情况下，父母“不知”更有利于儿童的发展。

4.“孝”之改良：从“孝顺”到“关爱”与“协商”

家庭快乐氛围的构建，父母的儿童观与教育观的转变，可以说都是从文化层面改造家庭关系的尝试。不过，它们都没有直接针对“孝”这一中国核心传统文化来得深刻。新文化运动中对“孝”的批判影响到了教科书编写。这一时期的小学国文教科书中几乎没有了关于孝的内涵和规范的阐述[①]，“孝”字虽然仍出现在一些课文中，如民初小学国文教科书中就选录的《记孝子比尔事》《曹孝子寻亲记》等，但课文侧重的都不是“顺从”“事亲”“悦亲”之类。叙述儿童家庭生活的课文中出现更多的是儿童对父母的关爱，下文便是一例。

病后的保养[②]

德模的母亲，病已经好了。有一天，他替德模洗了一身衣服；晚上替婉珍裁了一条单裙；还要替朗华缝衣。德模道：“母亲太劳苦了。”他母亲道：“天气渐渐暖和了，你们的衣服，我想趁早预备预备。”婉珍道：“母亲的病刚好，太劳苦了，很不相宜。”朗华道：“请母亲歇歇，明天再缝罢。”

课文的叙述中明显少了说教的意味，多了儿童主动关心母亲的情感，也提供了儿童关心父母时的话语范例。

这一时期对于“孝”的反思是深刻的，不过相对于《非孝》的革命性，教科书中体现出来的更多的是改良、是协商。因为教科书中并没有完全否定“孝”，而是摒弃了“孝”中的“顺”，并调整了“孝”的内涵，使之与儿童的主体性协调一致。下面这篇课文可以说是这一表现的突出代表。

---

① 新学制时期所有国语、国文教科书中只有《新时代国文（高小）》中《孝的真实在》（第二册 12 课，页 11—12）一课是直接阐述“孝”的内涵的。在课文最后虽然仍维护传统“孝道”中“顺亲”“事亲”等方面，不过其也有改良之处，那就是强调父母和孩子之间“慈爱慕恋的天然结合”，即强调亲子间的情感联系。

② 《新教育国语（初小）》第四册 27 课，页 12。

我自决了[①]

玉山十九岁了，在银行里做一个小小的职员，每月有二十元的薪水。他在报纸上看见某大学招考，忽发一想，要去投考；回到家里，看见叔父，就把这个意思，说了出来。叔父连忙说："你这个念头，快快搁起罢！你父亲给你谋着那银行的位置，很不容易。他以为自己已经六十岁的人了，又没有第二个儿子，只望你多赚几个钱，娶一位贤德的媳妇，给他养两个孙子，他就心满意足，并不要你'学富五车，才高八斗'。所以你把进学校的话去对他说，他一定不答应；论不定还要恨你不能体谅他老人家的苦心哩！"玉山听了叔父的话，无可回答；心里却老大不然。

这一夜玉山睡在床上翻来覆去只是睡不着，一时间就生出几个疑问：

第一，我究竟要顺从我的父亲么？

第二，我的责任，难道只有赚钱生儿子两件事么？

第三，我多赚了钱，生了儿子，就算报答了亲恩么？

第四，我读了书，自己有益处，别人有没有益处呢？

他把这几个疑问，在心上盘算了许多时候；忽然跳起来说："我自决了！我自决了！我读了书，不但自己有益处，父亲也有益处；不但父亲有益处，就是社会上也有益处；我读了书，才能够报答亲恩，才能够尽我的责任；赚钱生儿子，并不是什么要紧的事；我父亲虽然守旧，并不是不明事理的人，我决计要去对父亲说。"

明天早上，玉山毅然决然去对父亲说，自己要去读书；他父亲果然不许，并且很生气。玉山就把应该读书的理由，和读了书的好处，细细的解说；说了半个钟头，他父亲也有些明白了，就说："既然如此，你要怎么办，就怎么办罢！我也不来管你了。"玉山才欢欢喜喜的向某大学去报名投考；那银行里的事，自然是不干了。

对于玉山来说，按照自己的意愿行动，必将导致与父亲的决裂；接受父亲的安排则自我无处安放。两难的选择导致其辗转难眠。事实上，玉山思考的四个问题正是新文化运动中知识界对于传统"孝道"的深刻反思，即如何解决自清末以来一直困扰着接受西方自由平等观念的知识人关于"孝"中的顺从与个

① 《新法国文（高小）》第六册语体文 2 课，页 50—52。

人主体性之间的关系问题。玉山最终在父亲的意愿和自己的意愿中间找到了磨合的方法，即协商。他认为“父亲虽然守旧，并不是不明事理的人”，最终“决计要去对父亲说”，告知自己的想法和所做的选择。最后父亲“也有些明白了”，而且说：“既然如此，你要怎么办，就怎么办吧！我也不来管你了。”玉山既争取到了权利，也求得了父亲的理解。可以说，这一抉择并不是翻天覆地的“革命”，而是“协商”，实现的是“改良”后的“孝道”与儿童主体性的统一。这与本阶段小学国文教科书吸纳杜威关于“共同生活”的观念相关联：沟通、协商是共同生活所需的重要条件。同时，这篇课文也说明在孝道面前儿童有选择的自由和权利，既凸显了儿童的个人价值，也肯定了儿童在家庭生活中的平等地位。

教科书最终没有像鲁迅、胡适、施存统那样彻底改造中国传统家庭伦理关系，教科书中仍然介绍着孔子和孟子，对于他们的一些名言仍多加称颂，体现的是兼收并蓄的取向，在一定程度上保持了传统。陆费逵于1918年撰写了《孝道正义》一文，其观点更倾向于保存传统并作改良。陆费逵针对当时论者“以（孝）为害国家之罪魁”，“几视父母皆蛇蝎虎狼”的态度，认为“孝道，为吾国伦理特色，必当保存。惟谬说陋俗必屏弃之”。[①]而其所列孝道可保存的各方面中，已将“悦亲”“顺从”等删去。这一改良性的选择对于延续中华传统来说可能是更为稳妥、更能保存民族独立性的一种选择。

（二）待客：与成人平等关系之建构

新学制时期小学国文教科书传承了清末民初小学国文教科书中勾画的“待客以礼”的传统，不过，其中某些方面发生了不小的变化。首先是“礼”成为儿童与客人都须遵守的规范。《新教育国语（初小）》第二册有一课这样写道：

> 客来了，父亲不在家，我请客坐；又倒一杯茶，请客喝；客去，我送到门口。[②]（课文插图见图4.22）

---

① 陆费逵．孝道正义[M]// 吕达．陆费逵教育论著选．北京：人民教育出版社，2000：211-213.

② 《新教育国语（初小）》第二册38课，页17。

图 4.22 男孩接待客人

虽然课文中没有提到客人的回应，但是插图提供了形象化的诠释，道出了比文字更多的内容：儿童待客以礼，客人以礼回之。当儿童向客人行鞠躬礼时，客人也向儿童行鞠躬礼。在客人眼里，儿童亦是重要的人，需要平等对待。这与民国初年课文插图中成人单方面接受儿童之礼完全不同。

《新小学国语（初小）》第六册还选了一篇题为《怎能怪我父亲出去呢》的课文，说的是后汉人陈寔的儿子——年方七岁的元方——敢于与父亲的朋友论理的故事。虽然说的是古人的故事，但是新学制时期小学国文教科书将其选入，本身代表的就是一种观念的大转变。课文内容如下：

> 陈寔，后汉人。一天，他与朋友约定日中会晤。时间已过，朋友不来，他便往别处去了。午后，朋友来了，陈寔的儿子元方，年七岁，在门外眺望。客问元方："你的父亲在家吗？"元方答道："等先生不来，出去了。"客不惬意的说道："与朋友约会，自己却出去，岂有此理！"元方道："先生约父亲日中会晤，日中不来，已经失信。怎能怪我父亲出去呢？"[①]

元方的表现在清末民初的小学国文教科书中是不可想象的：清末的小学国文教科书强调儿童与成人次序，民初的小学国文教科书强调儿童对成人单方面的礼，除了清末上海会文学社出版的《初等女子国文》中出现女子教母亲之类的课文，其他教科书未出现过与成人据理力争场面的描述。可以说，仅这一篇

① 《新小学国语（初小）》第六册 3 课，页 11—12。

课文就已颠覆了清末民初小学国文教科书建构的固化的儿童与成人之关系。而联系本书之前阐述的儿童与父母的关系以及之后即将阐述的儿童与教师的关系，我们会发现，这些都是儿童与成人关系出现转折的很好的佐证。

（三）演进中的女子家庭生活

1. 从专门承担家事到与男性儿童分担

沿袭前两个时期女子家庭生活中要帮助母亲做家事一项，这个阶段的小学国文教科书中仍有不少类似课文。

洗衣服，洗手巾；洗好了，晾在竹竿上。①（课文插图见图 4.23）

妹妹洗菜，姐姐切菜，一刀一刀的切。②（课文插图见图 4.24）

母亲在廊下，洗衣服；姊姊帮母亲取水；我拿胰子给母亲。③（课文插图见图 4.25）

喔喔喔，太阳上屋。姐姐快起来，起来洗衣服。喔喔喔，太阳进屋。弟弟快起来，起来把书读。④

没有雨，没有风，太阳出来照眼红。哥哥快起来，起来去做工。没有雨，没有风，太阳出来照眼红。姐姐快起来，起来把衣缝。⑤

图 4.23　女孩洗衣服　　图 4.24　女孩洗菜、切菜　　图 4.25　女孩提水、拿肥皂

不过，到新学制颁布后，一部分原本由女子做的家事开始由男孩承担。

① 《新教育国语（初小）》第一册 16 课，页 15。

② 《新小学国语（初小）》第一册 8 课，页 8。本课《新教育国语（初小）》中就有，原文为："妹妹洗菜；姊姊切菜，一刀，一刀，切。"（第一册 15 课，页 15）

③ 《新教育国语（初小）》第二册 25 课，页 11。

④ 《新学制国语（初小）》第一册 25 课《喔喔喔（二）》。

⑤ 《新学制初级国语》第一册 50 课，页 50。

如《新体国语（初小）》中有两篇课文的插图展现的是男孩子照看弟弟、逗弟弟的场景（见图 4.26、图 4.27），这样的场景在前两个时期的小学国文教科书中不曾出现。《新教育国语（初小）》第五册《帮助母亲做事（二）》[①]一文中的主角叫柔生，课文插图显示是个女孩（见图 4.28），到《新小学国语（初小）》第三册《帮助母亲做事》[②]时，主角叫丽生，课文插图显示是个男孩（见图 4.29）。这意味着做家务不再只是女孩子的本分，而且本书在研究中涉及的这一时期的小学国文教科书中也没有一篇课文提及做家务是女孩子的本分。

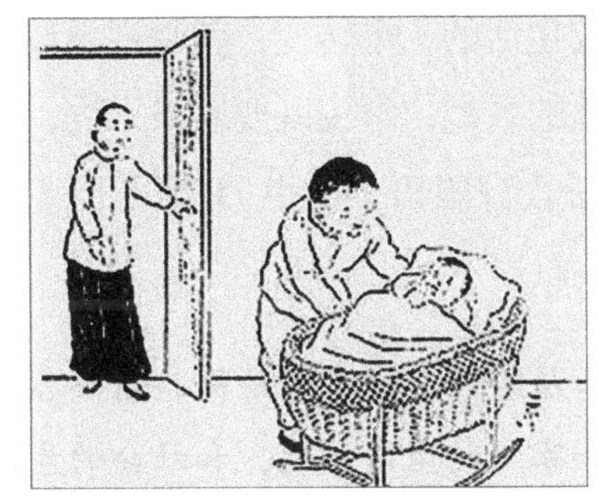

图 4.26 男孩照看弟弟

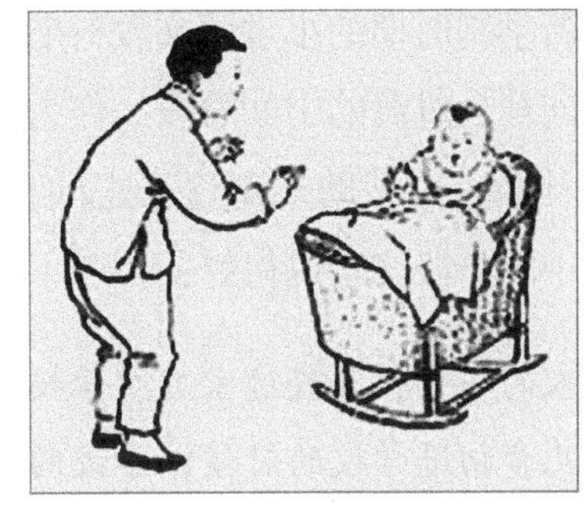

图 4.27 男孩逗弟弟

图 4.28 女孩在厨房帮母亲做事

图 4.29 男孩在厨房帮母亲做事

2. 为着当下的生活

新学制时期一个非常大的变化就是所有在本书研究范围内的小学国文教科书都不再提及女子应如何做妻子、如何做媳妇、如何做母亲。虽然当时知识界仍有不少人持“贤母良妻”观点[③]，但教科书中已没有类似的阐述，可谓进步

① 《新教育国语（初小）》第五册 18 课，页 9。

② 《新小学国语（初小）》第三册 31 课，页 47—50。

③ 陆费逵在其《女子教育的急务》中仍将“养成贤母良妻”作为女子教育的一大目标。参见陆费逵 . 女子教育的急务 [M]// 吕达 . 陆费逵教育论著选 . 北京：人民教育出版社，2000：249.

之大。同时，虽然课文中展现的女性儿童家庭生活中仍有不少家事，但这些责任与将来生活的关系不再述及。课文中大量呈现女性儿童的游戏活动、想象活动，说明教科书编写者已视女性儿童为儿童群体中的平等成员，并关注其当下的生活。

五、没有围墙的学校生活

新学制时期的小学国文教科书关于学校生活的一个转变，就是视学校为从家庭向社会过渡的中间阶段。作为一个开放的系统，学校既要联络家庭，更要联络社会，以帮助儿童逐步走向社会。《新教育国语（初小）》第七册《讲演会》中的一段文字说得好：

人的一生，要经过家庭、学校、社会三层阶级，这三层阶级，情形各有不同。儿童初进学校的时候，学校的生活，和家庭的生活相近，和社会的生活，却不相近；应该渐渐的养成自治的精神，如遵守秩序的习惯，再一步一步接近社会的生活：将来才能够在社会上做一个完全的人。①

这一段重点强调的是在学校生活中培养学生的自治精神，而这确实是新学制时期各套小学国文教科书强调的核心。在杜威看来，教育是达成民主社会的重要媒介，“教育即生活”“学校即社会”的观念最终在于通过教育养成学生自治的能力，从而达成个人与社会的自由和民主。自 1919 年起，“民主”一词不再是清末民初小学国文教科书中的一个政治术语，而是渗透进了小学国文教科书叙述的儿童生活中。这在儿童家庭生活中已有所体现，但体现最为充分的则是学校生活。

（一）师生关系之转变

虽然民国初年小学国文教科书所构建的师生关系较之清末有较大进步，“师代父职”“师生有序”等观念已不复存在，但是教师的权威性仍然不容置

① 《新教育国语（初小）》第七册 1 课，页 1。

疑。这在新学制时期有了很大改观。

1. 无拘束与理解、关爱

反映师生关系的课文在新学制时期的小学国文教科书中并不多见，但凡是涉及师生关系的课文，其所描绘的场景均是表现师生间的无拘无束的。《新学制初级国语》第四册的《捉住先生》可以说是这类课文的典型。

陆壮志和许多同学，在操场上，做捉迷藏的游戏。陆壮志用手巾遮没了眼睛，正在捉摸。恰巧先生走出来，一个同学，就躲在先生的背后。陆壮志一把拉住先生，说道："捉住了！捉住了！"说罢，急忙撤去手巾。一看是先生，许多同学都大笑。[①]（课文插图见图 4.30）

图 4.30 捉住先生

从插图中我们还能发现的是先生与学生的身体距离：扮盲人的孩子紧紧抱住先生的腿，在这样的情形之下发现真相，孩子们仍然能"大笑"，足见其精神上的放松、与先生关系的无拘束状态。

这不免让人想起蒋梦麟回忆清末私塾中的情景：同学们趁先生不在玩捉迷藏游戏，当蒋梦麟发现恰巧捉住的是先生时，"简直吓昏了"，"到现在想起这件事尚有余悸"。同是玩捉迷藏时"捉住先生"，儿童的心理反应却是天壤之别。虽然一个是清末私塾中的现实情形，一个是新学制时期教科书构建的情形，但师生关系的演变之大仍可窥见一斑。

《一个初入学的孩子》一文更见教师对待学生态度的转变——从教师单方面的教导、要求转变为对学生的理解与关爱。刚见到初入校的阿菊时，女教员"很慈爱而且很委婉的问道：'你知道你自己的名字么？'"当阿菊"一句话也说不出"时，"那位女教师也不再问，携着他的手走到运动场里"。当阿菊随着女教师来到运动场，"就站在场角一株碧桃树下"看小朋友们游戏时，"女教师含笑问道：'你不要同他们一起玩么？'"当"女教师见他不答也不动"时，

① 《新学制初级国语》第四册 24 课，页 28—29。

"便轻轻的抚他的背道：'你就站在这里看他们玩罢！'说罢，女教师便姗姗的走入场中，给小朋友们做伴侣去了"。当阿菊在课堂上坐姿不端正时，女教师"先坐给他看，对他一一说明，更指着全室的孩子，教他学无论哪一个都好"。然而阿菊虽然一时勉强学着做，却不能始终坚持时，女教师也没有更进一步的要求。最后，阿菊在音乐课上由于音乐的感染，"引起一种不可描写的快乐，使他回忆在家中所受的安慰。——枕着母亲的手臂，听催眠歌，受母亲的温的、柔的、爱的手拍着。于是他的手舞动起来，嘴里也高高低低的唱起来"①。对于阿菊初到校的不适应，女教师不是急于要求她改变，而是用温柔的语调和肢体语言、用鼓励和示范、用音乐感染等间接的方法逐步引导其融入群体。这篇课文可以说是教师之尊重与爱的诗性诠释。

2."有所不知"的先生与学生自修

新学制时期师生关系的另一大转变在于教师也同父母一样，不再是"百科全书"了。《新教育国语》（初小）第五册的《俞敬》一文说：俞敬读书的时候，有些字忘记了，不知道怎样读、怎样解，所以有些句子的意思，简直不明白，他心里着急得很。他的母亲就建议他："明天你上课的时候，可以问问老师。"②

然而，有些时候连老师也不能回答了。

不能回答③

文九问："许多人怎么要坐人力车呢？"先生说："因为走不动。"文九说："拉车子的拉了一辆车子，还加上一个人，怎么倒走得动呢？"先生不能回答。

文九问："拉人力车的，不是走得很快吗？"先生说："走得很快。"文九说："他为什么不加入运动会，做运动员，去和人家赛跑呢？"先生不能回答。

"不能回答"可能是先生确实不知，也可能是先生一时无法解释清楚，还有可能是先生故意不知，但总之先生是"不能回答"了。那么如果连先生都不能回答，作为学生该怎么办呢？那就要通过学生自治即自修的方式来解决了。

---

① 《新小学国语（高小）》第四册 12 课，页 34—41。

② 《新教育国语》（初小）第五册 29 课，页 15。

③ 《新学制国语（初小）》第四册 45 课，页 50。

学生必须学会自修的另一个重要原因是学生不可能一辈子跟随教师。

翰池道："没有读过的书，能够自习么？"鹏飞道："老师没有教过，怎样自习呢？"澹如道："老师不能一辈子和你在一块呀！自己读书，那里能够常常依靠老师呢？"翰池道："不靠老师，那不认识的字，或是意思不明白的句子，怎么样能够自习呢？"澹如道："可以检查字典，这字典倒是一辈子可以做我的老师教我哩！"[1]

学生们你一言我一语地道出了求学的真谛：自修是自主求学的最佳方法。中华书局出版的《新教育国语（初小）》中有多篇课文涉及学生通过自修的方式寻找答案。如第五册《棉花》一文中，主人公卞勉哉因在玩具店看到一个棉花做的马而对棉花是不是花产生疑惑，后通过询问姐姐、去图书馆查阅资料，最终自己获得了答案。[2]第七册的系列课文以学校市周报的形式刊登了一篇学生写的评论《学生应该注重自修》，其内容如下：

真正可靠的学问，不完全是由先生教成的，大半是由自修得来；若是不能自修，决不能求学问，所以我们应该注重自修。现在把自修应该注意的事，说明如下：

（一）养成自己看书看报的能力。若是看不明白的，就随时问问人家，自然能渐渐的明白了。

（二）要求学校多备参考书，凡事有不知详细的，就检查参考书，必能详细知道了。

（三）结合同学的朋友，省出钱来买书报互看。

（四）随时要求先生，指教自修的门径。[3]

这篇课文更说得明白，自修是获得真正可靠的学问的重要方法。这里所提供的方法比查字典、查资料更进一层，是对学生自修能力的建议，它需要学生有较强的社会交往能力。因为需要"问问人家"，"要求学校"，"结合同学的朋友"，"要求先生"，没有较强的社会沟通能力是不可能达成目的的。同时，

① 《新教育国语（初小）》第五册 30 课《自习》，页 15—16。
② 《新教育国语（初小）》第五册 5 课，页 2—3。
③ 《新教育国语（初小）》第七册 14 课，页 8—9。

这篇课文从学生的角度谈自修，本身就非常强调学生的主体意识，这和前文讲到的儿童主动性的发挥、品格的自修法形成了一个关于儿童成长的连贯系统。

自修还有一种方法，就是随时做笔记。《新教育国语（初小）》第六册《沙漠谈》一文中，客人说了很多沙漠地方的事，等客人说完，"郑康便选紧要的，写在笔记簿上，标了一个题目，叫'沙漠谈'"[①]。第七册《讲演会》一文说，城内第九小学校，特请杜博维先生讲演学校和家庭、社会之间关系。周觉一面听讲，一面写笔记；散会之后，他就把所讲的要紧话，另写在日记簿上。[②]

自修在求学中的重要作用曾为许多文人学者倡导，梁漱溟和陆费逵就是其中身体力行的两位。梁漱溟曾在其撰写的《我的自学小史》中说："学问必经自己求得来者，方才切实有受用。反之，未曾自求者就不切实，就不会受用。"他相信："任何一个人的学问成就，都是出于自学。学校教育不过给学生开一个端，使他更容易自学而已。"[③]陆费逵从十四岁起自修，"自订课程每日读古文、看新书各二小时，史地各一小时，并作笔记、阅日报（先阅《字林》《沪报》或《申报》，后阅《中外日报》）"，"阅报无论论说、新闻、广告都一字不放过，有不解者即查字典及类书，查不着则记入小册子，请问父母及亲友"。[④]

关于求学，还有一点需要指出，新学制时期承袭前两个阶段对于学生通过报纸、图书馆、博览会等校外空间获得知识的重视，但不再提及对于报纸应持有的批评态度，更多地从认可、接纳的角度看待报纸。从这一点来说，是大进步中的一点缺憾。

（二）社会实验场

新学制时期关于儿童学校生活的观念转变最大的影响因素是知识观的转变，这主要受杜威进步主义教育哲学的影响。在清末和民初两个阶段，知识界普遍认为知识就是一种外在的结果、结论，掌握科学的、实业的知识就是记忆这些结果或结论，这也是这一时期小学国文教科书中出现大量介绍各类科学、

① 《新教育国语（初小）》第六册 14 课，页 7。

② 《新教育国语（初小）》第七册 1 课，页 1。

③ 梁漱溟．我生有涯愿无尽：梁漱溟自述文录 [M]. 北京：中国人民大学出版社，2004：9.

④ 陆费逵．陆费逵自述 [M]. 合肥：安徽文艺出版社，2013：22.

实业知识的说明文以及“百科全书”式父母、教师甚至兄姊、同学的主要原因。进步主义教育哲学颠覆了这一观念，认为知识只存在于儿童的经验中，外部知识只有通过儿童活动这一桥梁才能成为其经验中的一部分，从而真正成为儿童掌握的知识。于是，教育的中心从教师转向儿童，让儿童在活动中经验、在活动中掌握知识成为教育的重点。这是本时期小学国文教科书肯定儿童的独特价值，出现大量“有所不知”的父母和教师、鼓励儿童自修的重要原因。《新教育国文（高小）》第二册《活知识》正是这一观念的反映。课文中说：“学校是我们求知识的地方。但是为什么要求知识呢？不是要他来应用么？原来学校里的知识，大半要靠着书本，书本上的话不过替我们开一条路径罢了。我们得了路径，便要自己努力去试验；试验到实际上去，是否能够正确，是否能够适用，都要细细的考察。……不然，识了几个字，读了几年书，只知死守书本，一些儿不会应用，这种知识，真是一个‘字纸篓’，和我们有什么利益呢？”[①]前面提到的学习不能单靠教师，而要靠着自修才能获得真正的学问是一个道理。那么，新学制时期的小学国文教科书中涉及哪些活用知识的方式呢？综合各套小学国文教科书来看，主要涉及的有学校商店、童子军两类学生团体自治实践，主要目的是达成学生团体自治的能力。

1. 学校商店：校园中的商业实践

《新教育国文（高小）》第二册《到校后的家信》中，主人公写信告诉父亲，始业式上校长说“本学期校里还要添设工场，商店，给学生实习，养成各人生活的技艺，办事的能力”[②]。工场和商店是当时学校经常用来给学生实习的场所，特别是在职业类学校。其中商店是各套教科书中提到最多的，在此加以专门阐述。

《新教育国语（初小）》第四册的课文《贩卖部》对学校开设的商店做了简单介绍。

学校里设了一个贩卖部，专卖学生消费的东西，免得到街上去买。这个贩卖部，办得很好：形式像是杂货店；做事的都是学生；贩卖的货物，更是价廉

① 《新教育国文（高小）》第二册 17 课，页 25—26。
② 《新教育国文（高小）》第二册 1 课，页 1—2。

物美呢。①

课文中提到的开设贩卖部的便利性、价廉物美还不是学校开设商店的主要目的。《新法国语（高小）》第一册的课文《学校商店的招股广告》讲得更为全面。

诸君！我们在校里求学的时候，购买用品总要跑到校外去，很是不便。而且大好的利益，都被校外的人赚去，也觉可惜。

我们因为这种情形，所以在校里办一个商店，专卖图书，文具，日用物品。既可省了出校的不便，保全利益；又可在这店里实习商业上的知识。这不是"一举数得"么？这店里的股本，暂时定为现银二百元，分做四百股，每股半元，照股份有限公司的章程办理。

诸君对于这件事，想必是热心赞成的，如果赞成，就请快些入股罢！入股的期限，从某月某日起到某月某日止，过期是不收的。请诸君不要错过这个机会啊！②

从这一课可以看到，开设商店除了提供方便，更为关键的在于给学生提供商业实践的机会：股份公司中股本的设定、股份的摊派与筹集、入股的期限等等都可以在办商店的过程中实际了解。不过，这篇课文还看不到学校商店的整体运营方式，《新小学国语（初小）》第七册的《真美小商店》系列课文就更为全面了。课文涉及通过发起人议决的商号、组织、发起人、股本、股份、商店地址、公告方法、注册、筹备人员、董事选举、董事会议决案（包括经理人选的推举确定、会计的选任、雇员的聘用等）、进货、广告、开幕、发票开具、财务结算、布告、商业诚信等等，将股份公司的实际运营方式、过程及职业道德统统容纳其中。③教科书构建的这一商业实践模式，对于儿童真正了解商店的运营、锻炼商业能力、适应社会实际的股份公司工作具有重要意义。

2. 童子军：社会服务生活之预演

《新撰国文（高小）》第四册的《童子军》一文介绍了学校中童子军这一

---

① 《新教育国语（初小）》第四册 2 课，页 1。
② 《新法国语（高小）》第一册 23 课，页 28。
③ 《新小学国语（初小）》第七册 5-7 课，页 12—20。

组织形式的基本情况。

童子军者，所以训练童子，使成为独立有为之人也。其编制法及课程规律可得而约言之：

童子军之编制：九人为队，二队为团；队有队长，团有团长；团长之上更设总团长以统帅之。

童子军之课程，可分正课、补充课二种：正课为必修科，补充课为选科；正课有初级、本级、优级之别；补充课种类繁杂，变迁颇多。

童子军之规律，凡十有二则：曰诚实，曰尽忠，曰助人，曰亲爱，曰礼节，曰爱物，曰服从，曰快乐，曰节俭，曰勇敢，曰整洁，曰公德。

童子军能补助教育所不及，能革除不良之习惯，养成美善之德性。英人贝敦堡创之于前，各国仿行于后，至于今日几已风动全球。自兹以往，青年之堕落者，将日见其少矣。①

课文中称学校建童子军的目的在于“训练童子，成为独立有为之人”，但从其编制来看，与军队建制相近，从其规律中的“尽忠”“服从”“勇敢”几则来看，也与军队要求非常相近。不过，童子军的主要职责在于服务社会。《新法国语（高小）》第一册有一篇报告形式的课文，名为《童子军的一种职务》，讲述的是某学校童子军某队在大风天到江边巡查时，发现江中船上有人落水后施救的事。②

3. 学生团体自治：民主生活之预备

学生团体自治是进步主义教育哲学非常推崇的一种学校组织形式，通过这一方式可以增强学生民主参与的意识以及办事的能力。《新法国文（高小）》第六册有一篇关于学生自治问题的论述文：

学生自治四个字，从表面上看来，不过学生自己管理自己罢了；但是自治的范围，有大有小，小的是个人，大的是团体，只能做到小范围的自治不能做到大范围的自治，学生就没有达到完全自治的目的。

学生个人的自治，是自修，自强，守规则；学生团体的自治，是劝善，互

---

① 《新撰国文（高小）》第四册 2 课，页 2—3。

② 《新法国语（高小）》第一册 32 课，页 41—42。

助，顾大体。个人的自治，所以高尚自己的人格；团体的自治，所以养成公共心和责任心。学生自治的目的，能够完全达到，自治的精神，才显得出。

学生自治，为甚么连团体算在里面呢？因为学生将来都要到社会上去服务的。假如做学生的时候，只顾个人，不顾团体，那么出了学校，办事的能力，一定欠缺。没有办事的能力，学问尽管高深，品行尽管端正，也只能“独善其身”，不能“兼善天下”。所以学生除自己管理自己外，必须练习团体的生活，才做得到社会上有用的人物。①

《新教育国文（高小）》第一册的课文《写给母校的信》，以学生郑浩然的口吻写给母校（初小）老师，其中一段介绍了就读高小的学生自治情形。

目下校中正在组织学校市；市中自治事业，分做立法、行政、司法三部，就中行政部的事业最繁，学生可以略微报告。这部里有银行，有商店，有学校园，有卫生处；此外增进智识的，有讲演会，有图书馆；锻炼体格的，有童子军，有足球队；助长生产能力的，有工读团，有工艺社：这些事情，将来都要次第兴办，并且都要同学去分任服务，教师不过居于指导的地位。②

这篇课文介绍的学生自治组织更是扩展到整个学校，称为“学校市”，即以学校来模拟一个市的职能与运作，商店、童子军便是其中行政部的主要组成部分。那么，每个自治团体内部是怎样运作的？学生、教师究竟起多大作用？应该说，在不同的组织中，学生和教师所起的作用是不同的。比如前文论及的商店中，教师相对居于重要的地位，他们承担筹备主任、经理、进货人员等重要职务，而在一些涉及学生自身事务的活动中，学生居于更重要的地位，甚至教师根本不参与。在《新教育国语（初小）》第六册的《谈话会》中，整个会议均由学生主导。

学校将放暑假；学生开谈话会；公推钱明晖主席。主席道：“今天开谈话会，有一个紧要的问题，就是暑假期内，我们应当做些甚么事呢？”钱德模道：“帮助家里人，管理家事。”郑康道：“这是当然要做的，可以不必讨论；我的意

① 《新法国文（高小）》第六册语体文 3 课《学生自治》，页 52—53。
② 《新教育国文（高小）》第一册 2 课，页 2—3。

思，以为除开平日在家常做的事情以外，还要按时温习功课。”周觉道：“我以为应该定一个适宜的条目，大家照着工作。”有几个人说：“周觉君的主张很不错的；请主席付表决。”主席道：“周君主张我们在暑假期内，应该定一个适宜的条目，大家按着工作；赞成这个主张的，请举手。”举手的多数，可决。就由主席指定了李菊生、郑超贤、孙日新、周觉为起草员。①

课文中，谈话会的主席是由班级同学“公推”的；在谈话会上，每个同学都可以自由地发表自己的意见，评价他人的观点，提出建议；对于大家的意见，采用“举手表决”“多数通过”的方式决议。上述这些形式正是民主政治生活的根本。

那么，是否所有新学制时期的小学国文教科书均体现出“学生自治”这一特点呢？事实并不尽然。同时期的《新体国语（初小）》第七册的《暑假期内应做的事》一文展现的完全是另一番景象。

放暑假这一天，校长对学生说道：“你们放假回去，有几件应做的事；让我告诉你们：第一件，从前的功课，每天要定好钟点，用心温习。第二件，每天要有日记；将所做的事，都记在上面；自己有什么意见，尽管发表出来；等到开了学，拿来给我看。第三件，家里一切事情，要帮同料理。第四件，做动植物标本。第五件，调查市上的物价，做一张物价调查表。你们在假期内，这五件事，都是应该做的；否则浪费了三四十天的光阴，难道不可惜么？”②

《谈话会》和《暑假期内应做的事》两篇课文叙述的都是有关暑假的安排，但描绘的场景几乎是天壤之别。首先是发起人不同。《暑假期内应做的事》完全由校长作为权威发起，学生成为“他者”，而《谈话会》完全由学生发起、组织民主讨论和决议，学生是真正的主体。其次是课文对于学生的假设不同。《暑假期内应做的事》一课中“你们……应该”“让我告诉你们”，暗含着学生不知道、不懂、不会等假设，最后一句“否则浪费了三四十天的光阴，难道不可惜么？”甚至暗含着学生必定浪费光阴的假设。校长与学生间的对立与鸿沟是如此清晰且难以逾越。如此培养出来的学生只能是屈从于权威的要求而

① 《新教育国语（初小）》第六册 44 课，页 26—27。
② 《新体国语（初小）》第七册 44 课，页 56—57。

不知自己有能力、有权利。可见，新学制过渡阶段的小学国文教科书之间在观念上存在较大差异，而到新学制颁布后这样的差异就不复存在了。

民主的社会生活需要具备民主参与意识与民主参与能力的人，上述这些由学生主导民主决议、民主管理的方式不仅为学生将来适应民主、共和的社会做了准备，更通过学校培养了变革社会的力量。事实上，这一时期实用文体中的演说文、传单、广告（特别是宣传国货的广告）、拟定章程、讨论组织某联合会等都试图通过培养学生的国文表达力，将其塑造成为未来的社会活动家，为适应职业、改良社会做准备。

现实中的学生自治组织，在清末新式学堂中就有。澄衷学堂、南洋公学、中国公学等都有学生自治会，学生在自治会中演说进步思想、与校方保守势力抗争，一些学生自治团体还是革命党人借以推翻清政府的力量。不过这一形式在当时的小学国文教科书中未曾提及。从清末到民初，虽然有强调儿童自治的课文，但主要强调的是儿童个人自治，而且在教科书构建的师生关系中学生总是处于听从、被动的地位。这一局面伴随新文化运动而终于发生重大转折。

（三）没有围墙的学校

新学制时期，小学国文教科书中的学校不再被描述为一个孤岛、一个世外桃源，而是一个以各种形式与社会相沟通的机构。学校成为家庭与社会之间的桥梁，以及由家庭向社会过渡的重要机构。

1. 与社会相交接

《新教育国语（初小）》第六册系列课文《一星期间的日记》中展现的一个场景反映了学校与社会借由“公共体育场”而建立连接。

四月十七日（星期六），晴。今日午后，功课少一节，三点钟就放学了。回家之后，大哥说：“我们中学校三、四年级学生，四点钟在公共体育场赛球。”我和妹妹都要去看，母亲就带我们同去；到了场里，看见男男女女，好几百人在那里围着。中学校学生，分作甲乙两组；两边都搭木架做球门，有一个人守着。不多时候，乙组的人，把球踢进甲组的门里，大家拍手欢呼。①

① 《新教育国语（初小）》第六册26课，页14—15。

学校内部的比赛，因为选择了社会公共空间，引来“男男女女，好几百人”围观，“拍手欢呼”。学校体育于是跨越了学校围墙，给社会带来了积极影响。课文虽然说的是中学校，但其中的观念适用于任何阶段的教育。

2. 向有志于求学的人开放

新式学堂教育从清末开始到20世纪20年代，不到30年时间，教育的普及虽然缓慢，但也在不断演进。由于国力有限，义务教育到新学制时期时只能覆盖到初等小学阶段，不少寒门学子迫于经济困难求学无门。阻碍人们求学的不仅有国家和家庭财力方面的问题，也有观念方面的问题。社会上多数人认为年长了，事务多了，没有时间求学。受杜威进步主义教育哲学影响，“教育即生长”“学校即社会”的观念已深入知识人的内心，他们的求学观念在20世纪20年代时已大有转变。学习不仅不局限于学校围墙之内，而且也不限于学制所规定的在校求学年龄范围。可是如何解决时间和学费问题呢？当时知识界盛行一时的工读主义给出了良方，新学制时期的小学国文教科书采纳了这一观点，为儿童描绘了一幅半工半读成就学业与事业的蓝图。

> 工读主义者，且工且读之谓也；以工作所得，补助学资，以学业所得，改良工作，两相需而两相成；所以促进文化，扶助独立生活者，于是乎在。
>
> 工读主义，古之人有行之者：汉之匡衡，明之杨继盛，皆是也。今则求学益便：学校多设选科；为劳工贫民专设之学校，又复不少；志学之士，可勿虑经济时间之不足矣。①

新学制时期设计的学校系统甚为开放，面向失学儿童的扫盲班、补习学校、夜校甚多，经济上困难的人可以先工作，等积蓄足够的钱后再进入这些学校读书。《新教育国语（初小）》中的《半工半读》一课讲述的就是一个孩子

① 节选自《新法国文（高小）》第三册28课，页37。本课也被《新撰国文（高小）》选入（第三册4课，页3—4），课文中提到的匡衡的故事被世界书局出版的《新学制高级国语文》选入，题目为《一个工读的孩子》（第一册5课，页5—7）；杨继盛的故事被商务印书馆出版的《新学制国语（高小）》选入，题目为《杨继盛半工半读》（第一册1课，页1—2）。《新教育国文（高小）》第三册11课《对于“工读”的讨论》（页13—14）一课以同学讨论的形式介绍“工读主义”。《新小学国语（高小）》也选录了这篇课文（第一册24课，页43—45）。

先做洗衣工积蓄工钱，然后用这笔钱上补习学校，后来学业有成，自己开洗衣作，还用一半家产设立工读学校的故事。[①]一些职业学校中还设有工场，如《新教育国文（高小）》第三册《中华职业学校工场记》描绘，学生半天上课、半天做工，所做的产品可以销售。在这个过程中，学生既增长谋生的能力，以便毕业后就能谋得职业，能自立，又能在学校读书过程中获得一些劳动报酬补助学费。正如课文所说，“且工且读”或“半工半读”能“促进文化，扶助独立生活”。[②]而事实上，这一方式对于促进社会进步也极为有利。由此，学校对于儿童来说，不再是一个封闭的系统。

3. 改良社会

学校教育的开放性还表现在受过学校教育的儿童能直接参与到社会改良中。这正是杜威进步主义教育哲学的反映：将学校视为承担改良社会责任的重要场所。《新法国语（高小）》第一册《爱物》所讲述的故事直接反映了学校教育对于社会的一大作用。

邻家的老翁，昨天拉着一匹牛，出去耕田。晚上回来，又叫牛去打磨。可怜那匹牛，因为辛苦了一天，已经没有气力，伏在地上，不肯起来。老翁牵他不动，就用鞭子去打他。但是那匹牛，仍旧伏着不动。老翁生了一会气，也就无可如何的去了。

我听见先生说过，牛身上的东西，都是有用的：奶可以吃；毛可以做毡毯；皮可以做鞋子；蹄骨角可以做各种器具；脂肪可以做肥皂蜡烛。但是最有用的，是他的气力。

照这样看起来，牛虽是一个动物，对于人类，是很有益处的。我们应当好好的看待他才是。像邻家老翁的行为，很不合爱物的道理。让我明天把这层意思，去对他说。假如他听了我的话，能够发生爱物的念头，那牛就不会吃苦了。[③]

这篇课文中的“我”决心劝邻家老翁好好对待牛，这是学校教育带来的一大作用。接受过学校教育的儿童能改造周围成人的观念，这在清末《初等女子

① 《新教育国语（初小）》第八册 2 课，页 1—2。
② 《新教育国文（高小）》第三册 12 课，页 14—16。
③ 《新法国语（高小）》第一册 35 课，页 45—46。

国文》中出现过，但仅此一套教科书观念先进，其他均没有类似课文，即使到了民国初年也仍然没有，有的只是讲述儿童被动接受成人教育的课文。由此可见杜威进步主义教育哲学对新学制时期小学国文教科书内容编写的深刻影响。

接受过学校教育的人不仅直接教育周围人，还视教育为改良社会的重要途径，倡导教育。在《新教育国文（高小）》第三册《自乡间与友人书》一文中，叙述者既感慨乡村交通之不便，又赞叹乡村环境优美，是一个使人悠闲享乐的地方，而让他忧心的是村农知识的闭塞，感慨这样的人民“何以存立于今日之世界”，设想“组织一注音字母传习所，俾彼辈于农隙之余，学习一二，得有读书阅报的能力”。[①]《新法国语（高小）》第一册《冬夜里的思想》一文的主人公对于人性的思考更为深入。

……

我想这一种更夫，他的用处，不过是防备窃贼罢了。但是窃贼这种人，那偷盗的性质，难道是生就的么？我想他也是穷到没法，无衣无食，又没有受过好教育，才流落到这一步地位的啊！

照这么一想，那更夫的境况，比窃贼也好的有限，所受的教育也有限，难道更夫就不会做贼么？唉！我说这话，是甚么意思呢？是要大家从教育上职业上着想。假如全国的人，都受了教育，有了职业，自然没有人做贼；也不要人在这寒夜里打更了。……[②]

课文中的“我”的想法虽然过于理想化，但是对如窃贼、更夫等社会弱势群体的理解是积极的、正向的，认为都是可以通过教育挽救的。其中渗透着平等观念、人道主义精神。通过第一人称视角的叙事与思考，教育改良社会的理念将深入儿童内心世界。

六、“共同生活”

承前所述，新学制时期的小学国文教科书所构建的儿童生活，自个人至于

① 《新教育国文（高小）》第三册 8 课，页 9—10。

② 《新法国语（高小）》第一册 34 课，页 43—45。

家庭、学校而至于社会。其改良社会的情怀业已窥知。虽然儿童时期还未真正涉入社会，但在平等观念、国民性之准备以及抱定建设理想社会的信念等方面，则可以通过教科书、课程来影响儿童，作为儿童未来社会生活的预备。

（一）“平等”之再认识

平等观念自清末即已传入中国，小学国文教科书中也有所介绍和渗透，但因清政府的严格审查而最终不能得以保留。民国初年，中华书局出版的小学国文教科书曾大力倡导“平等”，但因袁世凯执政的北洋政府的专制统治而最终不断删改，平等观念最后也只能体现为简单的知识性介绍。新文化运动再一次唤起知识界以及普通大众“平等”的意识和对“平等”的追求。这些观念渗透进了这一时期的小学国文教科书课文中，改变着儿童对于“人”的看法。前文已经阐述的儿童与成人（包括与父母、与教师）之间的平等、男女儿童在家庭生活中的平等趋向等都是例证。对于儿童个性的肯定其实也就是在强调人与人之间的平等。这里值得一提的还有关于“好学生”的认识。新学制时期的小学国文教科书强调“人人都可以做好学生”的观念。《新教育国文（高小）》第三册《好学生的自述》一课以一名好学生的口吻叙述其成为教师心目中好学生，无非是按照老师的要求注意卫生和锻炼，随时留心言行，通过听讲、讨论、自习等途径增加学问，他自认为不能完全按照老师说的去做、有些学问也还不能完全明白，但是他最后总结说：“我们既进了学校，人人都可以做好学生，人人都应该做好学生；一时虽然达不到，但我很愿意随着诸位一同勉力！”[①]课文的主旨并不在于凸显该生的谦虚，而在于强调成为好学生并非遥不可及，每个学生都具有成为好学生的可能性。这一观点与清末和民初“勿交损友”一类课文将学生分为“好生”“差生”两个阵营完全不同，更不倡导远离“差生”。其中渗透的也是平等观念。

除此之外，当人与人之间披上地域空间、阶级、财富、职业等“外衣”时，平等是否依然存在呢？《新小学国语（初小）》第六册《儿童的家》一课分别以居住于乡村、城镇和城市里的三个孩子的口吻来叙述自己居住的环境以

① 《新教育国文（高小）》第三册 21 课，页 26—28。

及生活，说明的是乡村、城镇和城市各有各的特点，各有各的便利。[①]《新学制国语（初小）》第六册中的《城里的小孩子》一文则进一步通过故事告诉儿童：城里人和乡下人只不过生活的地方不同，城里人并没有什么特别的优势。

乡村里的小孩子，穿了不时式的布衣裤，走到城里去。城里的小孩子看见了，常常笑他说："吓！乡下人！"

城里的小孩子，走到乡下去，看见什么事，都觉得很希奇。"看呀！很大的镰刀，飞也似的把麦割下来，一捆一捆排在地上。""看呀！牛在那里拉水车，把河里的水弄到田里来了。""看呀！水田里有许多人在那里插秧哩。一会儿，一丛一丛的秧，插得满田都青了。"

他们自以为很聪明，但是一到了乡下，什么都不晓得。[②]

当然，城里的小孩子到了乡下并不是真的什么都不晓得，只是他们的新奇和讶异暴露了对于乡村知识经验的欠缺，因而在乡村知识经验丰富的乡下孩子面前实在没有什么优势。城里人和乡下人不过是生活的地方不同，本质上是平等的。

此外，教科书中还有一些课文阐明总统和平民之间[③]、富人和贫人之间[④]的平等。

至于平等的基础，《新法国语（高小）》第五册《人格》一课告诉儿童其中的真相：人人平等的基础在于人格上的平等。

人格者何？即不失其为人类之资格也。吾人立身处世，无不有一定之程式，或云道德或云品行；实均为人格之异名，维持人生之程式耳。

人格无贫富贵贱之别，卖浆引车者流与驷马高车之达官富人，初无高下也。使达官富人而行亏暮夜者，转不如卖浆引车者之坦白，乃心清洁乃躬也。

虽然，人格有似是而非者：如矫饰奇行以欺世，外观固俨然君子也，然其

① 《新小学国语（初小）》第六册 9 课，页 34—38。

② 《新学制国语（初小）》第六册 4 课，页 4—5。

③ 《新体国语（初小）》第七册 35 课《林肯同人比高矮》（页 43—44）讲述的是时任总统的林肯不以其地位自居高贵，愿意和平民比身高的故事。

④ 《新法国语文（高小）》第三册 24 课《贫人和富人》（页 30—32）阐述的是贫人和富人相倚为命因而要相互尊重、合作的道理。

人格则因作伪而丧失矣。如传播异说以惑人，外观固俨然先觉也，然其人格则因居心不良而丧失矣。故曰人格非高尚之思，奇矫之行，新异之说之谓；乃庸言之信，庸言之谨耳。

人格又有似非而是者：如娼妓之操执贱业，巫觋之左道诬民，盗贼之杀人越货，此均绝不应有于人类者也。然平心论之，彼或为失教之人，初不知为丧失人格之举。但因生计逼迫，不得已而出此，天良固未丧，天真或未漓；虽所业不正，一旦舍之即无异恒人，其真正之人格，仍存而未失也。

然则人格云者，即维持社会安宁秩序，人类各阶级之本分行为耳。吾人欲完成自己之人格，不可不三致意于斯焉。①

就本课的观点而言，撇开所有外在“贫富贵贱”的条件，人人都有为人类的资格，也即人与人在精神上是平等的。这里透露出另一个信息：人处在社会之中，阶级、财力等外在条件仍然无法摆脱，因而要追求形式上的绝对平等也是不现实的。《新法国文（高小）》第五册《精神平等》阐明的就是这个道理。

平等之真相，在精神，不在形式。精神宜平等，形式不能平等；若贫富，若贵贱，若尊卑，皆形式之不同，与精神无与。或乃以此为不平等，欲一举而划平之，则惑也。

人类之有阶级，乃社会上天然之组织，虽欲泯灭而无由；苟能高尚其人格，则虽贫亦富，虽贱亦贵，虽卑亦尊；此所谓精神之平等，与形式绝无关系者。假令舍精神而求形式，则人皆相率为暴，为官吏者，将不能代表其人民，为父兄者，不能教戒其子弟，富商大贾，亦不能安居而乐业；而举国骚然矣。

虽然，安富尊荣之徒，设以形式之难平，遂以不平等之待遇，施诸下级之人，则形式上之反动，必不能免；盖在下级者，应有独立自尊之心，在上级者，尤当尽扶助教导之责。如是而不平者始底于平，虽有形式，亦无害于精神矣。②

上述两篇课文强调人人平等，对于构建儿童的平等观念具有重要意义，对于其将来进入社会生活、平等对待与之相交接的人，也具有重要意义。不过这两篇课文强调的是安于社会现状，在既定的社会结构中追求精神和人格上的平

① 《新法国语（高小）》第五册 16 课，页 27—28。
② 《新法国文（高小）》第五册 5 课，页 6—7。

等又呈现出保守的倾向。

（二）国民及其“共同生活”

吴研因在反思新学制时期的小学国文教科书时曾提出：“我国民十以后的小学教科书，例如新学制、新教育、新教材等，就几乎成了无目的、无宗旨的世界通用读本，很缺少民族精神和国家思想的表显。这确是当时教科书的最大的缺点。”[①]事实是否的确如此呢？我们不妨从课文内容中寻找答案。

1. 教育成就“国民”

《新体国语（高小）》第八册的《人和国民》一课道出了“人”与“国民”的不同，阐明成就“国民”非通过教育不可。

普通的人叫做人；受过教育，可以做国家基础的人，叫做国民。

人有知觉，能饮食，运动；然而禽兽也能如此。所以国民要受教育，要能做国家的基础。

国民的程度，要备四种条件如左：

一、有道德。二、本国的语言，文字，能读能写。三、能勤俭，有谋生活的能力。四、有爱国心；并且能和公众相处。

一个人，有这四种条件，决没有不能自立的；一国的国民，大多数有这四种条件，那个国也决没有不富强的。我们大家，为着自己，应该做到这四种条件；为着国家，更应该做到这四种条件。[②]

2. 国民之“共同生活”

“有爱国心；并且能和公众相处”是作为国民应具备的第四个也是最高层次的要求。人生于世，不能完全独立生存，必须互相帮助才能生活。这是《新法国语（高小）》第一册第五课中“叔叔”讲给“王学生”听的关于“共同生活”的道理。[③]这也正是杜威《民主主义与教育》一书论述的起点。因此，新学制时期的小学国文教科书中有很多讲述或阐述互助的课文。清末和民初选入

① 吴研因．清末以来我国小学教科书概观 [J]. 中华教育界，1935（11）：103-107.

② 《新体国语（高小）》第八册 1 课，页 1。

③ 《新法国语（高小）》第一册 5 课，页 5。

小学国文教科书的《跛盲相助》也被《新法国语（高小）》选来作为人们互助生存的例子。

每个国民都是国家的一分子，合国民而成国家。作为中华民国的国民，应该关心自己的国家、爱自己的国家。比如关心国事便是国民关心国家的一种表现，《新法国语（高小）》第四册《国民和国家》[①]阐明的就是这个道理。爱国则表现在多个层面：一是要有爱国的心。各套教科书在对中国的光荣历史、屈辱史以及世界上其他国家人民的爱国故事等的讲述中加以渗透。《祖母的谈话》[②]《国耻的地图》[③]《英人爱国》[④]《日本学生之爱国与文部省之教谕》[⑤]《最后一课》[⑥]《爱国童子》[⑦]等课文属于这一类。二是要明确自己作为国民的责任和义务。《新学制国语（高小）》第三册选录华盛顿的一篇演说词《自由的责任》，其中有一段说得好："我们对于国家，好比是一所大屋子里的一枝小柱。大屋子固然缺不了一枝小柱；一枝小柱也当然要努力来支持大屋子的。"[⑧]国民要保障自己的自由，就要为国家做贡献。《新小学国语（高小）》第四册选录了梁启超的《最苦与最乐》一文，他鼓励人们主动承担起对于自己、对于他人、对于家庭、对于社会、对于国家的责任，以此谋求人生的快乐。三是要有具体的爱国行动。如敬国旗、支持国货。[⑨]为抵制不平等条约《二十一条》所带来的影响，新学制时期的小学国文教科书中很多课文都提倡支持国货。中华书局出版的教科书中有关支持国货的课文最多。如：《新教育国语（初小）》第三册《买布》讲到"母亲要替女儿做衣服……想买些爱国布"[⑩]；《贩货客人》中两个贩

① 《新法国语（高小）》第四册 38 课，页 59—60。
② 《新小学国语（初小）》第七册 18 课、19 课、20 课《祖母的谈话》，页 53—63。课文中有一段是祖母回忆日本侵占台湾的历史，相当能激发读者的国耻心和爱国心。
③ 《新小学国语（初小）》第八册 11 课，页 23—28。
④ 《新小学国语（初小）》第七册 16 课，页 49—50。
⑤ 《新撰国文（高小）》第四册 45 课，页 53—55。
⑥ 这篇课文在《新法国文（高小）》中最早出现，课文题目为《最末了一天的功课》（第五册语体文 2 课，页 45—47）；《新小学国语（高小）》收入时课文名称改为《最后一课》（第三册 21 课，页 51—58）；《新撰国文（高小）》也将该课选入，名称为《最后之一课》（第四册 44 课，页 52—53），该课的文体为文言文。
⑦ 《新法国语（高小）》第六册 2 课、3 课，页 3—6。
⑧ 《新学制国语（高小）》第三册 44 课，页 62—63。
⑨ 《新小学国语（高小）》第四册 20 课，页 66—70。
⑩ 《新教育国语（初小）》第三册 26 课，页 11。

货客人对话，一个说“我是天津人，贩的是爱国布”，另一人说“好呀！我们中华民国的人，应该贩中华民国的货”[①]。又如，《新教育国语（初小）》第八册《国货》讲道：“我们吃用的东西，要考究他是不是国货。如果是外国货，并不是我们必定要的东西，就不要吃他用他。如不喜买国货，却喜买外国货，简直是自己不怕穷，还让别人一天富一天。我国现在已经穷了，如不振兴国货，将来更不知道要穷到什么样子呢！”[②]《新教育国文（高小）》第二册《提倡国货的演讲》[③]也表达了类似的意思。此外，《新教育国文（高小）》第四册《爱国诸君请买大华伞——大华伞厂广告》[④]以广告文体宣传国货。

就上述两部分的分析来看，吴研因所给出的判断失之偏颇。新学制时期虽然增加了儿童文学的分量，鼓励儿童的想象生活，但其中渗透的爱国意识、情感与行动教育并不少，只是相比较来说分量较少，没有像20世纪20年代以后那样“把民族精神做骨干，特别注重救国雪耻等教材”[⑤]。

3. 建设理想社会

商务印书馆和中华书局不约而同地在教科书中呈现了理想的基层社会形象。《新法国文（高小）》第二册《模范乡》描绘了如下图景：

> 某地有新乡焉：道路宽平；房屋齐整；河渠清洁；田畴广阔；学校、公园、体育场之设置，靡不应有尽有；儿童之届龄者，不论男女，皆受学校教育；年长者咸有正当之职业；民俗富而好礼，无酗酒赌博之风：其一乡之事，皆足为各地之模范，故名之曰模范乡。[⑥]

课文呈现的图景是在当时社会现状下在社会设施与环境、教育、民俗等领域所做的改良，重点在于基层组织的安定，如此才能实现国家安定。《新教育国语（初小）》第八册的《模范村》系列课文所描摹的村民社会则更强调村民

① 《新教育国语（初小）》第三册28课，页12。

② 《新教育国语（初小）》第八册28课，页18—19。

③ 《新教育国文（高小）》第二册13课，页19—21。

④ 《新教育国文（高小）》第四册10课，页12—13。

⑤ 吴研因．清末以来我国小学教科书概观[J]．中华教育界，1935（11）：103-107.

⑥ 《新法国文（高小）》第二册23课，页26—27。《新撰国文（高小）》第一册也选入了这一课（21课，页17）。

的组织方式——自治会、农会、少年保卫团，改良的幅度大得多。

有一个村庄，叫做新中华村，村里有三百多户人家；所住的屋，很整齐，很清洁，门前都是平坦的道路。有一条小溪，曲曲折折的经过村里，溪边和路旁，都种着常绿的树。村里的人，少壮的都有职业：有出外经商的，有在家种田做工的；妇女治家以外，还合办了几个菜圃，几个花园，还有养鸡，畜牛，纺纱，织布的。村里有自治会，合村的人，选出几个办事员，办理教育和卫生的事；还有一个农会，也时常聚集村人，研究改良种植的方法，和购办公用农具的事务。村里的少年，组织保卫团，天天操练，晚上轮流巡查，防备盗贼。

自治会门前，造了一座很高大的钟楼，这钟是做全村的号令：每天第一次响，村里的人都起身；第二次响，各人起做各人的事；第三次响，吃午饭休息：这是上半天的事。下半天听钟声做事休息；晚上听声睡觉，很有秩序，和上半天一样。星期日下半天，和其他节日，他们全村休息：或者在家约朋友亲戚谈话；或者到自治会听演说，看影剧。月光好的夜里，有时也在广场上游戏或演剧。村里禁绝烟酒，无论甚么烟酒，都不许运入；妇女都不缠足，并不用脂粉香水。

村庄的中央，有一个小学校；学校的旁边，有一个幼稚园。村里的小孩，无论男女，都在这里求学，学生有四百多人。学校前面，有一片很大的场地：四周种了些花木，中间排列各种运动器具；场的南面，有一个小图书馆，村里的人，遇着闲暇的时候，都到场里来游戏运动，学拳术，到馆里来阅书看报，借参考书。村里有两个医院：一个是普通的，平时村人有病，都在这里疗养；一个是防疫的，有疫的时候，一面听医生的指导，在村里施行预防和消毒的方法；一面送有疫的人，往医院里去。院里的医生，也时常到村人家里演讲卫生的方法。

村里小溪的水，本来是很清洁的；因为多时没有开浚，渐渐的淤塞起来，天气热了，孑孓生得很多，孑孓变做蚊虫，成群飞出。后来村里的人，有害疟疾的，有害瘟疫的，医生就指导他们说道："蚊虫是传染疾病的媒介，溪水不洁净，自然蚊虫多了，你们赶快把溪水开通。"自治会就召集村里的少年，动工开河，又叫出外经商的人，补助经费，不到一个月，溪水通了大河，依旧清洁，村人的疾病，也好了。当时立定章程，不许儿童抛掷砖瓦在溪里，并且规定每年冬季，农人闲暇的时候，开浚一次。[①]

这个模范村的建构是将民国初年开始的地方自治设想具体化、理想化，也是受杜威实用主义思想影响后的进一步改良。为儿童提供这样的理想基层组织图景，一方面促使儿童成为能适应理想社会的一员，另一方面鼓励儿童参与理想社会之建设。

（三）女子职业才能的发现与“解放”

清末和民初的小学国文教科书大体认为女子职业当以家政为主，社会职业以采桑养蚕、纺织、制衣、看护妇、蒙养园保姆等为主，以为这些职业与女子能力般配。然而，第一次世界大战于不经意间让中国知识界发现了女子的职业才能。《新法国语（高小）》第四册《女子的能力》一课做了很好的阐述。

欧洲大战时候，各国所有的男子，大概充当兵役去了，所以有许多职业，本来男子做的，却不能不由女子担任；如种植哪，制造哪，贩卖哪，以及邮政电报警察等等，也都用女子管理。甚至军中的炊爨书记，以及保管弹药兵器各事，也靠托女子来做。就以英国论，这类女子，已经有二百万人，其余各国，也可想而知了。

女子的能力，究竟怎样？做这种事，能不能胜任？在欧洲大战以前，没有一个人敢回答这句话。但经这一次试验以后，方知不但和男子一样，并且他的绵密和精细，却在男子之上，那得不令人可敬可佩呢？

女子的能力，虽然和男子相同，可是他的体力，还不能和男子一样。从这一方面说起来，女子体育上，必须有良好的陶冶，才能完全和男子无别。至于以前我们以为女子的能力薄弱，已经不成问题了。[②]

社会实例让社会逐步改变了对女子职业能力的固有认识。然而，这是西方国家的情形，在中国当时的社会情形之下让女子在更多的职业领域崭露头角一时还难以实现。新学制时期的小学国文教科书中女子承担的职业仍然是传

① 《新教育国语（初小）》第八册24—27课《模范村（一—四）》，页16—18。该课文也被《新小学国语（初小）》选入（第七册9课，页24—29），将原来分开的四篇课文合成了一篇。

② 《新法国语（高小）》第四册41课，页63—64。

统的家政、纺纱、织布等。在《新小学国语（初小）》第七册的《祖母的谈话（下）》中，“祖母”描述了自己出嫁后典型的一天生活。

早，黎明起床，洗面，漱口，理发，预备早餐。早餐后，出外买物。——柴、米、油、盐、酱、醋、茶和蔬菜。

买物归来，劈柴，洗菜，淘米，煮饭，十二时午餐。

午餐之后，缝纫，洗涤，写信，记帐。

午后五时预备晚餐，晚餐后，整理厨房的家具。——锅、灶、壶、坛、罐、碗、碟、调羹等，都收拾干净。

晚间读书一小时，弹琴一小时，和你们曾祖母、祖父闲谈一小时，十点就寝。

后来生了儿女，更要哺乳小孩，料理衣物。小孩屙屎屙尿，还要时时留意；有时屎屙在身上，尿屙在床上，就要费我许多工夫去收拾。

有时遇着婚丧喜事，我更忙个不了。你们大祖姑母出嫁的时候，我刚生产，你们曾祖母又患病，钱又不凑手，我真又忙又苦了。①

课文描述的是清末的情形，最后“祖母”总结的“身体愈劳动，愈强健”当然是乐观的说法，然而为了照顾一大家子，“祖母”不仅很少闲暇，更谈不上拥有社会职业、服务社会。这种情形直到 20 世纪 20 年代也基本如此。

……每日，天还没有亮，弟弟在他的小床上，啊！啊！的唱歌；母亲赶快起来喂奶。……天大亮了……母亲照料我洗面漱口。……下午，我放学回家，母亲正在替妹妹做鞋子。弟弟睡在摇床里，母亲用脚摇着。天快夜了，母亲去煮饭，使我摇弟弟；并且说道：“快让我去煮饭，你父亲就要回来了。”……到九点半钟，大家都去睡。②

这是《新小学国语（初小）》第五册《我的母亲父亲》中一个小学生叙述母亲白天生活的片段。作为家庭主妇的生活仍是这般忙忙碌碌，不得空闲。

① 《新小学国语（初小）》第七册 20 课，页 60—63。

② 《新小学国语（初小）》第五册 3 课，页 5—6。

《新体国语（初小）》中也说：“家事都是由母亲管理的。”[①]

除家政而外，女子能从事的基本就只有纺纱、织布、卖菜、采桑等非常局限的几种传统职业了。下面几篇课文及插图非常典型。

两个女人：一个纺纱，一个织布。纱就是织布的，布就是做衣服的。[②]（课文插图见图 4.31）

一个女人，挑着菜，在街上走；沿路喊道：“卖菜呀！卖菜呀！”[③]（课文插图见图 4.32）

田里种满的桑树；桑树上面，长满了叶子；许多女人，提着竹篮，带着剪子，来剪桑叶。[④]（课文插图见图 4.33）

图 4.31 女子纺纱、织布

4.32 女子卖菜

图 4.33 女子采桑

《新教育国语（初小）》第八册《模范村》系列课文描绘了乌托邦式的村民自治新村庄，其中有医院、学校，但村中女子的职业仍然非常局限：“妇女治家以外，还合办了几个菜圃，几个花园，还有养鸡，畜牛，纺纱，织布的。”[⑤]除上述职业外，教科书中出现的就仅有教师身份了。

受西方妇女运动的影响，中国知识界自清末就开始不断为妇女争取权利和

① 《新体国语（初小）》第三册 37 课《我的家人》，页 39。《新教育国语（初小）》第三册 31 课《孙家的人》（页 13）说：“一切家事：是日新的父亲母亲同姊姊，三个人一同管理。”这里提到父亲也参与家事管理，可以说本套教科书较其他教科书更加强调父亲在家庭中的作用。

② 《新教育国语（初小）》第二册 21 课，页 9。

③ 《新教育国语（初小）》第二册 40 课，页 18。

④ 《新体国语（初小）》第三册 21 课，页 22。

⑤ 《新教育国语（初小）》第八册 24 课，页 16。

地位，到新文化运动时期这股潮流更为强劲。陆费逵认为，女子地位的高低与女子的实力成正比，而女子实力的表现需要社会提供机会。他认为："欧美诸国，因为物质的进步，竞争的激烈，生活的困难，女子不能不求独立生活，这是大势所迫无可奈何的。……到了这种国情……女子一方丢去受养活的权利，一方以自己的实力养活自己和子女，换一句话说，就是替男子尽了一部分的义务，并且养活一部分的男子，那地位自然要增高了"，但是，"照我国现在的国情，说起来……实际上一时决离不了家族本位"。[①]陆费逵说的的确是实情，但是他没有意识到观念可以先行，从而带动社会的进步。

值得庆幸的是，新学制时期的小学国文教科书编写者已意识到要将女子从繁重的家务中解放出来。其中有两篇课文分别提出了解放方案。一是举办幼稚园。商务印书馆 1920 年出版的《新法国语（高小）》第二册《幼稚园招生广告》开头这样写道："有孩子的姊妹们呀！你要你的孩子，养得胖么？你要你的孩子，有好的习惯么？你要挪出工夫来，做旁的事么？"[②]送孩子上幼稚园，解放更多时间、精力去做其他事情，这对当时被家务缠身的女子来说是极具吸引力的。二是设立"食物公制场"。"食物公制场"的"建设之费，由公众任之；其物或由场中分致于各家，或由人按时而就食"。这样做的一大益处就是"女子可服务于社会"。因为"女子主持中馈，常卒卒寡暇；有公制场，则女子可以烹饪之时间，尽力于公众之事"。[③]家政责任逐步由社会公共事业承担，女子便有了闲暇，便有机会承担更多社会责任，表现自己的实力，争得自己的地位。

---

① 陆费逵．女子教育的急务 [M]// 吕达．陆费逵教育论著选．北京：人民教育出版社，2000：249. 该文原载《中华教育界》1920 年第 1 期。

② 《新法国语（高小）》第二册 6 课，页 7—8。

③ 《新法国文（高小）》第二册 29 课《食物公制场》，页 31—32。

第五章

近代启蒙教科书中儿童生活世界的建构

近代启蒙教科书中的儿童生活世界

纵观近代启蒙教科书，其所建构的儿童生活世界发生了一个根本性转变：从历史发展趋势来看，儿童生活从传统的依附于成人、顺从皇权与国家权力的“臣民”和“国民”生活转变为独立自主、拥有权利和责任的现代“公民”生活，在这个过程中，教育政策、社会思潮发挥了重要作用；从建构的一般模式来看，儿童生活世界遵循从家庭日常生活逐步向广泛的社会生活拓展的轨迹；从建构儿童生活世界的文化选择来看，表现出从东西方文化截然两分到共同融合的态势。随着历史变迁以及教科书编写者儿童观念的转变，作为生活主角的儿童逐步从一个缺乏主体意识的个人转变为一个“自觉存在”的个体，关怀儿童的人道主义精神从中显现出来。

一、从“臣民”到“公民”：儿童身份之建构

（一）各时期启蒙教科书中儿童身份建构的特征

1. 清末（1897—1911）：“臣民”生活的建构

启蒙教科书总体建构的是儿童作为“臣民”的生活。具体表现在：

在个人生活方面，儿童主体意识初步显现，但总体处于从属地位。在家庭生活方面，以“孝”“悌”为核心，强调孝道与顺从。在学堂生活方面，突出与私塾的区别，以现代的个人物质条件、作息与纪律等建构全新的形象；师生关系作为“父母子女”关系的模拟而存在，强调次序和顺从。在社会生活方面，将儿童的个人品行与未来职业、个人生活与国家命运联系到一起；开始强调儿童的公德意识和社会责任。儿童游戏被重视，“乐”“德”“智”价值凸显。女子家庭生活以当“孝女”“贤母良妻”为目标，以做家事为主要内容；女子的求学空间狭窄，且以有助于相夫教子、增加社会财富为目标；女子的社会责任较之其他方面被重点强调。

相较于后两个阶段，本阶段启蒙教科书在儿童生活世界建构方面表现更为多元。

2. 民初（1912—1918）：“共和国民”生活的建构

启蒙教科书总体建构的是儿童作为“共和国民”的生活。具体表现在：

在个人生活方面，突出儿童作为“自治”“自立”个体的生活，使儿童从完全从属于父母及家庭的生活中跳脱出来。在家庭生活方面，仍然强调儿童对父母的“顺从”，使得儿童的“自治”“自立”与“顺从”之间产生强大张力。在学校生活方面，物质条件的改善使教科书建构的儿童生活更趋卫生与健康；统一的校服使得学校生活的公共性特征更加突出；师生关系从“父母子女”关系的模拟中独立出来，建构起较为平等的关系。在社会生活方面，进一步强调儿童作为“共和国民”应遵守的公德以及应承担的社会责任，但忽视儿童的权利；强调“尚实”“尚武”精神；将儿童置于世界之中，培养儿童的“世界之民”意识。儿童游戏更强调教育性，游戏之“乐”被淡化，“尚智”“争胜”被突出强调。女子家庭生活仍以养成“孝女”和“贤母良妻”为目标；女子的生活空间受到局限；女子的社会责任被淡化。

本阶段建构的儿童世界的内在矛盾性较为突出。

3. 新学制时期（1919—1927）：“公民”生活的建构

启蒙教科书总体建构的是儿童作为“公民”的生活。具体表现在：

在个人生活方面，将儿童建构为独立、独特、主动、有价值的存在，活泼、勇敢等优良品质得以张扬，一些传统优良品德如诚实、勤俭、坚忍、自治自立等被传承下来。在家庭生活方面，强调家庭生活的快乐与民主，儿童与父母之间建立起真正平等的关系。在学校生活方面，师生关系更为平等、和谐；强调实践和自治，为儿童将来投身民主政治生活、实业生活和社会服务做好准备；强调学校与社会的联系。在社会生活方面，突出儿童的国民性及其“共同生活”；力图构建理想的基层社会。儿童游戏的价值被再次发现。女子家庭生活有了较大转变，开始以当下的生活为重，家事不再是女孩的“专利”；女子的职业能力被发现。

需要指出的是，本阶段的启蒙教科书中虽然没有直接提出“公民”一词，但教科书在强调儿童社会责任的同时重视儿童的权利，事实上已视儿童为现代“公民”。

（二）影响各时期启蒙教科书中儿童身份建构的因素

1. 教育政策

自清末《奏定学堂章程》颁布起，清政府在教育政策的制定中对儿童教育目标的设定便成为小学国文教科书儿童生活建构的基本依据。从清末到新学制时期，小学国文教科书在儿童生活世界建构方面总体表现出这样的一个趋势，即从提倡过“臣民”和“国民”相混合的生活发展到以提倡过“公民”为主的生活轨迹。1901 年，上谕兴学堂、举办新式教育，对“培养什么样的人”就进行明确规定，以确保清王朝统治的稳固。清政府于 1904 年颁布的《奏定初等小学堂章程》和《奏定高等小学堂章程》均以造就德、智、体三方面共同发展的“国民”为目的，强调对儿童知识和身体的训练，以确保儿童“明伦理、爱国家”，具备“国民之善性”。具体地说，所谓“明伦理”，明的是以传统儒家纲常为核心的伦理，“爱国家”，爱的是封建专制的大清国。而“国民之善性”，即是建立在儒家修身基础上的“善性”。清末小学国文教科书中的儿童家庭伦理生活以强调次序和顺从的“孝”为核心即是明证。1906 年，学部明确提出“忠君、尊孔、尚公、尚武、尚实”五大宗旨，将“忠君”“尊孔”放在首要位置，其意图更为明确。商务印书馆为表明自编教科书对于清末教育宗旨的遵从，还特别发表了声明。[①] 1907 年，《奏定女子小学堂章程》颁布，成为小学女子国文教科书编写的重要依据。

民国创建，国家性质发生根本性转变。教育部顺应教育改革的形势提出了“注重道德教育，以实利教育、军国民教育辅之，更以美感教育完成其道德”，养成“共和国民”的教育方针，成为当时小学国文教科书改革与编写的重要依据。在这一改革形势之下，这一时期小学国文教科书的编写，特别是对儿童生活世界的建构，总体上按照教育宗旨的架构设计，强调儿童个人生活的“自

① 商务印书馆根据“忠君、尊孔、尚公、尚武、尚实”教育宗旨编辑出版初等小学教科书 [M]// 李桂林，戚名琇，钱曼倩．中国近代教育史资料汇编・普通教育．上海：上海教育出版社，2007：187.

治”“自立”以及作为国民和公民的责任与义务。

在杜威民主主义教育思想的主导下，民国教育部颁布的新学制提出了新课程七项标准，其中“谋个性之发展”“注意生活教育”两项对小学国文教科书中的儿童生活世界建构有较大影响，建构赋有权利和义务的“公民”生活占据首要位置。新学制时期，小学国文教科书建构的儿童形象及儿童生活逐步丰富起来，儿童逐步开始脱离成人而成为独立自主的个体，“自由”“平等”观念在儿童生活、儿童与成人关系中凸显出来；家庭生活凸显快乐与民主两大特征；女性儿童的家庭生活不再与将来为人妻、人媳、人母的生活相关联，而以当下的生活为重；学校生活强调学生自治，强调与社会的联系以及对社会的改造；社会生活突出共同性，力图构建理想的基层社会，等等。

2. 社会思想与编写者观念

教科书既是近代国家教育政策制定、改革的产物，又是社会思想和编写者观念表达的空间。这一时期，一些反映社会政治、经济、文化变革的新的思想在文本中也得以充分表达。它们或作为选文出现，或在叙事课文中传达。

1897—1927 年正是中国社会转型的重要时期。有学者指出，“1895—1920 年初前后大约二十五年的时间，这是中国思想文化由传统过渡到现代、承前启后的关键时代。在这个时代，无论是思想知识的传播媒介或者是思想的内容均有突破性的巨变”[①]。作为思想知识的传播媒介之一的小学国文教科书中就包含很多有影响力的社会改革思想，如实利主义、军国民主义、国粹主义、贤母良妻主义、工读主义、进步主义等等，在不同阶段分别影响小学国文教科书编写。这些多样甚至矛盾的思想凸显转型期知识人对政治价值和教育理想的不同诉求。比如，清末小学国文教科书中有关“自由”“生利分利”“公德”“世界之民”等内容多源自梁启超的《新民说》中对理想社会、国民理想人格的构想；新学制时期有关“共同生活”“自治”等内容多来自杜威民主主义教育思想。这些对于理想的儿童、理想社会、理想国家的想象与建构是影响当时小学国文教科书中儿童生活世界建构的重要因素。

教科书编写者吸收不同社会思想而形成各自不同的观念，不同出版社出版

---

① 张灏．中国近代思想史的转型时代 [J]. 二十一世纪，1999（4）：29-39.

的教科书由于编写者的思想观念不同而表现出各自的倾向，他们总是期望能在教科书中寄寓自己的政治理念和教育理想。这在清末民初表现得最为突出。上海会文学社编写的《初等女子国文》便是一例，编写者何琪并不遵循清政府的规定，将多篇涉及“男女平权”“人人平等”思想的课文编写进教科书。当然，该套教科书遭到官方的查禁在所难免，后经修改后方得以再度出版发行。正如学者所说：“教科书不仅仅是‘事实’的‘传输系统’，它还是政治、经济、文化活动、斗争及相互妥协等共同作用的结果。”①

此外，儿童不同类型生活相关课文的选择分量也与编写者的观念相关。比如，在清末启蒙教科书中，《蒙学读本全书》和《最新国文（初小）》选择儿童游戏的比例更高，《蒙学读本全书》的编写者更加关注游戏中体现的“游戏精神”，《最新国文（初小）》的编写者更加关注的是游戏要适合儿童的心理，考虑儿童的学习兴趣。

3. 社会现实

需要进一步指出的是，社会思想、编写者观念对儿童生活世界建构的影响深受社会现实的制约。以女子教育思想为例，“贤母良妻”主义在清末民初盛行，主要是因为当时社会生产力尚不发达，家庭事务的社会化程度不高，女子还不需要外出就业，但教育的发展又需要重视家庭教育，因而引导女子生活还是以家庭为中心。而正是女子生活以家庭为中心，没有机会表现才能，导致女子教育思想的停滞不前。直到第一次世界大战爆发，当知识界认识到欧洲女子像男子一样参与到多样化的职业中时，社会的思想才开始发生根本性的转变。当然，受西方女权主义影响，自清末开始，教科书编写者有时也鼓励女子求学、争取权利、扩展社会职业。

① M.阿普尔，L.克丽斯蒂安-史密斯.教科书政治学[M].侯定凯，译.上海：华东师范大学出版社，2005：2.

二、从家庭到社会：儿童生活世界建构之路径

（一）由近及远，从“日常”到“非日常”

20世纪前期各阶段小学国文教科书均遵循从家庭到社会、从日常生活到非日常生活的路径来建构儿童的生活。在所涉儿童生活中，大量的是家庭中的衣食住行、与周围人的日常交往活动，尤其是在小学低段的国文教科书中，此类课文比例更高。随着儿童年龄增长，儿童生活逐步拓展到社会领域，为将来成为合格的“臣民”“国民”或“公民”而担负的责任和义务凸显出来。当然，从家庭到社会、从日常生活到非日常生活的建构路径中还包含小学国文教科书编写者对儿童心理发展逻辑顺序的认知与遵循：由近及远、从具体到抽象。

教科书承担个体社会化的任务，通过文化知识的选择、传播促使受教育者意识到自己在社会中的地位以及所扮演的角色。小学国文教科书建构起的儿童生活世界，正是这一功能的体现。正如中华书局出版的《新教育国语（初小）》中的《讲演会》一课阐述的那样：“人的一生，要经过家庭、学校、社会三层阶级，这三层阶级，情形各有不同。儿童初进学校的时候，学校的生活，和家庭的生活相近，和社会的生活，却不相近；应该渐渐的养成自治的精神，如遵守秩序的习惯，再一步一步接近社会的生活：将来才能够在社会上做一个完全的人。”[①]虽然各阶段小学国文教科书编写者对于“如何才能更好地接近社会”这一问题看法不同，但在建构顺序上表现出一致性。从家庭到社会、从“日常”到“非日常”，这是小学国文教科书中儿童生活世界建构的一个共识。

（二）“日常”中的“非日常”

小学国文教科书建构起来的儿童日常生活与现实中的日常生活并不相同，它指向的是“儿童应如何生活”而不是“儿童是如何生活的”。日常生活理论认为，日常生活相对固定、狭窄和封闭的空间特性，似乎凝固、恒常和均匀流逝的时间特性，是人类产生惰性、缺乏创造力的重要原因，只有非日常生活，尤其是非日常的精神生产领域才具有精确、硕大、开放的空间特性以及日新月

① 《新教育国语（初小）》第七册1课，页1。

异、节奏多变的时间特性。因而，要引导民众的日常生活向非日常生活发展，以丰富和提升日常生活的意义。小学国文教科书中的儿童日常生活因其带有教育者的建构意识，其时空特性已发生转变，儿童日常生活已带有“非日常”的印记。20 世纪前期的小学国文教科书编写者一方面呈现所想象的日常生活中的恒常部分，另一方面又不断将非日常生活知识、观念渗透于日常生活中。比如，叙事课文中渗透的“人”“兽”本质区别的意识、“群学”观念、“共和国民”意识、“全人类”意识等即是突出表现。通过非日常生活知识、观念的渗透使儿童日常生活更趋向于自觉，这与日常生活理论期望通过非日常生活来重建日常生活的设想不谋而合。从这个层面来说，小学国文教科书中儿童生活世界的建构具有积极意义。

三、从分离到融合：儿童生活世界建构之文化选择

（一）作为文化选择表达空间的启蒙教科书

“教科书发展的本质在于选择文化”①，而在社会急剧变迁的过程中，由于各种思潮、各种力量的相互抗衡，其选择往往充满矛盾且面临重重困难。20 世纪前期正是东西方列强觊觎中国领土、企图瓜分中国的非常时期，“民族”“国家”“文化”等话语不仅通过社会公共空间的媒介传播，也是小学国文教科书建构的重要价值与目标所在。三个阶段相比较，清末和新学制时期的小学国文教科书更带有公共传播媒介的特征，在引进西方文化、想象新的民族国家和儿童生活世界中显得更加活跃。事实上，这也正是中国社会变化最为剧烈的两个时期。当中国直面世界强国，当中国传统文化置身于西方强势文化中时，悬殊的差距感是不言而喻的。建设强大的民族国家是当时整个中国社会的共同夙愿。在这一时期出版的小学国文教科书中，有关“国耻”“国性”“爱国”等内容的课文占有相当比重，而选择什么样的文化塑造儿童、想象民族国家则是关系到一个民族国家生存与发展的重大问题。

① 王建军．中国近代教科书发展研究 [M]. 广州：广东教育出版社，1996：301.

（二）从分离到融合的文化

在20世纪前期小学国文教科书建构的儿童生活世界演变过程中，西方的“民主”“科学”话语不仅在量上不断扩张，而且从作为知识的陈述转为渗透于儿童的日常生活之中。新学制时期的小学国文教科书中儿童组织自治会、开办商店、组织学校市等，就是“民主”和社会性话语渗透于儿童生活的表现。这是教科书吸收西方文化的一面。而对于传统文化，各种小学国文教科书都采取在一定程度上保存的态度，但其对于传统文化的选择也经历了较大变化：从开始时的核心选择到用西方文化改良传统。传统“孝”文化的演变就反映了这一变迁轨迹。从东西两种文化在小学国文教科书中的关系状态来看，清末小学国文教科书中表现出两种文化的分离和叠加状态：传统的核心不可动摇，西方文化只是作为外加成分，同时，又用传统文化对外加的西方文化进行解释，建立关联性。比如，对于“公德”，清末的小学国文教科书是将其与传统的“礼”相对应。如《新订蒙学课本》中的《检身杂语一》一文：

凡喧哄争斗之处不可近。凡众坐必敛身，勿多占坐席。凡入他人之室，必先扬声，户开亦开，户阖亦阖。凡开门揭帘，须徐徐轻手，勿令震动生响。与人同席而食，宜轻嚼缓咽，不可闻饮食之声，尤忌汤滓狼藉。凡一切令人厌恶之态，切不可露。

凡他人器皿，未经告知，不可擅动；他人信札，尤不得任意拆阅。凡公用器具，最宜爱惜。公花园内之花木，不得攀折。①

课文第一段中有多处取自《礼记》。如：“凡入他人之室，必先扬声，户开亦开，户阖亦阖”取自《礼记·曲礼上》中的“将上堂，声必扬”“户开亦开，户阖亦阖”②；“与人同席而食，宜轻嚼缓咽，不可闻饮食之声”取自《礼记·曲礼上》中有关饮食方面的礼仪“毋咤食”“毋嚃羹”③，以及《礼记·少仪》中的“数噍”④。可以说，第一段主要源自中国传统礼仪，而这些传统礼仪恰好

① 《新订蒙学课本》三编28课，页125。

② 孙希旦.礼记集解（上）[M].北京：中华书局，1989：26，27.

③ 孙希旦.礼记集解（上）[M].北京：中华书局，1989：58.

④ 孙希旦.礼记集解（中）[M].北京：中华书局，1989：943.

与西方礼仪一致。至于第二段，则多来源于西方公德规范。该课文呈现两相混杂的状况。

到民国初年，仍然带有这样的倾向。蔡元培在解释“公民道德”中的“自由”“平等”“亲爱”时，也是将其与儒家尊崇的“义”“恕”“仁”三者相对应。沙培德认为：“蔡元培的解读无疑极为牵强，但却显示出一种信念：尽管我们或许可称为‘政治儒学’（political Confucianism）的部分必须被逐出学校课程之外，但儒教里的许多其他成分却合于现代公民身份。”[①]诚然，文化与文化之间有时存在共通之处。然而，东西方的社会结构存在本质差异，“中国乡土社会的基层结构是一种……‘差序格局’，是一个‘一根根私人联系所构成的网络’。这种格局和现代西洋的‘团体格局’是不同的”，“社会格局的差别引起了不同的道德观念”。[②]用讲求次序的儒家传统去对应和解释讲求“自由”“平等”“博爱”的西方公民道德必然会带来冲突和矛盾。民初小学国文教科书中儿童的个人自由、解放与“顺”的强化之间的矛盾正是其表现之一。随着新文化运动对传统文化的深刻批判以及知识界对西方文化认知的加深，这一矛盾才得以解决。小学国文教科书选择的是对传统文化进行批判性接纳，这使得东西方文化更好地调和，形成为一个相对更为协调的融合整体。由此可见，在社会转型时期，小学国文教科书对整个儿童生活世界建构的演变以及东西方文化的选择是一个非常复杂的过程。

四、“自觉的存在”：儿童生活世界之主体建构

（一）儿童生活世界中的“个人”与“个体”

在小学国文教科书中儿童生活世界的建构过程中，我们还需要关注作为生活的主角——儿童——的主体建构。这可以借助日常生活理论来加以考察。“个体”是日常生活理论中最为关切的核心范畴。赫勒在其理论中将个人划分

① 沙培德．伦理教科书：民初学校教育里的修身与公民道德 [M]// 许纪霖，刘擎．多维视野中的个人、国家与天下认同．上海：华东师范大学出版社，2013：218.

② 费孝通．乡土中国 [M]. 北京：人民出版社，2015：35-36.

为“排他主义个人”和“个性的个体”两个层面，或者说是将作为“类”存在的个人划分为“自在存在”和“自觉（自为）存在”两个层面。人虽然自降生就带有“类”的属性，但并非必然与其类本质形成自觉关系。当人带着一系列给定的特质、能力进入世界之中，同类本质处于自在的缄默的关系中时，整个日常生活结构和图式对个人而言就是自在的、给定的，个人的再生产只是为了保存自身，个人的活动具有排他的、自我中心的特点。赫勒称这样的生活为“异化的生活”。只有当个人充分发展自我意识，与其类本质形成自觉关系，使自身成为个性充分发展的自由、自觉的个体，才能成为“自为的存在”，并可以尝试改造现存的日常生活结构。因而，日常生活理论说到底是以人自身的现代化为宗旨，倡导一种以人之主体性的生成为核心的文化启蒙立场。从观念世界看，这有助于对人之主体性的唤醒，在启蒙进程中具有重大意义。小学国文教科书正是观念层面的建构文本，因而对其中的儿童主体性的建构进行考察是有意义的。

透视近代小学国文教科书关于儿童个体生活的呈现，可以明显发现儿童的主体性随着时间的推进而被逐步唤起。清末小学国文教科书中，除了《初等女子国文》中的女子具有较强的主体意识，能通过所学知识改造自己的生活，改变周围人的态度，其他教科书中的儿童普遍受制于传统伦理规范而缺乏主体意识，因而关于“自治”一类的课文无非是外在于教科书中儿童生活之外的生硬知识，而不能指导其生活。到民国初年，小学国文教科书从“故事”和“话语”两个层面共同塑造独立、自治、具有强烈主体意识的儿童，然而由于“顺”的强化，儿童的主体意识并不能真正生长，进而成为改造生活的力量。直到新学制时期，小学国文教科书才真正将儿童从从属于成人的地位中解放出来，强调儿童的主体性并鼓励儿童改造周围世界，课文《我自决了》[①]便是非常好的例证。比较清末、民初、新学制时期教科书插图中的儿童体态，其从被动、顺从到独立、自信、活泼的转变非常突出地表现出来。20世纪前期的小学国文教科书正循着日常生活理论所倡导的“培养自由、自觉的个体”方向而不断努力着。

---

① 该文出自《新法国文（高小）》第六册语体文2课（页50—52）。具体内容见本书第四章。

观念层面的启蒙虽然不能即刻带来现实世界的改变，但其逐步推进所带来的变革力量也不容小觑。事实上，日常生活理论所强调的“深层文化启蒙”也不是一朝一夕就能带来所有生活于日常的人们的幡然醒悟，即刻成为“自觉的存在”，其将受社会现实的制约则是必然的。不过，就其对个体的积极导向而言，日常生活理论与20世纪前期的小学国文教科书所建构的儿童日常生活是一致的。

（二）主体建构与人道主义

在日常生活理论的叙述中，培养自由、自觉的个体即是日常生活的人道化。然而，基于真正的人道主义立场，这一提升过程应当是建立在尊重人的特性的基础上的。从这一角度来审视近代小学国文教科书所建构的儿童生活世界，问题比较突出的是民国初年这个阶段。在这个阶段中，一些属于儿童先天禀赋类的特征因为教科书编写者过于关注“类”的生活而遭否定，《戒迟缓》便是一例。

翟女性迟缓。一日，母闻灶屋火燃声，呼女视之，女应而不即往。母急入视，则灶屋火起，延烧几及屋宇，急沃以水，火乃熄。母谓女曰：“此汝迟缓之害也。幸我速来，否则火灾成矣，不亦危乎！”[①]

课文通过一个极端的故事来告诫儿童行动迟缓的危害之大。此外，教科书编写者出于时间的焦虑感还对儿童游戏的教育性、儿童应承担的责任进行过度建构，过于强调儿童作为“类”的义务。这一切其实已经背离了日常生活建构的人道主义立场。这样的情形在清末小学国文教科书中都不曾出现。直到新学制时期，儿童的禀赋才受到尊重，《一个初入学校的孩子》是典型课文。课文通过大量对主人公——8岁的阿菊——心理的描写，刻画一个缺乏社会经验的孩子第一次离开家到学校读书时的紧张心情。[②]其他如对儿童活泼、爱游戏天性的认同和鼓励，对儿童好问天性的支持与鼓励，等等，都体现出教科书编写者的人道主义情怀。由此我们可以说，近代小学国文教科书在儿童生活世界人道主义建构中的演进趋势是值得称道的。

---

① 《新制单级（初小）》乙编第七册33课，页16。

② 《新小学国语（高小）》第四册12课，页34—41。

结　语

在1897—1927年的30年间，启蒙教科书在建构儿童生活世界的过程中扮演了重要角色。从儿童的物质生活到精神生活，从儿童个人、家庭、学校的日常生活到社会非日常生活，启蒙教科书对儿童生活世界的建构可谓全面周详。在这个过程中，小学国文教科书对儿童身份建构着墨最多，因为通过道德教育把儿童培养成理想的“人”始终是一个国家最为关切的问题。沙培德曾指出：“语文读本和其他课程的教科书也同样传达了道德训诫。语文读本的影响力甚至有可能大过于道德教科书，因为语言课程的授课时数较长，还有背诵的练习活动。……语文读本与道德教科书倾向于一起宣扬近似的价值观念。”但是，他又认为：“即使是最为直白的文学建构，也带有一定的歧义性（ambiguity），而道德教科书却能将其课文打入家庭（虽然这些课文也许仍旧会遭到忽视或抵制）。”[①]然而笔者以为，小学国文教科书的文学化建构使得价值观的渗透更为含蓄，如果不是通过批判性解读，叙事话语中隐藏的特殊建构很难被受教育者甚至教育者意识到，因而它们会以一种更为潜移默化的形式建构儿童的生活世界，从而达到更好的效果。道德教科书因其明显的道德教化目的而容易被觉察，忽视或抵制的情形会更容易发生。

1897—1927年，小学国文教科书中的文化选择经历了从截然两分到融合的发展过程，到新学制时期东西方文化在小学国文教科书中形成为较为协调的整体。这时的儿童身份建构虽仍带有“国民”性质，但确如吴研因所说的，

① 沙培德．伦理教科书：民初学校教育里的修身与公民道德[M]// 许纪霖，刘擎．多维视野中的个人、国家与天下认同．上海：华东师范大学出版社，2013：240.

“很缺少民族精神和国家思想”[①]，建构得更多的是儿童作为同时拥有权利和义务、具有主体性的“世界之民”。张灏指出，新文化运动之后，思想界的“世界主义的盛行决不下于民族主义”，“五四运动的思想常常超过民族主义，而有浓厚的世界主义气氛”。[②]这对于一个处于危机中的民族国家来说是必经的一步。然而，正是它导致了南京国民政府成立后，教育政策又开始强调传统文化，强调引导儿童的民族精神、国家思想的学习与建构，中国传统文化又被摆到重要位置上。

从近代小学国文教科书中儿童生活世界的建构看，围绕儿童作为“臣民”“国民”或是“公民”的身份建构是其核心部分，不管是何种身份建构，目的都在于把儿童作为社会、作为国家的一分子看待：人作为“自觉的存在”的价值追求、人的充分而全面的发展是人类生活的最高目标，因而在建构儿童日常生活、儿童身份的过程中无论如何都不能忽视儿童主体性的建构。即便是在不得不考虑民族危机的情况下也要给儿童的主体建构提供空间，给予儿童人道主义关怀。说到底，这是对整个人类自身的关怀。

最后，就本书的研究范式和方法略作总结。作为一个新开辟的研究领域，儿童生活建构史研究摆脱了传统教科书历史研究中的“宏大叙事”，用生动的细节展现儿童丰富的生活。不过，作为一种建构的文本，小学国文教科书中的儿童生活史毕竟不是现实儿童生活史，那些叙事课文叙述不连贯，细节又没有日记、自传那样丰富。同时，教科书中的儿童生活世界建构很多由论说文完成，因而无法达到现实生活史那样的“鲜活”状态。不过，可以弥补的办法有三个：一是尽可能多地呈现叙事课文和插图，补充叙事；二是加深文本细读的功夫，从课文和插图中读出更多细节；三是从生活于那个时代的人的日记、自传、传记、年谱等资料中获取信息，补充细节。这也符合“文本互证”的历史研究方法。要做好教科书中的儿童生活建构史研究，需要研究者拥有能发现细节的慧眼、能拼接叙事与论说文本的匠心、能生动叙述故事的妙笔以及能揭示规律和关系的逻辑思维能力。本书已在这些方面做出努力，并将在后续研究中进一步探索。

---

① 吴研因．清末以来我国小学教科书概观 [J]. 中华教育界，1935（11）：104.

② 张灏．中国近代思想史的转型时代 [J]. 二十一世纪，1999（4）：29-39.

参考文献

埃德蒙德·胡塞尔.生活世界现象学[M].倪梁康，张廷国，译.上海：上海译文出版社，2002.

艾莉森·詹姆斯，克里斯·简克斯，艾伦·普劳特.童年论[M].何芳，译.上海：上海社会科学院出版社，2014.

爱摩·福斯特.小说面面观[M].苏炳文，译.广州：花城出版社，1984.

鲍克怡，等.大辞海·语词卷[M].上海：上海辞书出版社，2011.

彼得·伯克.图像证史[M].杨豫，译.北京：北京大学出版社，2008.

彼得·亨特.理解儿童文学[M].郭建玲，周惠玲，代冬梅，译.上海：少年儿童出版社，2010.

毕苑.建造常识：教科书与近代中国文化转型[M].福州：福建教育出版社，2010.

冰心.冰心自传[M].南京：江苏文艺出版社，1995.

蔡丰明.游戏史[M].上海：上海文艺出版社，1997.

陈波.陶行知教育文选[M].杭州：浙江大学出版社，2014.

陈姵琁."教科书研究分析方法"工作坊[J].教科书研究，2011（2）：121-127.

陈平原，夏晓红.图像晚清[M].天津：百花文艺出版社，2006.

陈平原.中国小说叙事模式的转变[M].北京：北京大学出版社，2010.

陈山.《论语》编注[M].北京：中国文联出版社，2016.

陈桃兰.观念世界的教育变革：现代小说中的教育叙事研究[M].北京：中国社会科学出版社，2012.

陈侠.近代中国小学课程演变史[M].福州：福建教育出版社，2007.

陈子褒.陈子褒先生教育遗议[M].桂林：广西师范大学出版社，2012.

辞海编辑委员会.辞海[M].上海：上海辞书出版社，1989.

丁钢.村童与塾师：一种风俗画的教育诠释[J].社会科学战线，2015（2）：242-248.

丁钢.叙事范式与历史感知：教育史研究的一种方法维度[J].教育研究，2009（5）：37-41.

杜威.自由与文化[M].傅统先，译.北京：商务印书馆，2013.

范远波.民国小学语文教材研究[D].上海：华东师范大学，2007.

菲力浦·阿利埃斯.儿童的世纪：旧制度下的儿童和家庭生活[M].沈坚，朱晓罕，译.北京：北京大学出版社，2013.

费尔南·布罗代尔.15至18世纪的物质文明、经济和资本主义（第1卷）：日常生活的结构——可能和不可能[M].顾良，施康强，译.北京：生活·读书·新知三联书店，1992.

费孝通.乡土中国[M].北京：人民出版社，2015.

丰陈宝，丰一吟.丰子恺散文全编（上编）[M].杭州：浙江文艺出版社，1992.

风笑天.社会学研究方法[M].北京：中国人民大学出版社，2001.

高平叔.蔡元培年谱长编（上）[M].北京：人民教育出版社，1996.

高平叔.蔡元培全集[M].北京：中华书局，1984.

顾潮.顾颉刚年谱[M].北京：中国社会科学出版社，1993.

顾明远.中国教育大百科全书[M].上海：上海教育出版社，2012.

顾炜.清末初等小学堂女子国文教科书价值取向研究：以《最新初等小学女子国文教科书》为例[D].上海：上海师范大学，2014.

洪长泰.到民间去：1918—1937年的中国知识分子与民间文学运动[M].董晓萍，译.上海：上海文艺出版社，1993.

胡平生.孝经译注[M].北京：中华书局，2009.

胡适.胡适文集（3）[M].北京：北京大学出版社，1998.

胡香生，辑录.严昌洪，编.朱峙三日记（1893—1919）[M].武汉：华中师范大学出版社，2011.

加雷斯·皮·马修斯.哲学与幼童[M].陈国容，译.北京：生活·读书·新知三联书店，1989.

贾国静.私塾与学堂：清末民初教育的二元结构[J].四川师范大学学报（社会科

学版），2002（1）：97-105.
姜建，吴为公.朱自清年谱[M].北京：光明日报出版社，2010.
蒋梦麟.西潮与新潮[M].北京：人民出版社，2012.
莱维.教育大百科全书·课程[M].丛立新，等译.重庆：西南师范大学出版社，2011.
老舍.老舍自传[M].南京：江苏文艺出版社，1995.
李保田.最新国文教科书（初等小学堂课本）（1—5册）[M].桂林：广西师范大学出版社，2013.
李保田.最新国文教科书（初等小学堂课本）（6—10册）[M].桂林：广西师范大学出版社，2013.
李桂林，戚名琇，钱曼倩.中国近代教育史资料汇编·普通教育[M].上海：上海教育出版社，2007.
李佳芯.近现代国家权力下的修身教育——基于家训与修身教科书的文本分析[J].教育学术月刊，2015（3）：89-101，111.
李欧梵，讲演.季进，编.未完成的现代性[M].北京：北京大学出版社，2005.
李欧梵.现代性的追求[M].北京：人民文学出版社，2010.
李屏.中国传统游戏研究：游戏与教育关系的历史解读[M].太原：山西教育出版社，2010.
李杏保，顾黄初.中国现代语文教育史[M].成都：四川教育出版社，2004.
李逸安，张立敏，译注.三字经 百家姓 千字文 弟子规 千家诗[M].北京：中华书局：2011.
梁启超.新民说[M].沈阳：辽宁人民出版社，1994.
梁漱溟.东西文化及其哲学[M].上海：上海人民出版社，2015.
梁漱溟.我生有涯愿无尽：梁漱溟自述文录[M].北京：中国人民大学出版社，2004.
林语堂.林语堂自传[M].北京：中国华侨出版社，1994.
刘黔敏.德育学科课程：从理念到运行[D].南京：南京师范大学，2005.
刘晓东.解放儿童[M].南京：江苏教育出版社，2008.
刘训华.困厄的美丽：大转局中的近代学生生活（1901—1949）[M].武汉：华中科技大学出版社，2014.

刘训华.生活叙事、文学形式与重回现场：学生生活史研究的三个维度[J].教育研究，2015(11)：129-134，144.

刘正伟.现代性：语文教育的百年价值诉求[J].教育研究，2008(1)：64-69.

刘正伟.语文教育现代性探索[M].北京：商务印书馆，2015.

鲁迅.鲁迅全集(第2卷)[M].北京：人民文学出版社，2005.

陆费逵.陆费逵自述[M].合肥：安徽文艺出版社，2013.

陆胤.清末“蒙学读本”的文体意识与“国文”学科之建构[J].文学遗产，2013(3)：122-136.

吕达.陆费逵教育论著选[M].北京：人民教育出版社，2000.

玛利亚·尼古拉耶娃.儿童文学中的人物修辞[M].刘洊波，杨春丽，译.合肥：安徽少年儿童出版社，2010.

迈克尔·W.阿普尔，等.教科书政治学[M].侯定凯，译.上海：华东师范大学出版社，2005.

茅盾.我走过的道路(上)[M].北京：人民文学出版社，1997.

尼尔·波兹曼.童年的消逝[M].吴燕莛，译.桂林：广西师范大学出版社，2011.

佩里·诺德曼，梅维斯·雷默.儿童文学的乐趣[M].陈中美，译.上海：少年儿童出版社，2008.

璩鑫圭，唐良炎.中国近代教育史资料汇编·学制演变[M].上海：上海教育出版社，2007.

璩鑫圭，童富勇.中国近代教育史资料汇编·教育思想[M].上海：上海教育出版社，2007.

商金林.叶圣陶年谱长编(第1卷)[M].北京：人民教育出版社，2004.

申丹，王丽亚.西方叙事学：经典与后经典[M].北京：北京大学出版社，2010.

申国昌，刘京京.教育生活史：教育历史的生动展现——从法国年鉴学派得到的启示[J].湖北大学学报(哲学社会科学版)，2014(2)：82-86.

石鸥，吴小鸥.从有限渗入到广泛传播：清末民初中小学教科书的民主政治启蒙意义[J].教育学报，2010(1)：62-70 .

石鸥，吴小鸥.简明中国教科书史[M].北京：知识产权出版社，2015.

石鸥，吴小鸥.中国近现代教科书史(上册)[M].长沙：湖南教育出版社，2012.

石鸥，吴小鸥.最具现代意义的学校自编语文教科书：无锡三等公学堂的《蒙学读本全书》(1901年)[J].湖南教育，2008(3)：4-7.
石鸥.我国最早的现代意义的教科书：南洋公学的《(新订)蒙学课本》[J].书屋，2008(1)：1.
史静寰.走进教材与教学的性别世界[M].北京：教育科学出版社，2004.
舒新城.近代中国教育史料[M].北京：中国人民大学出版社，2012.
舒新城.近代中国教育思想史[M].福州：福建教育出版社，2007.
舒新城.舒新城自述[M].合肥：安徽文艺出版社，2013.
孙希旦.礼记集解[M].北京：中华书局，1989.
泰勒·何德兰，坎贝尔·布朗士.孩提时代：两个传教士眼中的中国儿童生活[M].魏长保，黄一九，宣方，译.北京：群言出版社，2000.
汤志钧，陈祖恩，汤仁泽.中国近代教育史资料汇编·戊戌时期教育[M].上海：上海教育出版社，2007.
田正平.中国教育史研究·近代分卷[M].上海：华东师范大学出版社，2009.
汪家熔.民族魂——教科书变迁[M].北京：商务印书馆，2008.
汪镶卿.汪穰卿笔记[M].北京：中华书局，2007.
王法周.胡适自述[M].郑州：河南人民出版社，2004.
王建军.中国近代教科书发展研究[M].广州：广东教育出版社，1996.
王泉根.中国现代儿童文学文论选[M].南宁：广西人民出版社，1989.
王荣辰，庄慧琳.夏丏尊全集：第四卷·教科书(开明国文讲义)[M].杭州：浙江大学出版社，2021.
王世儒.蔡元培日记(上)[M].北京：北京大学出版社，2010.
王雅玄.社会科学领域教科书的批判论述分析：方法论的重建[J].教育研究集刊，2005(2)：67-97.
王映霞.王映霞自传[M].合肥：黄山书社，2008.
王有朋.中国近代中小学教科书总目[M].上海：上海辞书出版社，2010.
吴康宁.课程社会学研究[M].南京：江苏教育出版社，2004.
吴小鸥，李想.赋权女性：晚清民国女子教科书的启蒙诉求[J].华东师范大学学报(教育科学版)，2014(1)：103-110.
吴小鸥.中国近代教科书的启蒙价值[M].福州：福建教育出版社，2011.
夏晓红.《蒙学课本》中的旧学新知[J].清华大学学报(哲学社会科学版)，2009

(4): 39-56.
夏燕勤，刘正伟.教科书叙事：儿童及其与成人的关系——以民国初年四套初等小学国文教科书为中心的研究[J].华文学刊，2015(2): 1-18.
夏燕勤，刘正伟.20世纪前期小学国文教科书中“孝”之叙述变迁[J].华文学刊，2023(2): 12-29.
谢世俊.竺可桢传[M].重庆：重庆出版社，1993.
徐兰君，安德鲁·琼斯.儿童的发现：现代中国文学及文化中的儿童问题[M].北京：北京大学出版社，2011.
许纪霖，刘擎.多维视野中的个人、国家与天下认同[M].上海：华东师范大学出版社，2013.
杨伯峻，译注.论语译注[M].北京：中华书局，2018.
喻岳衡.新订蒙学课本(初编、二编、三编合订本)[M].长沙：岳麓书社，2005.
约翰·杜威.民主主义与教育[M].王承绪，译.北京：人民教育出版社，1990.
约翰·杜威.学校与社会　明日之学校[M].赵祥麟，任钟印，吴志宏，译.北京：人民教育出版社，2005.
约翰·赫伊津哈.游戏的人：文化的游戏要素研究[M].傅存良，译.北京：北京大学出版社，2014.
张灏.中国近代思想史的转型时代[J].二十一世纪，1999(4): 29-39.
张心科.清末民国儿童文学教育发展史论[M].北京：北京师范大学出版社，2011.
张志公.传统语文教育初探[M].上海：上海教育出版社，1962.
郑大华.梁漱溟自述[M].郑州：河南人民出版社，2004.
郑国民.从文言文教学到白话文教学——我国近现代语文教育的变革历程[M].北京：北京师范大学出版社，2000.
郑素华.儿童文化引论[M].北京：社会科学文献出版社，2015.
中国第二历史档案馆.中华民国史档案资料汇编(第三辑·教育)[M].南京：江苏古籍出版社，1991.
中华民国教育部.第一次中国教育年鉴[M].上海：开明书店，1934.
周洪宇，陈竞蓉.民主主义与教育：杜威在华演讲录[M].合肥：安徽教育出版社，2013.

周洪宇，刘训华.多样的世界：教育生活史研究引论[M].福州：福建教育出版社，2014.
周作人.儿童文学小论 中国新文学的源流[M].石家庄：河北教育出版社，2002.
周作人.知堂回想录：周作人晚年自述传[M].合肥：安徽教育出版社，2008.
朱刚.胡塞尔生活世界的两种含义：兼谈欧洲科学与人的危机及其克服[J].江苏社会科学，2003（3）：40-45.
庄俞，贺圣鼐.最近三十五年之中国教育[M].上海：商务印书馆，1931.

附　录

近代小学国文教科书[①]

南洋公学. 蒙学课本（卷一、卷二）[M].二次排印本.上海：商务印书馆（代印），1899.

南洋公学. 新订蒙学课本（初编、二编）[M].上海：商务印书馆（代印），1901.

刘树屏. 澄衷蒙学堂字课图说（卷首、卷一、卷二、卷三、卷四）[M].上海：澄衷蒙学堂，1901.

俞复. 蒙学读本全书（寻常小学堂生徒用书）（一编至七编）[M].上海：文明书局，1902.

庄俞，蒋维乔，杨瑜统.最新国文教科书（初等小学）（1、2、9册）[M].上海：商务印书馆，1904—1905.

顾倬. 国文读本（高等小学）（卷一、卷二）[M].上海：文明书局，1905.

何琪. 初等女子国文教科书（2、4、5、6、7、8册）[M].上海：上海会文学社，1906.

蒋维乔，高凤谦，张元济.最新国文教科书（高等小学）（3、4、6册）[M].上海：商务印书馆，1907.

戴克敦，蒋维乔，庄俞，等.订正女子国文教科书（1—8册）（初等小学）[M].订正初版.上海：商务印书馆，1912.

庄俞，沈颐. 共和国教科书新国文（国民学校，秋季始业）（2—8册）[M]. 上海：商务印书馆，1912.

樊炳清，庄俞. 共和国教科书新国文（高等小学，秋季始业）（1—6册）[M].上

① 这里列举的是本书在研究中涉及的教科书。

海：商务印书馆，1913.

郭成爽，汪涛，何振武.新制中华国文教科书（高等小学）（1—9册）[M].上海：中华书局，1913.

庄适，郑朝熙.单级国文教科书（初等小学）（2—12册）[M].上海：商务印书馆，1913.

沈颐，杨喆.新编中华国文教科书（高等小学）（1—6册）[M].上海：中华书局，1913—1914.

沈颐，范源廉，杨喆.中华女子国文教科书（高等小学）（1—6册）[M].上海：中华书局，1914.

北京教育图书社.实用国文教科书（高等小学）（2—6册）[M].上海：商务印书馆，1915.

刘传厚，范源廉，沈颐.新制单级国文教科书（初等小学）（1—12册）[M].上海：中华书局，1913—1914.

顾倬.修正国文读本（高等小学）（卷一、卷二、卷三）[M].上海：文明书局，1916.

吕思勉.新式国文教科书（高等小学）（1—6册）[M].上海：中华书局，1916—1917.

庄适.新体国语教科书（国民学校）（1—7册）[M].上海：商务印书馆，1919—1920.（第7册不全，仅有19—44课）

刘大绅，戴杰，庄俞，等.新法国语教科书（高等小学）（1—6册）[M].上海：商务印书馆，1920—1921.

杨达权，张杏娟，李廷慧，等.新教育教科书国语读本（国民学校，秋季始业用）（1—8册）[M].上海：中华书局，1920—1921.

许国英，范祥善，庄适，等.新法国文教科书（高等小学）（1—6册）[M].上海：商务印书馆，1921.

朱麟，潘文安，任镕，等.新教育教科书国文读本（高等小学）（1—6册）[M].上海：中华书局，1921—1922.

秦同培.新时代教科书国文读本（高等小学）（1—4册）[M].上海：世界书局，1922.

方宝观，庄适，顾颉刚，等.新法国语文教科书（小学后期）（1、2册）[M].上海：商务印书馆，1923.
庄适，吴研因，沈圻.新学制国语教科书（初级小学）（2—8册）[M].上海：商务印书馆，1923.
黎锦晖，陆费逵.新小学教科书国语读本（初级）（1—8册）[M].上海：中华书局，1923.
黎锦晖，陆费逵，易作林.新小学教科书国语读本（高级）（1—4册）[M].上海：中华书局，1923.
庄适，吴研因，沈圻.新学制国语教科书（高级小学）（1—4册）[M].上海：商务印书馆，1924.
缪天绶.新撰国文教科书（高级小学）（1—4册）[M].上海：商务印书馆，1924.
褚东郊，刘佩琥，朱文叔，等.新小学教科书国文读本（高级）（1—4册）[M].上海：中华书局，1924.
魏冰心，朱翊新，范祥善.新学制小学教科书初级国语读本（1—8册）[M].上海：世界书局，1924.
胡怀琛，庄适.新撰国文教科书（初级小学）（6、7、8册）[M].上海：商务印书馆，1925.
魏冰心.新学制小学教科书高级国语文读本（1—4册）[M].上海：世界书局，1925.
秦同培，陈和祥.新学制小学教科书高级国文读本（1—4册）[M].上海：世界书局，1925.

后　记

不惑之年，为解学术之惑，我选择了读博；知天命之年，我的书稿出版。成果虽姗姗来迟，亦是人生幸事。

读博是我人生的一个跨越。这不仅是因为在学术研究上，我终于静下心来潜心钻研，更重要的是我开始反观人生，对人、对人与人之间的关系有了更为深入的理解，并在日常生活实践中去感悟、去行动。

在学术求索过程中，导师刘正伟教授向我介绍了近代教科书，建议我做教科书方面的研究。初遇是叶圣陶编、丰子恺绘的开明国语课本，一眼惊艳：版式、字体、插图无不透着古朴的气息，是我不曾接触但又非常喜欢的风格。那时，近代教科书研究正热。之后，我又沿着时间线回溯，找到了民国初年的四套小学国文教科书。受学前教育背景和日常生活实践感悟的影响，我开始从对近代教科书外在形式的关注转向对叙事课文以及插图中的儿童和儿童与成人关系的关注。关注图像也是受当时图像研究热点的影响，丁钢教授的相关研究给予我新的启发。再后来，便是进一步回溯历史，探寻清末的小学教科书。在这个过程中，我接触到了石鸥教授、吴小鸥教授等的研究，受到更多的启发。在刘正伟教授的建议下，我围绕儿童的生活世界确定了博士学位论文的框架，开始进行梳理与分析。整个过程既漫长又充满挑战，在一次次的突破中，我越来越欣喜于新的发现。2016 年，我的博士学位论文完成。2017 年，我以博士学位论文为基础，申报了全国教育科学规划课题并成功立项。

在本书出版之际，我要深深地表达我的谢意。感谢导师刘正伟教授自始至终、无怨无悔的倾力帮助——大到选题方向、研究框架的确定，小到字斟句酌的文字修改。感谢石鸥教授在课题研究过程中给予的鼓励和启发。感谢对拙作给予肯定并提出建设性意见的各位专家，他们是田正平教授、秦金亮教授、朱宗顺教授、刘力教授、盛群力教授、祝新华教授、曹漱芹教授等等。此外，我还要感谢同门师弟师妹给予的支持和启发，感谢所有关心我、鼓励我的老师、同事、同学和好友们。

感谢国家社科基金对课题研究的大力支持。感谢浙江师范大学对本书出版的大力支持。感谢浙江大学出版社吴伟伟老师、陈翩老师以及排版工作人员在审核、排版、校对过程中的细致工作。

最后，我想要衷心感谢我的家人，你们无条件的关爱给予了我莫大的支持！

我乐意用“图文并茂”“雅俗共赏”来形容这本书。叙事是我擅长并喜爱的表达方式，图像分析是我在研究过程中的一个颇有趣味的突破。读者将会在阅读本书过程中获得乐趣并增进对儿童的关怀，也可能产生更为深入的思考。

由于本人能力有限，行文中不免存在疏漏或待商榷之处，还望批评指正。

寥寥数语，不足以表达全部。且收笔。

夏燕勤

2024 年 12 月于浙江师范大学萧山校区图书馆